高等职业院校汽车类规划教材编审委员会

编写指导专家　孙敬华
教材审定专家　李　雪
主　　　　任　姚道如
副　主　任　汪　锐　　余承辉　　安宗权　　何其宝　　宋晓敏
委　　　员（以姓氏笔画为序）
马　玲　　王云霞　　王治平　　王爱国　　凤鹏飞
刘荣富　　江建刚　　杜兰萍　　杜淑琳　　吴彩林
余永虎　　汪永华　　张信群　　张善智　　陈之林
陈传胜　　金　明　　段　伟　　姜继文　　娄　洁
柴宏钦　　高　飞　　高光辉　　郭　微　　黄道业
程　玉　　程师苏　　谢金忠　　解　云　　满维龙
慕　灿　　戴　崇

普通高等学校"十二五"省级规划教材
高等职业院校汽车类规划教材

汽车发动机电控系统检修

主　编　安宗权　黄昭明　王　利
副主编　王金金　沈现青　胡李勇
编写人员（以姓氏笔画为序）
　　　　　王　利　王金金　安宗权
　　　　　沈现青　陈中友　赵　妞
　　　　　胡李勇　顾　薇　倪隆鑫
　　　　　徐志山　黄昭明

中国科学技术大学出版社

内 容 简 介

本书是安徽省"十二五"高等职业教育规划教材。主要内容包括:汽油发动机电控系统的认知、汽油发动机电控燃油喷射系统的检修、进气控制系统故障的检修、汽油发动机电控点火系统故障的检修、排气净化与排放控制系统故障的检修、柴油机电控系统、电控共轨柴油机系统故障的检修、电控汽油机系统故障的检修、高速CAN-BUS故障的检修9个部分。本书以汽车发动机电控系统常见的故障检修任务为线索,采取项目式的教学方法,对汽车发动机电控系统的教学内容进行了有机整合,在阐述发动机基本结构、原理、故障诊断与检修方法的同时,突出对完成相关工作岗位任务综合能力的培养。

本书适合高职院校汽车类各专业学生使用,也可作为汽车售后维修服务专业技术人员的培训教材使用。

图书在版编目(CIP)数据

汽车发动机电控系统检修/安宗权主编. ——合肥:中国科学技术大学出版社,2016.8
ISBN 978-7-312-03990-4

Ⅰ.汽… Ⅱ.安… Ⅲ.汽车—发动机—电子系统—控制系统—车辆检修—高等职业教育—教材 Ⅳ.U472.43

中国版本图书馆 CIP 数据核字(2016)第 194890 号

出版	中国科学技术大学出版社
	安徽省合肥市金寨路96号,230026
	http://press.ustc.edu.cn
印刷	安徽国文彩印有限公司
发行	中国科学技术大学出版社
经销	全国新华书店
开本	787 mm×1 092 mm 1/16
印张	16.25
字数	426千
版次	2016年8月第1版
印次	2016年8月第1次印刷
定价	35.00元

序

安徽省示范性高等职业院校合作委员会（Cooperative Commission of Vocational Colleges Under Model Construction in Anhui Province），简称"A联盟"，由安徽省教育厅牵头组建，以国家示范、省示范高等职业院校为主体，坚持"交流、合作、开放、引领"的理念，连接政府、学校与社会，以实现优势互补、互惠互利、资源共享，构建安徽省示范院校交流与合作的平台，引领和深化安徽省高等职业教育的改革与发展。

"A联盟"汽车类专业建设协作组（皖高示范合〔2012〕5号）是安徽省示范性高等职业院校合作委员会中的一个专业指导组，在"A联盟"指导下负责安徽省高职汽车类专业教学的研究和指导。组长由安徽职业技术学院姚道如教授担任，副组长分别由安徽水利水电职业技术学院余承辉教授、芜湖职业技术学院安宗权副教授、六安职业技术学院何其宝副教授担任，秘书长由安徽汽车职业技术学院宋晓敏主任担任。关于汽车专业课程建设，"A联盟"多次召开会议讨论，并根据《高等职业学校专业教学标准（试行）》制定了汽车类专业课程体系，成立了教材编审委员会，编写系列教材。此套教材具有下列特色：

1. 为安徽省示范性高等职业院校合作委员会规划教材。

教材的研究、开发、推广及应用是以"A联盟"为平台的，主编和参编人员均为"A联盟"一线骨干教师。

2. 以标准为准绳。

教材以教育部职业教育与成人教育司最新发布的《高等职业学校专业教学标准（试行）》为准绳，以汽车行业标准为依据，并结合安徽省实际情况展开编写。

3. 体现校企合作。

参与教材编写的企业人员为奇瑞汽车股份有限公司、江淮汽车股份有限公司及安徽汽车贸易公司等企业的技术骨干。

4. 紧跟产业升级。

将新工艺、新结构、新技术、新管理等引入教材，贴近汽车企业生产、工艺、维修、销售等实际情况。

5. 编写理念新,具有"教、学、做"的可操作性。

教材根据相应课程特点,采用适合的编写模式编写:专业及核心课程采用项目或任务驱动等模式编写,而公共基础课程采用章节形式编写。在编写过程中充分考虑实际教学中"教、学、做"的可操作性。

6. 体现中、高职衔接。

教材内容选取、专业能力培养、方法能力培养、社会能力培养以及评价标准体现中、高职衔接的发展方向。

该套教材的出版将服务高职院校汽车类专业教育教学改革,促进汽车类专业高端技能人才的培养。

安徽省示范性高等职业院校合作委员会汽车专业协作组
2013 年 6 月 11 日

前　言

在高职汽车类专业教育的长期实践中,特别是在高职示范院校和示范专业的创建过程中,有关各方逐步达成了共识:应该充分借鉴发达国家先进的职业教育思想和理念,结合我国具体情况来建设高职汽车教育的课程体系。于是,我们在汽车专业教学中借鉴德国基于建构主义的学习理论和关于"学习领域"的课程开发方法,尝试了以学生为主体,以能力、实践和客户为导向的教学方法和手段的课程改革,设计"行动导向"的教学情境,并将汽车维修资格认证标准融入专业课程的评价体系中。

《汽车发动机电控系统检修》是高职汽车类相关专业的一门主干课程。为了使高职汽车专业的学生能够胜任汽车生产制造、汽车维修、交通运输、汽车检测等企业相关岗位的工作要求,便于教师能够比较全面、系统地讲授这门课程,我们编写了这本《汽车发动机电控系统检修》。在编写《汽车发动机电控系统检修》一书时,我们紧紧围绕高素质技能型人才的培养目标,根据高职汽车专业毕业生主要就业岗位的职业能力与素质要求和国家汽车修理工职业标准对汽车维修高级工的知识和能力要求,以能力为本位,以工作过程为导向,以"学生主体、就业导向、能力本位、理实一体"为指导思想,以提升学生职业能力、职业素养为目标,阐述了汽车发动机电控系统的结构、原理、故障诊断与检修方法。主要内容包括:汽油发动机电控系统的认知、汽油发动机电控燃油喷射系统故障的检修、进气控制系统故障的检修、汽油发动机电控点火系统故障的检修、排气净化与排放控制系统故障的检修、柴油机电控系统的认知、电控共轨柴油机系统故障的检修、电控汽油机系统故障的检修、高速 CAN-BUS 故障的检修共 9 个部分。

本书具有如下一些特点:

(1) 在内容的选取上体现了建构主义教育理念,突破了狭隘的汽车类专业界限,扩大了涉猎范围,强调了相关内容之间的衔接和综合应用。

(2) 在教学任务的设计上突出了对职业素养和能力的培养,采用了模块化教学,注重实践环节的考核,强化实践教学的职业性和开放性。

(3) 按照职业岗位的技能要求和国家汽车修理工职业资格鉴定标准设计实训

项目,强化了对基本技能和核心技能的培养,并突出基于工作过程的真实要求,保证了培养学生一专多能的教学目标的实现。

(4) 追踪了最新的汽车技术、有关政策和行业标准。

本书由安宗权、黄昭明与王利任主编,全书的9个项目中,项目一由芜湖职业技术学院安宗权编写,项目二由安徽冶金科技职业学院王金金和河海大学文天学院赵妞合作编写,项目三由宣城职业技术学院王利编写,项目四由安徽电子信息职业技术学院倪隆鑫编写,项目五由铜陵职业技术学院顾薇编写,项目六由合肥职业技术学院沈现青和枣庄职业学院陈中友合作编写,项目七由宣城职业技术学院胡李勇编写,项目八由宣城职业技术学院徐志山编写,项目九由河海大学文天学院黄昭明编写。

由于时间仓促,加之编者才疏学浅,书中难免会有错误和不当之处,敬请广大读者批评指正。

编 者

目　　录

序 ··· (ⅰ)

前言 ·· (ⅲ)

项目一　汽油发动机电控系统的认知 ································ (1)
　项目要求 ··· (1)
　相关知识 ··· (2)
　项目实施 ··· (12)
　拓展知识 ··· (13)
　思考与练习 ··· (14)

项目二　汽油发动机电控燃油喷射系统故障的检修 ·················· (15)
　项目要求 ··· (15)
　相关知识 ··· (16)
　项目实施 ··· (49)
　拓展知识 ··· (50)
　思考与练习 ··· (55)

项目三　进气控制系统故障的检修 ································· (56)
　项目要求 ··· (56)
　相关知识 ··· (57)
　项目实施 ··· (76)
　拓展知识 ··· (77)
　思考与练习 ··· (80)

项目四　汽油发动机电控点火系统故障的检修 …………………………（81）
  项目要求 ……………………………………………………………………（81）
  相关知识 ……………………………………………………………………（82）
  项目实施 ……………………………………………………………………（100）
  拓展知识 ……………………………………………………………………（101）
  思考与练习 …………………………………………………………………（103）

项目五　排气净化与排放控制系统故障的检修 ………………………（104）
  项目要求 ……………………………………………………………………（104）
  相关知识 ……………………………………………………………………（105）
  项目实施 ……………………………………………………………………（129）
  拓展知识 ……………………………………………………………………（131）
  思考与练习 …………………………………………………………………（141）

项目六　柴油机电控系统的认知 …………………………………………（142）
  项目要求 ……………………………………………………………………（142）
  相关知识 ……………………………………………………………………（142）
  项目实施 ……………………………………………………………………（158）
  拓展知识 ……………………………………………………………………（159）
  思考与练习 …………………………………………………………………（168）

项目七　电控共轨柴油机系统故障的检修 ………………………………（169）
  项目要求 ……………………………………………………………………（169）
  相关知识 ……………………………………………………………………（170）
  项目实施 ……………………………………………………………………（183）
  拓展知识 ……………………………………………………………………（184）
  思考与练习 …………………………………………………………………（188）

项目八　电控汽油机系统故障的检修 ……………………………………（189）
  项目要求 ……………………………………………………………………（189）

相关知识 ……………………………………………………………… (190)
　项目实施 ……………………………………………………………… (205)
　拓展知识 ……………………………………………………………… (207)
　思考与练习 …………………………………………………………… (218)

项目九　高速 CAN-BUS 故障的检修 ……………………………… (219)
　项目要求 ……………………………………………………………… (219)
　相关知识 ……………………………………………………………… (220)
　项目实施 ……………………………………………………………… (231)
　拓展知识 ……………………………………………………………… (232)
　思考与练习 …………………………………………………………… (246)

参考文献 ……………………………………………………………… (247)

汽油发动机电控系统的认知

项目要求

汽车电子技术的发展极大地改善了汽车的各种性能。发动机是汽车的心脏,21世纪汽车的三大技术要求:节能、环保和安全,发动机就占了节能和环保两项。电子技术应用于发动机,能够以小机器出大力,节省燃料,改善排放。例如,由于电子控制系统的进步,发动机能够实现稀薄燃烧,既节省燃料,又有利于环境。本项目通过对发动机各电控系统及其组成部件的介绍和功能演示,使大家了解汽油发动机电子控制系统的组成,并能区分与识别汽油发动机电子控制系统的主要传感器、执行器等。

 知识要求

① 了解汽油发动机电控技术的发展以及电控技术对发动机性能的影响;
② 了解汽油发动机电控系统的组成;
③ 理解汽油发动机电控系统的工作原理;
④ 了解汽油发动机各电控子系统的功能。

 能力要求

① 能够区分汽油发动机电子控制系统的主要传感器、执行器;
② 能够指出各传感器、执行器等元件在发动机中所处的位置。

相 关 知 识

一、汽油发动机电控技术概述

(一) 汽油发动机电控技术的发展

汽油发动机电控技术的发展可分为如下3个阶段。

第一阶段为1952～1957年。早在1934年,德国就成功研制出第一架采用汽油喷射发动机的军用飞机。二战后期,美国开始采用机械式喷射泵向汽缸内直接喷射汽油。二战后,汽油喷射技术逐渐应用到汽车发动机上。1952年,德国Daimler-Benz 300L型赛车装用了Bosch公司生产的第一台机械控制式汽油喷射装置,它采用气动式混合调节器控制空燃比,向汽缸内直接喷射。1957年,美国Bendix公司公布了其对电控汽油喷射装置的研究,但该系统没有付诸应用。这一阶段的主要特征是:飞机发动机的燃油喷射技术被成功地移植到汽车发动机上。此阶段的车用汽油喷射装置大多为机械式喷射泵,控制功能是借助机械装置实现的,结构复杂,价格昂贵,多用于豪华型轿车和赛车。

第二阶段为1957～1979年。由于一度出现的世界能源危机及环境污染日趋严重,各国纷纷制定了更加严格的燃油经济法和汽车废气排放法规。为了满足汽车的燃油经济性、行驶性,尤其是废气排放法规日益严格的要求,各厂家对传统的机械式化油器进行了各种各样的改进与革新。

1967年,德国Bosch公司成功研制出K-Jetronic燃油喷射系统(K系统)。图1.1所示为1984年德国大众公司捷达轿车采用的K系统,它是一种机械式的燃油喷射系统。这种系统曾广泛地应用在德国奔驰公司和大众公司的发动机上,我国长春一汽生产的五缸奥迪也曾经装配过这套系统。它是由电动燃油泵和燃油压力调节器配合,形成一定的燃油系统压力,这种具有一定压力的燃油经燃油分配器输送给各个汽缸的机械式喷油器,再由喷油器向进气口连续喷射所需要的燃油,因此又称为连续喷射系统。该系统用一个圆形的挡板作为空气流量传感器,在检测进气量大小的同时带动燃油分配器中的柱塞上下运动,进而改变计量槽孔的导通面积来控制燃油的喷射量。对混合气浓度的调整则是通过控制柱塞上方的燃油压力来实现的。图1.1所示的发动机控制模块主要用于控制怠速,而不能控制燃油喷射。

在K-Jetronic燃油喷射系统的研制基础上,Bosch公司开始着手研究开发电子控制汽油喷射技术,通过增加空气流量传感器、节气门位置传感器、发动机冷却液温度传感器、氧传感器等元件,将其改进成为KE-Jetronic系统,即机电混合控制的燃油喷射系统,开创了汽油喷射的电子控制时代。图1.2所示为1992年德国大众公司捷达轿车采用的KE-Jetronic燃油喷射系统,另外奥迪4000、奥迪5000也是采用这种燃油喷射系统的。这种燃油喷射系统主要还是通过空气流量感知板的移动带动控制柱塞上下移动,通过改变计量槽孔的导通面积来改变燃油的喷射量,进而对混合气的浓度进行修正。发动机控制模块(ECU)根据各个传感器的信号,来控制电液式压差调节器(EHA)的电流流向和大小,进而改变燃油分配器上下室的压差,根据各工况调节混合气的浓度。相对K-Jetronic燃油喷射系统,KE-Jetronic对混合气的控制精度有了明显的提高。

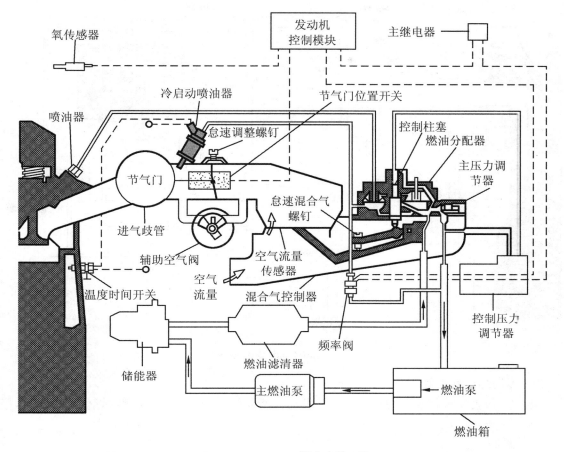

图 1.1 K-Jetronic 燃油喷射系统

1979 年，Bosch 公司开始生产集电子点火和电控汽油喷射系统于一体的数字式发动机综合控制系统。

这一阶段的主要特征是汽油喷射控制实现了从机械控制、模拟电路控制向数字控制的发展，为汽油机的电子控制奠定了坚实的基础。

第三阶段为 1979 年至今。首先，美国 GM（通用）公司于 1980 年研制成功一种结构简单、价格低廉的 TBI（节流阀体喷射）系统，开创了数字式计算机控制发动机的新时代。1983 年，德国 Bosch 公司推出了 Mono-Jetronic 单点汽油喷射系统。这一阶段的主要特征是以微机为控制核心的发动机集中管理系统在汽油机中得到广泛应用，发动机集中管理系统的控制功能不断拓展，使汽油机的综合性能得到了全面的提高。

（二）电控系统对发动机性能的影响

电控发动机与传统发动机相比，汽车性能有了极大的提高，主要体现在以下几点：

1. 提高发动机的动力性

在电控汽油发动机上，由于采用了电控燃油喷射系统和进气控制系统等，减小了进气阻力，提高了充气效率，使得进入汽缸中的空气得到充分的利用，从而提高了发动机的动力性。

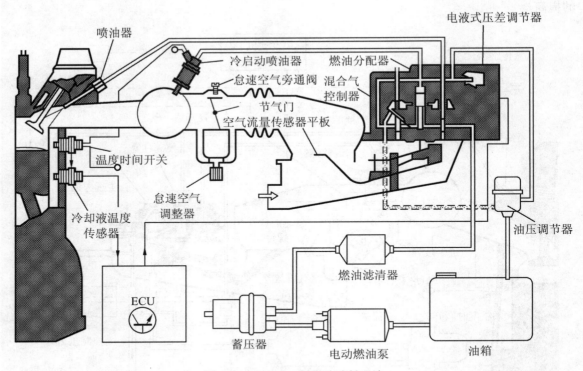

图 1.2　KE-Jetronic 燃油喷射系统

2. 提高燃油利用效率

电控系统能精确控制各种运行工况下发动机所需的混合气浓度,使燃油燃烧更为充分,极大地提高了燃油的利用效率。

3. 减少污染

通过电控系统对发动机在各种运行工况下的优化控制,提高了燃料的燃烧质量,同时各种排放控制系统在汽车上的应用,共同使发动机的尾气污染大大减少。

4. 改善发动机的启动性能

在发动机启动和暖机过程中,控制系统能根据发动机的温度变化,对进气量和供油量进行精确控制,从而保证发动机顺利启动和平稳通过暖机过程,可明显改善发动机的低温启动性能。

5. 改善发动机的加、减速性能

由于电子控制单元的运行速度非常快,所以控制系统能够在加速或减速运行的过渡工况下迅速响应,从而提高了汽车的加、减速性能。

电控系统在改善汽车性能的同时,也使发动机更为复杂。因此,在发动机出现故障时需要维修人员具备更多的知识和维修技能,方能进行发动机电控系统的检修工作。

二、发动机电控系统的组成及工作原理

实际应用的发动机电子控制系统有很多种,但基本上都可分为传感器、电控单元(ECU)和执行器三部分,如图 1.3 所示。

传感器是装在发动机各部位的信号转换装置,其功能是将控制系统所需要的压力、温度、空

气流量、转速等发动机的工作情况和汽车运行状况信号采集下来,并将它们转换成ECU可以识别的电信号传送给电控单元。

电控单元(ECU)是发动机电控系统的核心部件,实际上是一个微型计算机,一方面给各传感器提供基准电压,并从传感器接收发动机的工作信号,另一方面完成对这些信号的计算与处理,并发出相应指令来控制执行器的动作。

执行器受电控单元的控制,负责执行电控单元发出的各项指令,是具体执行某项控制功能的装置。

形象地说,电控单元好比是发动机的"大脑",各种传感器则是发动机的"眼睛和耳朵",执行器就是发动机的"手和脚"。电控单元采集传感器的信号并进行运算和处理后,控制执行器动作,最终控制发动机机械系统运转。

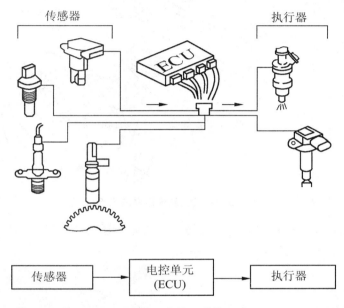

图 1.3　发动机电控系统的组成

(一) 传感器

发动机电控系统中使用的传感器很多,主要有以下几种:

1. 空气流量传感器(Mass Air Flow Sensor)

空气流量传感器(图1.4)用于检测发动机的进气流量信号,并将其转换成电信号输入ECU,是发动机控制单元计算点火时刻与喷油量的主要控制信号。

空气流量传感器一般安装在发动机的进气管上,节气门与空气滤清器之间,如图1.5所示。

2. 进气绝对压力传感器(Manifold Absolute Pressure Sensor)

进气绝对压力传感器(图1.6)依据发动机负荷状况,测出节气门后方进气歧管中绝对压力的变化,并将其转换成电压信号,送到ECU,与转速信号一起作为确定基本喷油量和基本点火提前

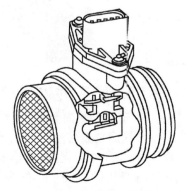

图 1.4　空气流量传感器外形

角的依据。

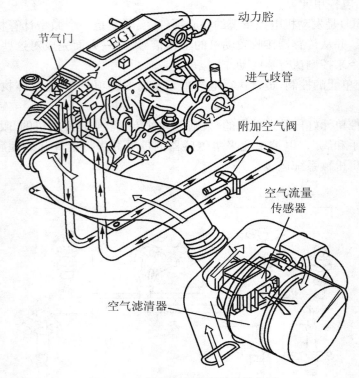

图 1.5　空气流量传感器的安装位置

进气绝对压力传感器一般安装在节气门后方的进气管上,如图 1.7 所示。

图 1.6　进气绝对压力传感器外形　　　图 1.7　进气绝对压力传感器的安装位置

3. 节气门位置传感器(TPS)

节气门位置传感器如图 1.8 所示,可以检测节气门开度(负荷)的大小,判定发动机怠速、部分负荷、全负荷工况,并将信号送给 ECU,实现不同的控制模式;节气门位置传感器还可以检测节气门变化的快慢(加速、减速等),将信号送给 ECU 后,实现加速加油、减速减油或断油控制等。

节气门位置传感器安装在节气门体上,通常在节气门拉线对面,是一个和节气门轴连接在一起的变阻器,如图 1.9 所示。

图 1.8 节气门位置传感器外形

图 1.9 节气门位置传感器的位置

4. 凸轮轴位置传感器(CMPS)

凸轮轴位置传感器外形如图 1.10 所示,用来向 ECU 提供曲轴转角基准位置信号,作为供油正时控制和点火正时控制的主控制信号。凸轮轴位置传感器通常安装在分电器或凸轮轴上。

5. 曲轴位置传感器(CKPS)

曲轴位置传感器外形如图 1.11 所示,用于检测曲轴转速和转角,并将信息输入发动机电控单元,电控单元根据该信号对点火正时和喷油进行修正。

图 1.10 凸轮轴位置传感器外形

曲轴位置传感器通常安装在曲轴前端、凸轮轴前端、飞轮上或分电器内,如图 1.12 所示。

图 1.11 曲轴位置传感器外形

图 1.12 曲轴位置传感器安装位置

6. 进气温度传感器(IATS)

进气温度传感器外形如图 1.13 所示,用于检测进气温度,并输出给 ECU,作为燃油喷射控制和点火控制的修正信号。

进气温度传感器可独立安装于气路,或与进气流量传感器、进气压力传感器组成为一体,可以安装在节气门前或节气门后,如图 1.14 所示。

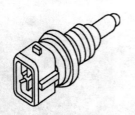
图1.13 进气温度传感器外形

图1.14 进气温度传感器安装位置

7. 冷却液温度传感器(ECTS)

冷却液温度传感器的外形如图1.15所示,用于检测发动机冷却液温度,并将冷却液温度信息转换为电信号输入发动机电控单元,电控单元根据该信号对燃油喷射、点火正时、废气再循环、空调、怠速、变速器换挡及离合器锁止、爆燃、冷却风扇等控制进行修正。

冷却液温度传感器安装在发动机缸体、缸盖冷却液的通道上,如图1.16所示。

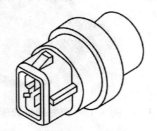
图1.15 冷却液温度传感器外形

图1.16 冷却液温度传感器安装位置

8. 氧传感器(Oxygen Sensor)

氧传感器外形如图1.17所示,用于检测排放废气中的含氧量,并以电压信号形式传送给电控单元,电控单元根据该信号,对喷油时间进行修正,从而使发动机得到最佳浓度的混合气,降低有害气体的排放量。

氧传感器通常安装在排气总管上,如图1.18所示。

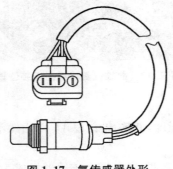
图1.17 氧传感器外形

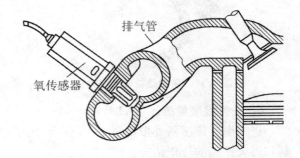
图1.18 氧传感器安装位置

9. 爆震传感器(KS)

爆震传感器外形如图1.19所示,用于检测发动机爆燃或震动,并将信号反馈给电控单元,电控单元根据该信号对点火正时进行修正,推迟点火以防止发动机爆震燃烧。

爆震传感器通常安装在发动机汽缸体中上部或火花塞上,如图1.20所示。

图1.19　爆震传感器外形

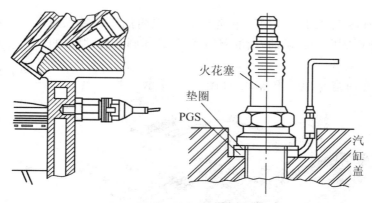

图1.20　爆震传感器安装位置

(二)电控单元(ECU)

发动机电控单元ECU实物如图1.21所示,其型号有很多种,功能也有所区别,但一般都具备如下基本功能:

图1.21　电控单元ECU

① ECU可将电源电压调节成5 V,9 V,12 V的标准电压,供给传感器等外部元件使用;

② 接收各种传感器和其他装置(如启动开关、制动开关等)输入的信息,并将模拟信号转换成微机所能接收的数字信号;

③ 储存该车型的特征参数、处理程序、故障信息、运算所需的有关数据信息等;

④ 运算分析,根据信息参数求出执行命令数值,将输出的信息与标准值对比,查出故障;

⑤ 向执行元件输出指令,或根据指令输出自身已储存的信息;

⑥ 自我修正功能（自适应功能）。

发动机 ECU 一般安装在仪表台、杂物箱或控制台中其他零部件、座椅、滤清器的下面或后面。安装时需注意 ECU 的防水、防震、防热、防过电压、防磁等。

（三）执行器

在发动机控制系统中，随着控制功能的不同，执行器相应也有所不同。主要有下列几种。

1. 燃油泵

燃油泵外形如图 1.22 所示，用于建立油压，当泵内油压超过一定值时，燃油顶开单向阀向油路供油，当油路堵塞时，卸压阀开启，泄出的燃油返回油箱。

图 1.22　燃油泵外形

燃油泵安装在油箱内，由电机驱动，如图 1.23 所示。

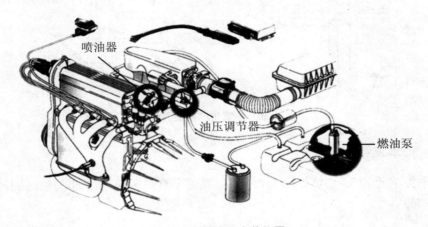

图 1.23　燃油泵安装位置

2. 喷油器

喷油器外形如图 1.24 所示，其功能是将燃油以一定压力喷出并雾化。

燃油喷射有多点喷油系统和单点喷油系统之分。在多点喷油系统中喷油器通过绝缘垫圈安装在进气歧管或进气道附近的缸盖上，并用输油管将其固定。多点喷油系统每缸有一个喷油器。单点喷油系统的喷油器安装在节气门体上，各缸共用一个喷油器。

3. 点火器

点火器又称点火电子组件，如图 1.25 所示。其壳体常用铝材铸模而成，以利于散热，壳体上有和 ECU 连接的线束插头以及高压线插口等。点火器的主要功能是实现点火控制。

图 1.24　喷油器外形

4. 急速控制阀

急速控制阀通过改变旁通进气量，维持发动机在目标转速下的稳定运行，其安装位置如图 1.26 所示。

除了上述的执行元件之外,还有一些执行元件,如 EGR 阀、进气控制阀、二次空气喷射阀、活性炭罐排泄电磁阀、油泵继电器、风扇继电器、空调压缩机继电器、自诊断显示与报警装置以及仪表显示器等。

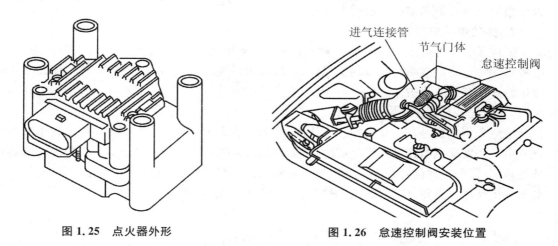

图 1.25　点火器外形　　　　　　　　图 1.26　怠速控制阀安装位置

三、应用在汽油发动机上的电控子系统

应用在汽油发动机上的电子控制系统有很多种,下面介绍主要的几种:

1. 进气控制系统

汽油机的进气控制系统可根据发动机转速和负荷的变化,通过进气谐振增压控制、进气涡流控制、配气定时控制和增压控制等,对发动机的进气进行控制,以提高发动机的充气效率,改变进气涡流强度,保持进气压力,从而改善发动机的动力性和经济性等。

2. 电控燃油喷射系统(EFI)

电控燃油喷射系统是发动机电控系统中最重要的子系统。电子控制单元(ECU)主要根据进气量确定基本的喷油量,再根据其他传感器(如冷却液温度传感器、节气门位置传感器等)信号对喷油量进行修正,使发动机在各种运行工况下均能获得最佳浓度的混合气,同时还包括喷油正时控制、断油控制和燃油泵控制等。

3. 电控点火系统(ESA)

电控点火系统对点火的控制包括点火正时控制、闭合角控制和爆震反馈控制 3 个内容。该系统根据各相关传感器信号,判断发动机的运行工况和运行条件,选择最理想的点火提前角点燃混合气,从而改善发动机的燃烧过程。通过对初级点火线圈通电时间的控制,调整至最佳的点火闭合角。通过对爆震的检测和反馈修正实现爆震反馈控制功能。

4. 排气净化系统

排气净化系统对发动机排放控制装置的工作实行电子控制。主要功能包括氧传感器的反馈控制、废气再循环(EGR)控制、活性炭罐电磁阀控制、二次空气喷射控制等。

5. 怠速控制系统(ISC)

怠速控制系统是发动机辅助控制系统。其功能是当发动机处于怠速工况时,ECU 根据发动机冷却液温度、空调压缩机是否工作、变速器是否挂入挡位等发动机负荷的变化,通过怠速控制阀,调整怠速工况的空气供给,使发动机保持最佳的怠速转速。

6. 自诊断系统

其功能是对控制系统各传感器和执行器等部分的工作情况进行监测,当发现不正常或有故障时,来提醒驾驶员发动机异常;同时,系统将故障信息以对应的故障码形式储存在存储器中,以便帮助维修人员确定故障的类型和范围。

7. 失效保护与应急备用系统

失效保护功能就是当电控系统中的某些传感器出现故障,不能起到应有的作用时,发动机电控单元将忽略该故障传感器的信号,而采用微机预先设定的参考信号值工作,使发动机能继续运转。已有的故障被修好后,再重新采集信号控制运行。当发生的故障对发动机工作影响较大时,该系统会自动停止发动机工作。

应急备用系统是在发动机控制模块内,并列于控制模块的一套集成电路,由自诊断系统控制开启。当发动机电控单元产生故障,使得发动机停机,车辆不能行驶时,电控单元将开启应急备用系统,按设定的信号控制发动机转入强制运行状态,以防车辆停驶在路途中,同时警告驾驶员车辆出现严重故障,应尽快开到适宜的地方或开进维修站修理。

项目实施

实施要求

① 每组准备一台完好的发动机台架;
② 每组准备好工具箱及对应的维修手册。

实施步骤

① 找出电控单元 ECU,记录其型号;
② 找出各传感器,记录其型号及数据;
③ 找出各执行器,记录其型号及数据;
④ 启动电控发动机,观察各部分的工作情况;
⑤ 绘制电控单元 ECU 与各传感器、执行器的连接框图,注意信号线的指向。

考核评价

按表 1.1 所示标准对学习成果进行评价。

表 1.1 评价与考核标准

评价与考核项目		评价与考核标准	配分
知识点	概述	了解汽油发动机电控技术的发展及其对发动机性能的影响	10
	组成	了解汽油发动机电控系统的组成	5
	工作原理	理解汽油发动机电控系统的工作原理	10
	子系统应用	了解汽油发动机各电控子系统的功能	10
技能点	元件识别	能够区分汽油发动机电子控制系统的主要传感器、执行器	25
	通断测试	能够指出各传感器、执行器等元件在发动机中所处的位置	25
情感点	纪律与劳动	不迟到、不早退，实训主动、积极、认真	5
	道德与敬业	具备良好的道德准则、道德情操与道德品质；能认真对待实训、明确职责、勤奋努力	5
	协作与创新	能与同学和谐相处、互补互助、协调合作，充分发挥自己的个性，圆满完成实训任务；能够综合运用自己的知识、信息、技能和方法，对遇到的问题能提出新方法、新观点	5
合　　计			100

注：出现安全事故或不按规范操作，损坏仪器、设备，此任务成绩计 0 分。

拓展知识

汽车维修过程中的安全操作是非常重要的！学习安全预防知识和严格遵守操作规范可以避免发生严重的个人伤害事故和财物损失。因此，汽车维修相关的工作人员及学员必须了解各种安全规范，同时养成良好的安全工作习惯。

一、车间安全操作

在维修车间必须遵守安全操作守则，一般需要注意以下一些事项：
① 要穿着工作服以及厚鞋底的防护鞋，不要戴手表、首饰等物品；
② 有必要时，一定要戴护目镜、防护罩等保护用品；
③ 工作前和工作过程中禁止饮酒，维修作业时禁止吸烟；
④ 注意工作区和休息区的不同，禁止在维修区休息；
⑤ 保持车间整洁，消除事故隐患，工具、零件以及易燃易爆品必须按规定放好；
⑥ 注意用电安全，掌握火灾、电解液腐蚀等紧急事故的处理措施。

二、工具和设备使用注意事项

① 能正确选择和使用维修过程中所需的工具；

② 保持维修工具的清洁,并妥善保存;
③ 不要站在砂轮和风扇的切线方向,不要使用未安装工具架和护板的砂轮;
④ 使用千斤顶时,一定要保证它顶在正确的部件,以免造成意外事故;
⑤ 掌握各种维修设备(如举升机等)的操作规范和使用要求,并要定期检查维护。

思考与练习

1. 汽油机电控技术的发展经历了哪几个阶段?各阶段分别有什么特点?
2. 电控发动机主要由哪些部件组成?
3. 电控发动机的工作原理是怎样的?
4. 发动机电控系统中常用的传感器有哪些?通常安装在什么位置?
5. 发动机电控系统中主要的执行器有哪些?通常安装在什么位置?
6. 发动机电控单元有哪些基本功能?
7. 发动机电控系统中都有哪些子控制系统?各有什么样的作用?

项目二

汽油发动机电控燃油喷射系统故障的检修

项目要求

目前汽车采用的均是电子控制燃油喷射系统,电子控制精度高,燃油消耗相比化油器更小,排放性能更好。其结构主要包含空气供给部分、燃油供给部分和电子控制部分,电子控制部分又由各传感器、执行器和电控单元 ECU 组成。在本项目中通过各项学习任务,学习电控燃油喷射系统的结构及其各部分的检修,学会通过使用万用表、示波器等工、量具完成对汽车电子控制燃油喷射系统的检修,使学生真正达到汽车电子控制燃油喷射系统检修的知识要求和能力要求。

 知识要求

① 了解汽油发动机电控燃油喷射系统的发展、特点及分类;
② 熟悉汽油发动机电控燃油喷射系统的结构及工作原理;
③ 掌握汽油发动机电控燃油喷射系统的检修内容及故障排除。

 能力要求

① 能用万用表对电控燃油喷射系统燃油供给部分进行测量并分析;
② 能用万用表对电控燃油喷射系统空气供给部分进行测量并分析;
③ 能排除电控燃油喷射系统的故障,恢复其正常功能。

相关知识

一、电控燃油喷射系统概述

(一) 电控燃油喷射系统的发展

当前,汽车电喷行业面临巨大机遇。2007年我国汽车总产量约为879万辆,车用发动机总产量约为785万台。由于75%的汽油车已安装电喷系统,因此,2007年我国电控燃油喷射系统的市场规模至少在660万套。随着2008年7月1日国Ⅲ汽车排放法规的正式实施,汽车柴油发动机电喷系统开始全面取代机械式喷油系统。随着国家政策扶持和配套措施的到位以及法律法规的完善,国内汽车用电喷系统市场发展前景良好。

(二) 电控燃油喷射系统的优缺点

1. 电控燃油喷射系统的优点

电控燃油喷射系统采用电子控制装置取代传统的机械系统(如化油器)来控制发动机的供油过程,通过各种传感器将发动机的温度、空燃比、油门状况、转速、负荷、曲轴位置车辆行驶状况等信息输入电子控制装置,电子控制装置根据这些信息参数计算并控制发动机各汽缸所需要的喷油量和喷油时刻,将汽油在一定压力下通过喷油器喷入到进气管中雾化,并与进入的空气气流混合,进入燃烧室燃烧,从而确保发动机和催化转化器始终工作在最佳状态。这种由电子系统控制将燃料由喷油器喷入发动机进气系统中的发动机称为电喷发动机,电喷发动机与化油器式发动机相比,其突出的优点是能准确控制混合气的质量,保证汽缸内的燃料燃烧完全,降低废气排放物和燃油消耗,同时它还提高了发动机的充气效率,增加了发动机的功率和扭矩。

2. 电控燃油喷射系统的缺点

电子控制燃油喷射装置的缺点就是成本比化油器高,价格也较贵,维修相对困难,一旦坏了就难以修复(电脑只能整件更换)。

(三) 电控燃油喷射系统的类型

1. 按有无反馈信号分类

(1) 开环控制

该控制是指在发动机运行中,ECU检测发动机的各输入信号,并检索出发动机ECU中固有的相应控制参数,输出控制信号。它不检测控制结果,对控制结果的好坏不做分析和处理。

(2) 闭环控制

该控制是指ECU控制的结果反馈给ECU,ECU再根据发动机实际运行状况决定控制量的增减。采用反馈控制是为了有效地控制排放、降低污染、提高效率。

2. 按喷油器安装位置分类

(1) 单点汽油喷射系统

该系统是指在节气阀体上安装一只或两只喷油器。

(2) 多点汽油喷射系统

该系统是指在每一个汽缸的进气门前均安装一只喷油器，喷油器按照一定的顺序喷油。

3. 按汽油的喷射方式分类

(1) 缸内喷射

该喷射方式是将汽油直接喷射到汽缸内。

(2) 进气管喷射

该喷射方式是将汽油喷射到进气管内，是目前普遍采用的喷射方式。

4. 按进气量的检测方式分类

(1) 直接式检测方式

该方式是用空气流量计直接测量进气管的空气量，这种方式也称为质量流量型（L 型）。

(2) 间接式检测方式

该方式不是直接检测空气量，而是根据发动机转速及其他参数推算出吸入的空气量。现在采用的有两种方式：其一是根据进气管压力和发动机转速，推算出吸入的空气量，并计算适量的燃料量的密度；其二是根据节气门开度和发动机转速，推算出吸入的空气量，并计算燃料量的节流速度（D 型）。

5. 按喷射时间分类

可分为同时喷射、顺序喷射、分组喷射。

6. 按结构分类

按喷射系统的结构可分为机械控制式和电子控制式两类。

二、电控燃油喷射系统的组成及工作原理

电控燃油喷射系统主要由燃油供给系统、空气供给系统和控制系统等三大部分组成，如图 2.1 所示。

（一）燃油供给系统（油路）

燃油供给系统的作用是向汽缸内供给燃烧所需要的汽油。

燃油供给系统包括燃油箱、燃油泵、燃油压力调节器、燃油滤清器、喷油器、油路等部件。

燃油箱的作用是储存燃油。

燃油滤清器装于燃油缓冲器与喷油器之间的油路中，其作用是滤除燃油中的水分和杂质等污物，以防堵塞喷油器针阀。

燃油泵（电动油泵）的作用是将燃油从燃油箱中泵入燃油管路，并使燃油保持一定的压力，经过滤清器输送到高压油泵。

燃油压力调节器的压力调节阀安装在汽油滤清器上，它将经过电动油泵输出的油压控制在一定的范围内。限压阀，集成于高压油泵。

喷油器安装在发动机缸盖上，因为是缸内直喷的所以在进气气门旁边。受电子控制器喷油信号的控制，其喷油量由喷油器通电时间的长短决定。

（二）空气供给系统（气路）

空气供给系统的作用是测量和控制汽油燃烧时所需要的空气量。

空气供给系统包括:空气滤清器、空气流量计、节气门室、进气歧管以及进气歧管压力传感器等。空气由空气滤清器吸入,经空气流量计、节气门室、进气歧管而后进入各汽缸。

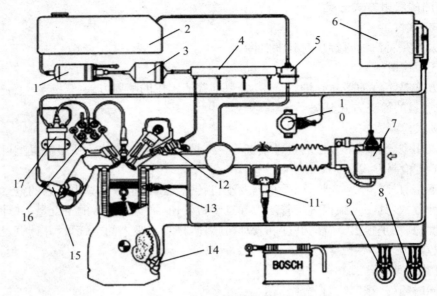

图 2.1 电控燃油喷射系统的组成

1-电动油泵;2-燃油箱;3-燃油滤清器;4-燃油分配管;5-压力调节器;6-电控单元;7-空气流量传感器;8-空调开关;9-启动、点火开关;10-节气门位置传感器;11-怠速空气调节器;12-喷油器;13-冷却液温度传感器;14-曲轴位置传感器;15-氧传感器;16-分电器;17-点火线圈

(三)控制系统(电路)

控制系统主要由各种传感器、电子控制单元(ECU)和执行器组成。

控制系统的作用是由电子控制器根据接收到的各种传感器采集的反映发动机实时工况的信息(如空气流量计测得的进入燃烧室的空气量),输送给电子控制单元ECU,并对执行器施加执行指令,使执行器动作。如ECU计算出喷油器的喷油时间,并指令喷油器工作,以确保供给发动机最佳可燃混合气。

在电控汽油喷射系统中,汽油由电动油泵从油箱中泵出,经汽油滤清器等输送到燃油分配管,经过燃油压力调节器进行调压,保证供给喷油器内的汽油压力与喷射环境的压力之差(喷油压差)保持不变,使具有一定压力的燃油进入喷油器。空气经空气滤清器过滤杂质经过节气门进入进气管,经过空气流量传感器或进气压力传感器在此检测计算进入进气管的新鲜空气量,检测结果转变为电信号传递给电控单元ECU。电控单元ECU接收这一信号后给喷油器提供工作电压,喷油器开始喷油,油被喷入燃烧室,与进入进气管中的空气混合,形成可燃混合气,可燃混合气进入燃烧室,完成进气行程。然后压缩、做功、排气,发动机工作。这就是电喷发动机的工作原理。

三、燃油供给系统主要元件的构造与检修

燃油供给系统的作用:根据发动机的不同要求,使汽油和空气按一定的比例,混合成一定浓

度和数量的可燃混合气体供给各缸燃烧,并把燃烧后的废气排出。

燃油供给系统主要包括燃油箱、燃油泵、燃油压力调节器、燃油滤清器、喷油器、油路等部件。

(一) 燃油箱

以汽油箱为例,其作用:贮存汽油。其数目、容量、外形及安装位置都随车型而异,一般汽油箱(简称油箱)的容量能使汽车行驶 300~600 km。汽油箱的结构如图 2.2 所示。

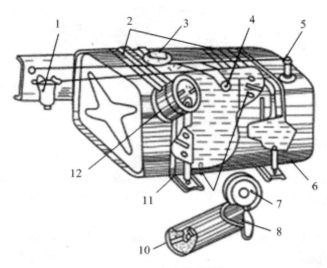

图 2.2 汽油箱的结构

1-汽油滤清器;2-固定箍带;3-油面传感器;4-浮子;5-出油管接口;6-油箱体;
7-油箱盖;8-加油延伸管;9-隔板;10-滤网;11-油箱支架;12-加油管

油箱体一般是用薄钢板冲压焊成的,内壁镀锌锡。油箱上面装有油面指示表传感器 3 和出油口 5。出油口经输油管与燃油滤清器相通。

轿车燃油箱为了适应整车外观造型及车架的需要往往做成比较复杂的形状。桑塔纳轿车的油箱是用聚乙烯吹塑成形的,既轻又防锈,其容积为 60 L。

为防止行驶中燃油溅出,油箱须密封。但随着汽油输出,将形成一定的真空度,使油泵的吸油能力减弱;另一方面,当外界温度高时,汽油蒸气会使箱内压力过大。为此,油箱上一般带有空气阀和蒸气阀。

空气阀和蒸气阀的工作原理:燃油减少,压力降低,空气阀被大气压开,空气进入油箱,如图 2.3(a)所示。油箱内蒸气过多,压力升高,蒸气阀被顶开,汽油蒸气泄入大气,如图 2.3(b)所示,从而保持油箱内的正常压力。

由于在使用过程中,汽油箱内会进入灰尘,或由于汽车行驶过程中振动的作用等使汽油箱裂纹等,导致其工作性能下降,因此,需对汽油箱进行检修。

1. 定期清洗

如桑塔纳轿车的油箱每行驶 45 000~50 000 km 就应清洗一次。清洗时,先放出积垢和积水,再用清水冲洗,用压缩空气吹干。

2. 检查有无裂缝

金属制造的油箱,如有裂纹可用焊修。焊前一定要将油箱中的余油放净,用稀碱水刷洗

1~2次,并拆除油箱盖和附件,以防火灾。

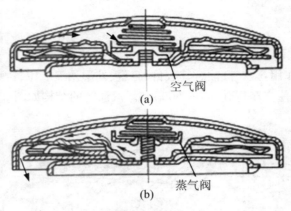

图 2.3 油箱盖

(二) 燃油泵

作用:向燃油系统供给具有规定压力的燃油。压力值为 0.2~0.45 MPa。燃油泵主要有滚柱式、涡轮式、转子式三种类型。下面主要以滚柱式燃油泵为例讲解其构造和检修内容。

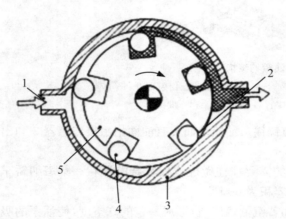

图 2.4 滚柱泵的结构及工作原理

图 2.4 为滚柱泵的结构,滚柱式燃油泵主要由转子 5、圆柱形滚柱 4、壳体 3、限压阀和单向止回阀等组成。装有滚柱的转子偏心地安装在泵壳内。滚柱泵是现代汽车上应用较多一种。

工作原理:转子转动时,滚柱在离心力的作用下压靠在泵壳的内表面,并总是与转子凹槽的一个侧面贴紧,从而形成若干个工作腔。

工作腔的容积在转子转动时不断地发生变化。进油口一侧容积增加,形成一定的真空将燃油吸入;出油口一侧容积减小,形成一定的压力将燃油压出。

不同的汽油喷射系统,有不同的电动油泵控制电路。电动油泵的控制电路一般具有下列功能:

(1) 预运转功能

当接通点火开关但不启动发动机时,电动油泵能运转 3~5 s,向油管中预冲压力燃油,以利于启动发动机。

(2) 启动运转功能

启动机带动发动机运转过程中,电动油泵能同时运转,保证启动供油。

(3) 恒速运转功能

发动机正常运转过程中,电动油泵能始终恒速工作,以保证正常的泵油量和泵油压力。

(4) 变速运转功能

根据发动机工况变化,控制电动油泵高速、低速变换运转。发动机在低速或中、小负荷工况下工作时,燃油消耗量比较小,此时,电动油泵低速运转就可以满足发动机的燃油需求,同时又可减小电动油泵的磨损、噪声以及不必要的电能消耗;发动机在高速或大负荷工况下工作时,燃油消耗量比较大,如果此时电动油泵高速运转,就可以增加泵油量,从而满足发动机对燃油的需求。

(5) 自动停转保护功能

发动机熄火后,即使点火开关仍处于接通位置,电动油泵也能自动停转。控制电路的这一功能可以防止汽车因撞车等事故造成油管破裂时的燃油大量外溢而点火开关仍处于接通位置引起火灾。

图 2.5 为丰田子弹头旅行车装用的 2TZ-FE 发动机所采用的由点火开关和油泵开关共同控制的油泵控制电路。该车采用翼片式空气流量传感器,在空气流量传感器内设有油泵开关。发动机启动时,点火开关接至启动挡(ST 挡),开路继电器 STA 端子通电,电流经开路继电器线圈 L2 后搭铁。在电磁力的作用下继电器触点闭合,电动油泵工作,启动供油。

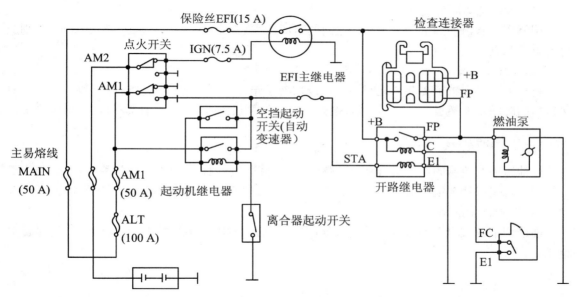

图 2.5 由点火开关和油泵开关共同控制的油泵控制电路

发动机正常工作时,点火开关位于点火挡(IG 挡)。此时,发动机工作,进气管内有流动的空气,流动的空气推动翼片式空气流量传感器内的计量板转动,带动空气流量传感器内油泵开关闭合,流经开路继电器中线圈 L1 的电流通过油泵开关搭铁,继电器触点闭合,接通电动油泵电路,电动油泵正常供油。

当点火开关位于点火挡(IG 挡)而发动机并未运转时,空气流量传感器内无空气流动,油泵开关断开,开路继电器的线圈 L1 和 L2 中均无电流流过,开路继电器仍保持开路,电动油泵不能运转,无燃油输出(这就是自动停转保护功能),可防止因事故造成燃油外溢而酿成火灾。在该油泵控制电路中,用这种方法可判断电动油泵及其控制电路的故障。

在对燃油泵进行检查时,不可避免地要拆装油管、喷油器等零部件,此时应做到:

(1) 拆卸油管前,应先释放油压

拆下电动油泵导线插头,再启动发动机,直到发动机自动停机,然后松开油管接头,将一个油盆放在油管接头下面,并用毛巾导引探入,将油管内的燃油放尽。

(2) 燃油系统维修后应检查有无漏油处

其方法是：在发动机停机的情况下，将点火开关旋至"ON"；用诊断导线将检查连接器的端子＋B和FP连接起来；当夹住回油软管时，高压油管内的燃油压力会达到约392 kPa。在此状态下，检查和观察燃油系统各部位是否有漏油现象。

注意：只能夹住软管，不可弯曲软管，否则会使软管裂开。

电动油泵工作情况的检查：

① 先用连接线将检查连接器上的端子＋B和FP连接起来；

② 再将点火开关旋至"ON"，但不要启动发动机；

③ 然后检查燃油滤清器的进油管处，正常时用手指应能感觉到油压，也能听到燃油回油的声音。

电动油泵的检测：在检查电动油泵时，应将电动油泵从车上拆下。拆卸时，不要吸烟，附近不能有明火。

(1) 检查电动油泵线圈电阻

用万用表欧姆挡测量端子1和2之间的阻值，20 ℃时应为 0.2～3.0 Ω。若阻值不当，则应更换电动油泵。

(2) 检查电动油泵的工作情况

将蓄电池接在端子1和2之间（正、负极切勿接错），尽量使电动油泵离蓄电池远一些。每次接通的时间不要超过10 s（时间过长会烧坏电动油泵线圈）。若电动油泵不转动，则应更换。

（三）燃油压力调节器

燃油压力调节器的作用是自动调节燃油压力，使燃油供给系统的压力（即系统油压）与进气歧管压力之差保持在恒定值（一般为 0.25～0.3 MPa）。油路中安装燃油压力调节器后，就可实现ECU对喷油量的精确控制。

油压调节器安装于燃油分配管上，如图2.6所示。主要由壳体、膜片、回油阀门、弹簧等组成。

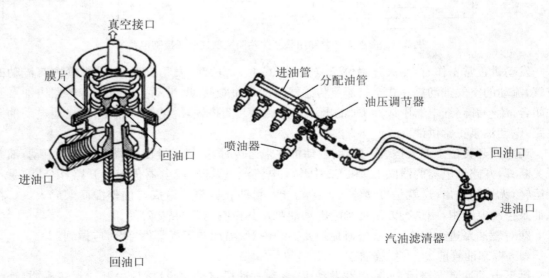

图2.6　燃油压力调节器安装位置及结构

发动机 ECU 对喷油量的控制是通过控制喷油器电磁线圈通电时间的长短来实现的。为实现 ECU 对喷油量的精确控制,就必须保证燃油系统的绝对油压与喷油器喷油口处的进气歧管的空气压力之差恒定。

当进气歧管的压力减小时(发动机负荷减小),压力油克服弹簧力使膜片上移,回油阀门开启,汽油流回油箱,供油系统内压力下降,如图 2.7(a) 所示。反之,当进气歧管的压力增加时(发动机负荷增大),弹簧弹力使膜片下移,回油阀门变小或关闭,回油量变小或终止,供油系统内压力上升,如图 2.7(b) 所示。如此反复,使两者的压差始终保持恒定,从而达到 ECU 对喷油量的精确控制。

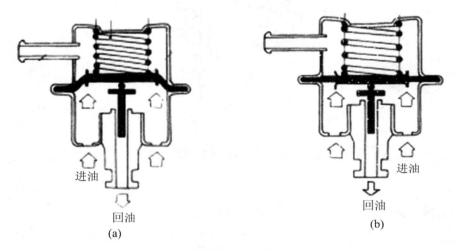

图 2.7　燃油压力调节器工作原理

检查燃油压力调节器的工作状况可按以下步骤进行:
(1) 测量怠速状态下的燃油压力
启动发动机并使其怠速运转,测量怠速状态下的燃油压力,其值为 250 kPa 左右。
(2) 检测燃油压力调节器状态
拔下燃油压力调节器上的真空软管,并检查燃油压力,此时的燃油压力应比怠速运转时的燃油压力高 50 kPa 左右。若压力不符合要求,说明燃油压力调节器工作不良,应更换。
燃油压力调节器保持压力的检查方法:
① 先用一根导线将电动油泵的两个检测插孔短接;
② 再打开点火开关并保持 10 s,使电动油泵运转;
③ 然后用包上软布的钳子将燃油压力调节器上的回油管夹紧;
④ 最后关闭点火开关,5 min 后观察燃油压力表的读数,其值应大于 147 kPa,否则说明燃油压力调节器有泄露,应更换。

(四) 燃油滤清器

作用:除去燃油中的杂质和水分,减少油泵和喷油器等部件的故障。
对于可拆式汽油滤清器(如 EQ1092 车用汽油滤清器),其外壳用锌、铝合金铸制,滤芯可用尼龙布制成。在车辆行驶 12 000 km 维护时应清洗滤芯或滤网,在车辆行驶 80 000 km 左右维护时,应更换滤芯。清洗时应将汽油滤芯放在清洁的汽油中用软毛刷轻轻刷洗,然后用压缩空气吹干。拆解后的汽油滤清器应检查其密封圈、密封垫是否有明显的老化、发硬或龟裂损坏,若有,应及时更换;检查滤清器盖和外壳有无变形、损坏,若有,应更换滤清器总成。

对于不可拆式汽油滤清器(如桑塔纳、奥迪等用汽油滤清器),结构如图2.8所示,外壳用透明塑料制成,内装微孔细滤芯,一次性使用。在车辆行驶 30 000 km 时应整体更换。安装时应注意其方向。

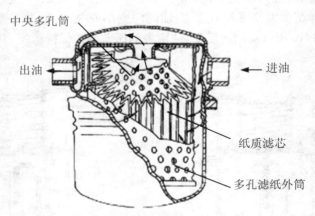

图 2.8　不可拆式汽油滤清器结构图

(五)喷油器

作用:依据发动机 ECU 的喷油脉冲信号,将一定量的燃油以雾状喷入进气管,使燃油与空气混合形成可燃混合气。目前采用的喷油器都是闭式喷油器,有孔式和轴针式两种。

电控燃油喷射系统使用的喷油器都是电磁式的。喷油器由电磁线圈、衔铁、回位弹簧、针阀以及喷油器体等零件组成,如图2.9所示。安装于各缸进气歧管末端,对准进气门喷油。

在喷油器阀体与进气歧管的结合处有一"O"形密封圈,起密封和隔热作用,以防燃油蒸发成气泡。在喷油器阀体与燃油分配管的结合处也有一"O"形密封圈,起密封作用。

喷油器是加工精度很高的精密器件,同时要求它具有良好的动态流量稳定性,抗堵塞、抗污染能力强,喷油雾化性能好。

孔式喷油器:喷孔数目一般为1~8个,喷孔直径为 0.2~0.8 mm,喷油压力为 17~22 MPa,喷射压力较高,燃油的雾化质量很好,但易被积炭堵塞,主要用于对喷油压力要求较高的燃烧室,如图2.10所示。

轴针式喷油器孔径1~3 mm,喷油压力为12~14 MPa,主要用于对喷油压力要求较低的燃烧室;由于孔径较大,并且喷油器工作时轴针在孔

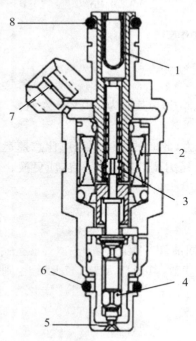

图 2.9　喷油器结构图

1-进口滤网;2-电磁线圈;3-回位弹簧;4-针阀;5-喷油孔;6-进气歧管"O"形密封圈;7-导线插片;8-燃油分配管"O"形密封圈

内作上下移动,有利于清除喷孔内形成的积炭和其他杂质等,如图 2.11(b)所示。

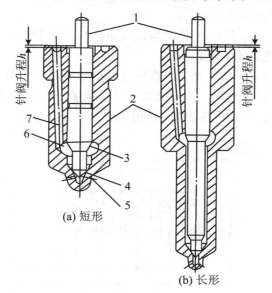

(a) 短形

(b) 长形

图 2.10　孔式喷油器喷油嘴的结构形式

1-针阀;2-针阀体;3-承压锥面;4-密封锥面;5-喷孔;6-盛油槽;7-进油道

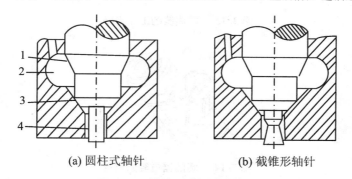

(a) 圆柱式轴针　　　　(b) 截锥形轴针

图 2.11　轴针式喷油器的结构

1-承压锥面;2-压力室;3-密封锥面;4-轴针

喷油器按如下步骤进行检测:

1. 检查喷油器工作情况

图 2.12 所示为喷油器工作情况的检查示意图。发动机热机后怠速运转,用旋具或触杆式听诊器接触喷油器测听各缸喷油器工作的声音,此时应能听到有清脆而有节奏的"嗒嗒"声,且随发动机转速的升高而加快——这是针阀开闭时的工作声。

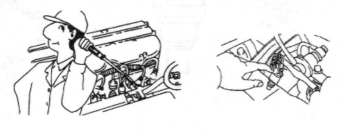

图 2.12　喷油器工作情况的检查

若声音清脆均匀则说明各喷油器工作正常；

若某缸声音很小则可能是针阀卡滞；

若某缸喷油器听不见工作声音，则说明该缸喷油器不工作，应检查喷油器及其控制线路。

2. 喷油器电磁线圈电阻的测量

图 2.13 所示为喷油器的工作电路。检查喷油器电磁线圈电阻时要先关闭点火开关，拔下喷油器的导线插头，如图 2.14 所示。测量喷油器两接线端子间（电磁线圈）的电阻值。喷油器在室温下电阻值为 13～18 Ω（达到发动机工作温度时电阻值会增加 4～6 Ω）。

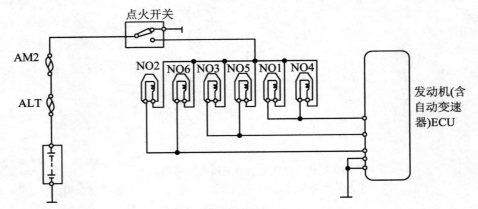

图 2.13　喷油器的工作电路

图 2.14　喷油器电阻的测量

3. 喷油器喷油量、喷油质量的检查

（1）喷油量和针阀密封性检查

规定 30 s 常开喷油量 70～85 mL，如图 2.15(b)所示。断电后每分钟滴漏不超过 2 滴，如图 2.15(a)所示。

图 2.15　喷油量和针阀密封性检查

（2）雾化质量检查

喷雾形状为角度较大的锥体，如图 2.16 所示。若喷雾锥体是一根或几根油线，说明喷油器脏堵，需清洗或更换。

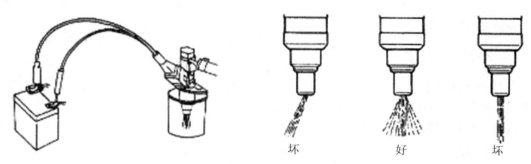

图 2.16 喷油器雾化质量检查

喷油器喷油口被积炭堵截塞后，喷油量减少、雾化质量变差，将导致混合气变稀；积炭或胶质造成喷油器针阀关闭不严，喷油口滴漏，将导致混合气变浓。这都会导致发动机启动困难、怠速不稳、加速性能下降、功率不足、排放性能变差等故障，因此必须定期限对其进行检查和清洗，恢复喷油器的喷油质量。

4. 喷油器的清洗

喷油器的维护方式主要是清洗。堵塞不严重的喷油器采用就车清洗法，严重的则采用拆卸清洗法。

（1）就车清洗法

在供给系统中接入装满清洗液的清洗罐。常用的连接部位有：汽油滤清器出油口、燃油分配管进油口或专用测压口等。

操作步骤如下：

① 由清洗设备的油泵代替原车燃油泵给清洗液加压，并调至怠速油压；
② 夹住回油管，以切断回油；
③ 启动发动机，以清洗液代替汽油燃烧做功，直至清洗液用尽。

注意：应按正确方法接入清洗罐的部位和使用油泵停止工作，任何错误的连接和操作均有可能引起火灾事故，导致人身伤害和财产损失。

（2）拆卸清洗法

将待清洗的喷油器拆下，把喷油器放入试验台的清洗箱中，使用喷油器专用清洗剂进行超阶级声波清洗除炭，清洗后还须检查喷雾质量。如喷雾质量仍不合格应更换喷油器。

① 先将喷油器拆下，用化油器清洗剂浸泡、冲洗喷油器外表污物；
② 将喷油器装回发动机，插好各缸喷油器的导线插头；
③ 拆下燃油分配管的进油管，向燃油分配管内喷注尽可能多化油器清洗剂；
④ 装复进油管并检查确保无泄漏；
⑤ 启动发动机，运转 3~5 min。

如此反复 2~4 次直至发动机工作正常为止。

四、空气供给系统主要元件的构造与检修

空气供给系统的主要功用是供给与发动机负荷相适应的清洁空气,零部件有空气滤清器、进气管以及节气门体。

(一)空气滤清器

空气滤清器的主要作用:滤去进入汽缸内空气中的尘土和沙粒,以减小汽缸、活塞和活塞环的磨损,延长发动机的使用寿命,同时也可降低进气噪声。

汽油机广泛采用纸质干式空气滤清器,其具有结构简单、重量轻、成本低、使用方便、滤清效果好等优点,主要由壳体2、3和滤芯1等组成,如图2.17所示。

图 2.17　空气滤清器结构
1-纸质滤芯;2-空滤器上壳体;3-带粗滤器的进气管组件

工作过程:发动机工作时,空气由进气口进入滤芯的下部,经纸质滤芯被滤清后,进入滤芯的上部,然后进入进气歧管。

维护:每行驶5 000～8 000 km就应维护一次。维护时用毛刷或压缩空气由里向外清洗,严禁用汽油或水洗刷滤芯。若发现滤芯过脏、破裂和油污,应更换滤芯。桑塔纳2000型轿车规定,每行驶15 000 km更换滤芯一次。

滤芯1是用树脂处理的微孔滤纸制成,滤芯呈波折状,以便获得较大的过滤面积。有的滤芯的上、下两端有塑料密封圈,以保证滤芯两端的密封。

空气滤清器检修:

图 2.18　空气滤清器的检修

检查空气滤清器滤芯是否脏污,必要时用压缩空气吹净或更换,按图2.18所示方法检测。

通常每行驶15 000 km更换一次。经常在恶劣环境中工作的车辆应当不超过10 000 km更换一次(如沙漠、建筑工地等)。空气滤清器的使用寿命轿车为30 000 km,商务车

为 80 000 km。

注意：严禁用汽油或水洗刷滤芯；滤芯表面有破损必须更换。

（二）节气门体

节气门体的作用是控制进入汽缸的空气量，从而控制发动机的转速。它主要由节气门、怠速调整螺丝、怠速空气孔道和节气门开关等组成。

五、控制系统主要元件的构造与检修

控制系统主要由各种传感器、电子控制单元（ECU）和执行器组成。

传感器监测发动机的实际工况，感知各种物理信号并将其转换为电信号传输给 ECU。常采用的传感器有冷却液温度传感器、进气温度传感器、氧传感器、空气流量计（或进气压力传感器）、曲轴位置与凸轮轴转速传感器、爆震传感器、节气门位置传感器等。执行器如喷油器等。

（一）冷却液温度传感器

冷却液温度传感器检测发动机冷却液的温度，把冷却液温度转换为电信号。

温度传感器的种类很多，常见的温度传感器按结构与物理性能不同可分为热敏电阻双金属片式、热敏铁氧体式、蜡式等。双金属片式和蜡式温度传感器属于结构型传感器，热敏电阻式和热敏铁氧体式温度传感器属于物性（物理性能）型传感器。现代汽车广泛采用热敏电阻式冷却液温度传感器。

热敏电阻的阻值随温度的变化而变化。根据其特性不同，热敏电阻可分为正温度系数（PTC）热敏电阻、负温度系数（NTC）热敏电阻、临界温度热敏阻（CTR），正温度系数热敏电阻在允许的工作范围内，其电阻阻值随温度的升高而增加；负温度系数热敏电阻的阻值随温度的升高而减小；临界温度热敏电阻以某一临界温度为界，高于临界温度时的电阻为某一水平，低于临界温度时的电阻为另一水平。

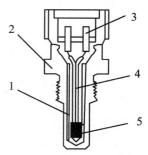

图 2.19 冷却液温度传感器
1-绝缘管；2-壳体；3-接线端子；4-引线；5-热敏元件

冷却液温度传感器（图 2.19）的主要元件是负温度系数热敏电阻，其特性是：温度越低，阻值越大；温度越高，阻值越小。冷却液温度传感器一般安装在缸体水套上。

图 2.20 所示为冷却液温度传感器的工作电路。ECU 内部的 5 V 或 12 V 电压通过分压电阻 R 加在冷却液温度传感器内的热敏电阻上，再通过 ECU 搭铁构成回路。传感器信号为加在热敏电阻上的电压。

当冷却液温度传感信号不正常时，应对冷却液温度传感器及其工作电路进行如下检查：

（1）检查冷却液温度传感器的电源电压

拆开冷却液温度传感器的线束插接器，接通点火开关，用电压表测量线束插接器上两端子之间的电压（传感器的电源电压）。正常情况下，电压值应为 5 V。若电压值不正常，则应检查相关的线路。

（2）检查冷却液温度传感器的信号电压

连接好冷却液温度传感器的线束插接器，接通点火开关，用电压表测量线束插接器上，两端子之间的电压,当温度为 80 ℃时,电压值应为 0.2~1.0 V。

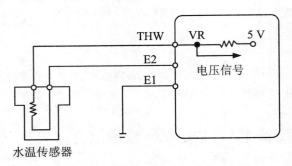

图 2.20　冷却液温度传感器工作电路

(3) 检查冷却液温度传感器的工作特性

拆下冷却液温度传感器,按图 2.21 所示加热液体,用万用表欧姆挡检查在不同温度下冷却液温度传感器的阻值,将其与标准值对比,即可判定冷却液温度传感器是否正常。例如,丰田 2JZ-GE 发动机冷却液温度传感器,其阻值应符合表 2.1 中列出的规定,否则,应更换传感器。

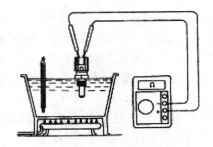

图 2.21　检查冷却液温度传感器

表 2.1　丰田 2JZ-GE 发动机冷却液温度传感器的检测数据

温度(℃)	阻值(kΩ)	温度(℃)	阻值(kΩ)
−20	10~20	40	0.9~1.3
0	4~7	60	0.4~0.7
20	2~3	80	0.2~0.4

(二) 进气温度传感器

进气温度传感器的作用是把进气温度转换为电信号输入 ECU。ECU 据此信号确定进气密度,并结合进气量传感信号,精确计算出进气质量,从而控制喷油量。进气温度传感器的结构、工作原理与冷却液温度传感器相同,都采用负温度系数热敏电阻。进气温度传感器一般安装在进气管上,也有的安装在空气流量传感器内部。图 2.22 所示为进气温度传感器的结构及工作特性。

进气温度传感器的检测可参照冷却液温度传感器的检测方法进行。

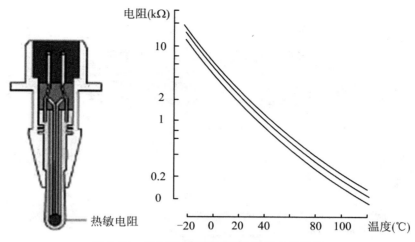

图 2.22 进气温度传感器的结构及工作特性

（三）氧传感器

氧浓度传感器（又称氧传感器）作用就是把排气中氧的浓度转换为电压信号，ECU 根据氧浓度传感器输入的信号判断混合气的浓度，进而修正喷油量，最终将缸内混合气的浓度控制在理想空燃比（14.8）附近。

现代汽车为了降低发动机排气中有害成分（CO、碳氢化合物、NO_x）的含量，在排气管中安装了三元催化转换装置。三元催化转换装置内有三元催化剂（常用钼、铑、钯），它能促使排气中的有害成分进行化学反应，可将 CO 氧化为 CO_2，将碳氢化合物氧化为 CO_2 和 H_2O 以及将 NO_x 还原为 N_2。但是，只有当汽油机在空燃比 14.8 附近的一个很小范围内运转时，三元催化剂才能同时促进氧化还原反应，此时三元催化转换装置的转换效率才最高，排气中有害物质的含量才最低。因此，现代汽车均安装了氧传感器。

氧传感器的数量因车而异，有的发动机只有一个氧传感器，安装在排气管中排气消音器的前面。双排气发动机在左、右排气管上各安装一个氧传感器，这样，该系统就有两个氧传感器：左氧传感器和右氧传感器。发动机装有三元催化装置的，在该装置前、后各安装一个氧传感器。

汽车发动机电子控制系统采用的氧传感器根据内部敏感材料不同分为氧化锆式和氧化钛式两种。

氧化锆式氧传感器又分为加热式和非加热式两种，氧化钛式氧传感器大多为加热式氧传感器。

1. 氧化锆式氧传感器

氧化锆式氧传感器主要由锆管、电极、电极引线、金属保护套（管）、加热元件（仅指加热式）、线束插接器等组成。图 2.23 所示为氧化锆式氧传感器结构图。

氧化锆式氧传感器内部的敏感元件是二氧化锆（ZrO_2）固体电解质。在二氧化锆固体电解质粉末中添加少量的添加剂，烧制成管状的锆管。紧贴锆管的内、外表面是作为锆管的内、外电极的铂膜，内、外电极通过电极引线与氧传感器的线束插接器相连。锆管的内、外电极与外界大气相通，外电极与排气管内的排气相通。为防止发动机排出的废气腐蚀外层的铂电极，在外层铂电极表面都覆盖着一层多孔性的陶瓷层。

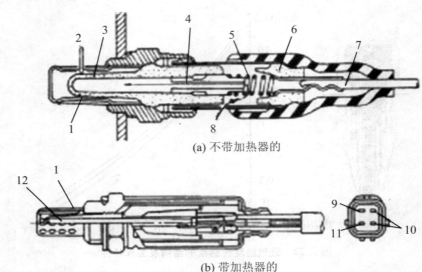

图 2.23　氧化锆式氧传感器

1-钢质保护套管；2-废气；3-锆管；4-电极；5-弹簧；6-绝缘体；7-电极引线；8-空气；
9-接地端；10-加热器接线端；11-信号输出端；12-加热器

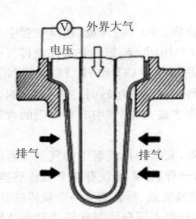

图 2.24　氧传感器工作原理图

发动机运转时,排气管内废气从锆管外电极表面的陶瓷层渗入,与外电极接触,内电极与大气接触。锆管内、外侧存在氧浓度差,使氧化锆电解质内部氧开始向外电极扩散,散的结果是在内、外电极之间产生电位差,形成了一个微电池,其外电极为锆管负极,内电极为锆管正极,如图 2.24 所示。

氧化锆式氧传感器的输出电压特性是:当汽缸内可燃混合气浓时,排气中氧含量低,一氧化碳含量相对较高,而且在锆管外电极铂膜的催化作用下,排气中的氧几乎全部参与反应,生成了二氧化碳,使锆管外表面上氧浓度几乎为0。而锆管的内表面与大气相通,氧浓度很大,锆管内、外两侧氧浓度差很大,因此在内、外电极之间产生了较强的电压信号(0.8～1.0 V);当汽缸内可燃混合气稀时,排气中氧含量高,一氧化碳含量相对较低,即使一氧化碳全部与氧反应,锆管外表面还会有多余的氧存在,锆管内、外两侧氧浓度差小,因此在内、外电极之间只产生较弱的电压信号(约为 0.1 V)。

由氧传感器的输出特性(图 2.25)可以看出,氧传感器的输出电压在理想空燃比(14.8)附近发生突变。可燃混合气空燃比稍高于 14.8 时,氧传感器输出信号电压几乎为零;可燃混合气空燃比稍低于 14.8 时,氧传感器输出信号电压接近 1.0 V;可燃混合气空燃比为 14.8 时,氧传感器输出信号电压约为 0.45 V。

氧传感器的工作状态与工作温度有着密切的关系。氧化锆式氧传感器在温度低于 300 ℃时,无信号电压输出,而在温度为 300～800 ℃时最为敏感,输出信号最强。

加热式氧传感器的线束插接器一般有 4 个端子(也有的是 3 个),其中 2 个是传感器信号输出端子,另 2 个是电加热元件的电源输入端子。图 2.26 所示为加热式氧传感器的检测方法。

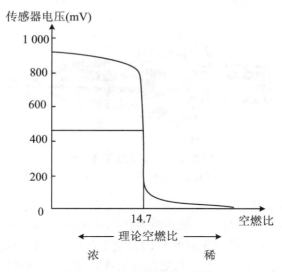

图 2.25 氧传感器输出特性

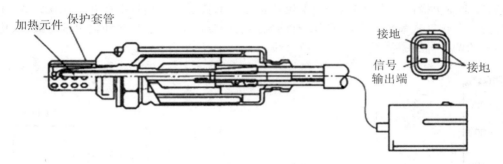

图 2.26 加热式氧传感器检测方法

2. 氧化钛式氧传感器

氧化钛式氧传感器的材料是二氧化钛(TiO_2)。二氧化钛在常温下的阻值是稳定的,但当其表面缺氧时,其内部晶格会出现缺陷,阻值会大大降低。氧化钛式传感器就是利用二氧化钛的这一性能制成的。氧化钛式氧传感器的外形与氧化锆式传感器相似,但体积较小。在其前端的护罩内是一个二氧化钛厚膜元件(图 2.27)。当二氧化钛表面氧浓度发生变化时,其电阻值也随着变化,ECU 根据此变化来确定混合气的浓度变化。另外,排气温度的变化也会影响二氧化钛的阻值。为了消除温度的影响,在氧化钛式氧传感器内部设有加热元件,使其在恒定的温度下工作。氧化钛式氧传感器的加热元件用钨丝或陶瓷材料加工而成。

如图 2.28 所示为氧化钛式氧传感器的输出特性。当发动机可燃混合气稀(过量空气系数大于 1.0)时,排气中氧含量较高,传感元件周围的氧浓度较大,二氧化钛呈现高阻状态。当发动机可燃混合气浓(过量空气系数小于 1.0)时,由于燃烧不完全排气中氧含量较少,传感元件周围的氧很少,在催化剂铂的催化作用下,使剩余氧与排气中的一氧化碳产生化学反应,生成二氧化碳,将排气中的氧进一步消耗掉,二氧化钛呈现低阻状态,从而大大提高了氧传感器的灵敏度。可见,氧化钛式氧传感器的电阻将在可燃混合气的过量空气系数约为 1.0(空燃比约为 14.8)时产生突变。

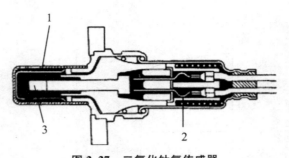

图 2.27　二氧化钛氧传感器
1-保护管(套)；2-连接线；3-二氧化钛厚膜元件

3. 氧传感器的工作电路

图 2.29 所示为非加热式氧化钛式氧传感器的工作电路。ECU 将一个恒定的电压加在氧化钛式氧传感器上。当发动机排气中氧含量的变化引起二氧化钛阻值变化时，ECU 将从氧传感器端子 OX 接收到变化的电压信号。可燃混合气浓时，排气中氧含量低，二氧化钛阻值小，氧传感器负极向 ECU 输入一个高电压信号；反之，可燃混合气稀时，排气中氧含量高，二氧化钛阻值大，氧传感器负极向 ECU 输入一个低电压信号。氧传感器的信号电压在空燃比约为 14.8 时产生突变。氧化钛式氧传感器与 ECU 有两条连接导线，分别是电源线和输出信号线，氧化锆式氧传感器的两条导线是搭铁线和输出信号线。

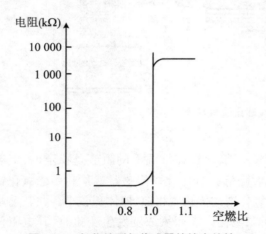

图 2.28　氧化钛型氧传感器的输出特性

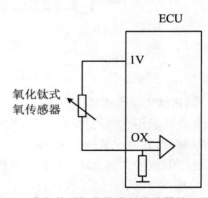

图 2.29　非加热型氧化钛式氧传感器的工作电路

加热式氧传感器除具有非加热式氧传感器的两条连接导线外，还有两条导线：一条是加热元件的搭铁线，另一条是通过主继电器供给加热元件的电源线，如图 2.30 所示。

4. 氧传感器的检测

(1) 检查氧传感器的加热元件

拆下氧传感器的线束插接器，用万用表欧姆挡测量氧传感器内部加热元件阻值，其阻值应符合相应标准。例如，丰田轿车的氧传感器内部加热元件阻值为 4～40 Ω；桑塔纳轿车的传感器内部加热元件阻值为 1～5 Ω，具体数值可查阅各车型的维修手册。若阻值不符合，则应更换氧传感器。

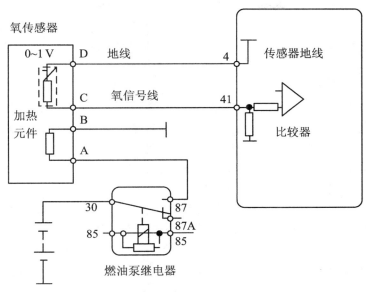

图 2.30　北京切诺基汽车氧传感器工作电路

（2）检查氧传感器加热元件工作电路

将点火开关置于"ON"位置,用电压表检测氧传感器加热元件的工作电压,其标准值为蓄电池电压(12 V)。若无电压,则应检查加热元件的电源电路。

（3）检查氧传感器的工作情况

以丰田 1UZ-FE 型发动机为例。

① 用专用导线连接检查连接器的端子 TE1 和 E1。

② 将电压表正表笔与检查连接器的端子 VF1（左侧驾驶）或 VF2（右侧驾驶）连接,负表笔与端子 E1 连接。

③ 启动发动机,先使其达到正常工作温度。再让发动机在 2 500 r/min 的转速下持续运转 120 s,以消除氧传感器表面的积炭,然后记录电压表指针摆动的频率。正常情况下,在 8 s 内摆动的次数不得低于 10 次。如果电压表在 8 s 内摆动的次数低于 10 次,则应检查氧传感器。

（4）检查氧传感器

在检查氧传感器之前,应首先确定氧传感器的类型：是氧化锆式还是氧化钛式。因为当排气中氧的浓度变化时,氧化锆式氧传感器是电压产生变化,而氧化钛式氧传感器是阻值发生变化。

在检查氧传感器时,应拆下氧传感器的线束插接器,使氧传感器不再与 ECU 连接,这时电控汽油喷射系统处于开环控制状态。

对氧化锆式氧传感器,可将电压表的正表笔接氧传感器的信号输出端子,负表笔搭铁,在发动机运转过程中,测量氧传感器的输出电压。当突然踩下加速踏板时,可燃混合气变浓,电压表指针读数应上升；当突然松开加速踏板时,可燃混合气变稀,电压表指针读数应下降。如果氧传感器输出信号电压无上述变化,则说明氧传感器已损坏,应更换。

对于氧化钛式氧传感器,可用万用表欧姆挡测量传感器两端子间的电阻。在可燃混合气浓度发生变化时,如果氧传感器的阻值能随之发生明显变化,就说明氧传感器正常；反之,则说明氧传感器有故障,应更换。

另外,还可根据氧传感器的颜色来判断氧传感器的工作状态。当氧传感器呈淡灰色时,说明氧传感器正常;呈棕色时,说明氧传感器有铅污染现象;呈黑色时,说明氧传感器积炭严重(排除积炭后,氧传感器仍能正常使用);呈白色时,说明氧传感器有硅污染现象。

(四) 空气流量传感器

空气流量传感器主要用于对发动机空气流量的测量。进气量是燃油喷射量计算的基本参数之一。测量空气流量是使发动机控制系统确定燃烧条件、控制空燃比以及启动、点火等。

空气流量传感器安装在空气滤清器和节气门之间,用来测量进入汽缸内的空气的量,然后将进气量信号送入电子控制器ECU,从而由ECU计算出喷油量,控制喷油器向节气门喷入与进气量成最佳比例的燃油。

根据检测进气量的方式不同,空气流量传感器分为D型(压力型)和L型(流量型)。D型空气流量传感器是利用空气绝对压力和发动机转速来计算吸入汽缸的空气量,如进气压力传感器。L型空气流量传感器通过直接测量吸入汽缸的空气的流量来计算空气量,常用的L型空气流量传感器分为体积流量型(如翼片式、涡流式)传感器和质量流量型(如热线式、热膜式)传感器。

本书主要介绍常用的热线式、热膜式传感器的结构与检修。

1. 热线式空气流量传感器结构

热线式空气流量传感器安装在空气滤清器与节气门之间的进气通道中,图2.31所示为热线式空气流量传感器的结构和工作原理图。

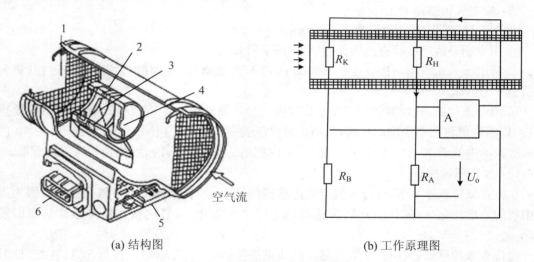

图 2.31 热线式空气流量传感器

1-防护网;2-取样管;3-铂金热线;4-冷线电阻;5-控制电路;6-插接器
A-集成电路;R_H-热线电阻;R_K-温度补偿电阻;R_A-精密电阻;R_B-电桥电阻

热线式空气流量传感器主要由铂丝(热线)电阻 R_H、温度补偿(又称冷线)电阻 R_K、控制电路(包括 R_A、R_B 两个电阻)、防护网以及空气流量传感器外壳等组成。传感器工作时控制电路将铂丝电阻加热到高于进气温度 $100 \sim 120\ ℃$,这也是将其称为热线电阻的原因。空气流量传感器的筒形外壳中部设有取样管。取样管内装有一根直径约为 0.07 mm 的热线电阻和一根温度补偿电阻。R_A 为精密电阻,产生热线式空气流量传感器输出电压信号;R_B 为电桥电阻,用于调整空气流量传感器的输出特性。

2. 工作原理

热线式空气流量传感器是利用空气流过热线电阻时的冷却效应制成的。热线电阻和其他几个电阻组成惠斯通桥型电路。热线电阻的阻值与其本身的温度成正比。在环境温度一定时,给惠斯通桥型电路供电,电桥会达到平衡。当有空气流过取样管中的热线电阻时,进气会带走热量,使其温度降低,其阻值也随即降低,桥型电路的平衡被破坏。为重新达到平衡,使热线电阻恢复到原来数值,就必须增大电流,提高热线电阻温度。空气流量越大,带走的热量就越多,热线电阻的热量就越大,为重新达到平衡所需增加的电流值也就越大。这样,就把空气流量的变化转换为电流的变化。电流的变化又使精密电阻 R_A 两端的电压 U_0 发生变化,该变化电压就是热线式空气流量传感器的传感信号。这就是热线式空气流量传感器的基本工作原理。

图 2.32 所示为上海桑塔纳 2000 GSi 轿车的 AJR 发动机的热膜式空气流量传感器,其结构和工作原理与热线式空气流量传感器基本相同,只是将感应元件由热线电阻改为平面结构的铂金属膜电阻器(简称热膜)。

热膜的制作工艺:先在氧化铝陶瓷基片上采用蒸发工艺淀积铂金属膜,然后通过光刻工艺制成梳状电阻,将阻值调整到规定的阻值后,再在铂金属膜表面覆盖一层保护膜,最后引出电极引线。

热膜设置在进气通道上的一个矩形护套(相当于取样管)内。在护套的空气入口一侧设有空气过滤层,过滤空中的污物,防止污物沉积到热膜电阻上影响测量精度。空气流量传感器中上流温度传感器的作用是温度补偿,其实它就是温度补偿电阻。这种空气流量传感器的使用寿命较热线式空气流量传感器有所提高。

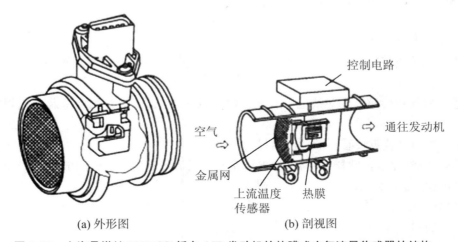

图 2.32 上海桑塔纳 2000 GSi 轿车 AJR 发动机的热膜式空气流量传感器的结构

3. 热线式空气流量传感器工作电路

图 2.33 所示为日产 VG30E 发动机微机集中控制系统的热线式空气流量传感器的工作电路。空气流量传感器通过 ECU 端子 26 搭铁,空气流量传感器的自清洁电路直接到车身搭铁。空气流量传感器输出的电压信号通过端子 31 输入 ECU。空气流量传感器内部有一个可调电阻,人工调节其阻值,可产生一个电压信号,该信号输入 ECU 后可用来控制可燃混合气的浓度。空气流量传感器与 ECU 之间的自清洁信号线用于给热线电阻提供大电流,以烧掉其表面的污垢。

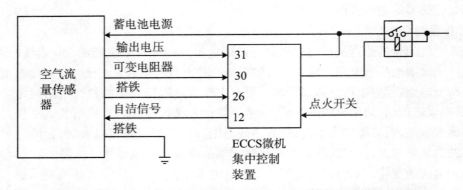

图 2.33　日产发动机微机集中控制系统热线式空气流量传感器的工作电路

4. 自清洁

热线式空气流量传感器使用一段时间后,热线电阻表面会附着一层尘埃,从而影响到测量精度。为克服这一缺陷,常采用两种方法:一种方法是提高热线的保持温度(一般使保持温度升高到 200℃ 以上),以防止灰尘粘附;另一种方法是在 ECU 中设计自清洁功能,通过加热热线来清除污垢。空气流量传感器的自清洁功能是指当发动机停转后,ECU 控制自清洁电路接通,将热线电阻加热到 1 000 ℃,烧掉粘附其上的灰尘。热膜式空气流量传感器中铂金属膜的面积比热丝的面积大得多,并且有一层绝缘保护膜覆盖在上面,因此粘附污物后对测量精度的影响较小。

5. 检修

当热线式空气流量传感器工作不正常时,应按下列步骤进行检查(以日产 VG30E 发动机为例)。

(1) 检查工作电路

检查空气流量传感器与 ECU 的导线连接是否正常,插接器插接是否可靠。

(2) 检查外观

检查空气流量传感器的热线电阻有无折断及脏污现象,护网有无堵塞及破损现象。若有,则更换空气流量传感器。

(3) 检查空气流量传感器的输出信号

① 拆下空气流量传感器,将蓄电池电压接至空气流量传感器插座内的端子 D、E,然后测量端子 B、D 之间的电压,正常值应为 1.6±0.5 V,如图 2.34(a)所示;

② 向空气流量传感器内吹风(不准用压缩空气),同时测量端子 B、D 之间的电压,电压值应为 2~4 V,如图 2.34(b)所示。

若上述测量结果与标准值不符,则应更换空气流量传感器。

(4) 检查空气流量传感器内的热线自清洁电路

① 启动发动机,加速至 2 500 r/min 以上;

② 在发动机急速运转条件下,拆下空气管道和空气滤清器;

③ 在点火开关断开 5 s 后,检视热线电阻是否能加热到发出红色辉光约 1 s;

④ 如果看不到热线电阻发出红色辉光,应检查微机控制装置端子插接器中端子 12 与空气流量传感器线束插接器端子 F 是否导通。正常情况下,应导通。若不通,则说明热线电阻电路发生断路故障。首先检查线束,如果线束正常,则应更换空气流量传感器。

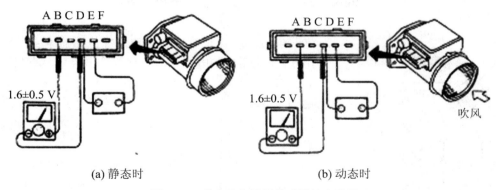

图 2.34　检查空气流量传感器输出信号

（五）曲轴位置与凸轮轴转速传感器

曲轴与凸轮轴位置传感器是电控汽油喷射系统中必不可少的传感器。当 ECU 控制喷油器喷油时,必须先知道哪一缸的活塞即将到达进气行程上止点;当 ECU 控制火花塞跳火时,必须先知道哪一缸的活塞即将到达压缩行程上止点,然后再根据曲轴转角信号控制喷油和点火。

曲轴位置传感器 CPS(Crankshaft Position Sensor)又称为发动机转速与曲轴转角传感器,其功用是采集曲轴转动角度和发动机转速信号,并将信号输入控制单元,实现点火控制和喷油控制。曲轴转动角度信号控制点火时刻和喷油时刻,发动机转速信号控制喷油量和点火提前角。

凸轮轴位置传感器 CPS(Camshaft Position Sensor)又称为汽缸判别传感器 CIS(Cylinder Identification Sensor)和相位传感器,为了区别于曲轴位置传感器 CPS,凸轮轴位置传感器一般都用 CIS 表示。功用是采集配气凸轮轴的位置信号,并将信号输入 ECU,以便 ECU 识别哪一缸的活塞即将到达压缩上止点,从而进行顺序喷油控制、点火控制和爆震控制。此外,凸轮轴位置传感器还用于在发动机启动时识别第一次点火时刻。因为凸轮轴位置传感器能够识别哪一缸活塞即将到达上止点,所以又称为判缸传感器。

曲轴与凸轮轴位置传感器常安装位置有曲轴前端、凸轮轴前端、飞轮上、分电器内部等。

常见的曲轴与凸轮轴位置传感器根据其工作原理的不同可分为电磁感应式、霍尔式和电磁感应式。

1. 电磁感应式曲轴与凸轮轴位置传感器

（1）电磁感应式曲轴与凸轮轴位置传感器结构及工作原理

电磁感应式曲轴与凸轮轴位置传感器是利用电磁感应原理制成的,其主要结构有转子(即触发齿轮)、永久磁铁、铁芯、感应线圈,如图 2.35 所示。永久磁铁的磁力线经转子、感应线圈、铁芯构成封闭回路(传感器的工作磁路)。

发动机运转时,带动转子转动,磁路中的气隙便不断发生变化,穿过感应线圈的磁通量也不断变化,从而在感应线圈中感应出电信号。如图 2.36 所示,当转子上的齿逐渐接近铁芯时,磁路中气隙逐渐变小,通过感应线圈的磁通量逐渐增大,在感应线圈中产生感应电动势;当转子上的齿正对铁芯时,磁路中的气隙变小,此时通过感应线圈的磁通量最大,但其变化率为零,因而在感应线圈中产生的感应电动势为零;当转子上的齿逐渐远离铁芯时,磁路中的气隙逐渐增大,通过感应线圈的磁通量逐渐减小,于是在感应线圈中产生反向电动势。如此反复,即可产生脉冲式传感信号。图 2.36 所示为感应线圈中磁通量与感应电动势的波形。

电磁感应式曲轴与凸轮轴位置传感器本身可以产生电压，不需要外加电源。但传感器输出信号大小与发动机转速有关，转速高时，磁通量变化率大，信号强；转速低时，磁通量变化率小，信号弱。此外，转子与感应线圈之间的气隙也会影响传感器输出信号，因此，该气隙必须按规定进行调整。

（2）电磁感应式曲轴位置传感器的工作电路

图 2.37 所示为丰田 2JZ-GE 发动机电磁感应式曲轴位置传感器的工作电路。三个耦合线圈 G1、G2 和 Ne 共用低电位信号线，并与 ECU 的端子 G 连接。传感器上 G1 和 G2 两个耦合线圈产生的电脉冲信号经端子 G1 和 G2 输入 ECU，传感器 Ne 耦合线圈产生的电脉冲信号经端子 Ne 输入 ECU。

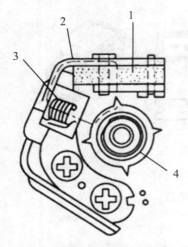

图 2.35 电磁感应式曲轴位置传感器
1-永久磁铁；2-铁芯；3-感应线圈；4-转子

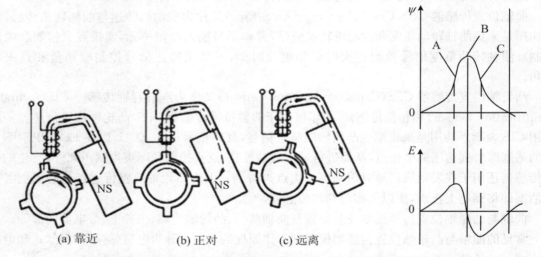

图 2.36 曲轴与凸轮轴位置传感器的工作原理、磁通量和感应电动势的波形

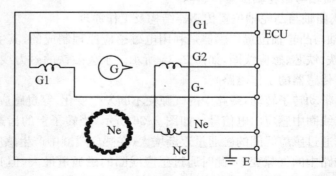

图 2.37 丰田 2JZ-GE 发动机曲轴位置传感器的工作电路

(3) 检测电磁感应式曲轴与凸轮轴位置传感器

① 检查传感器内线圈电阻。

拆开传感器的线束插接器,用万用表欧姆挡分别测量耦合线圈上端子 G- 与 G1、G2、Ne 之间的电阻,其阻值应符合规定。一般冷态下电阻均为 125～200 Ω,热态下电阻均为 160～300 Ω。若不符合,应更换分电器壳体总成。

② 检查传感器的输出信号。

传感器输出信号的检查有两种方法:

方法一:使发动机怠速运转,用指针式电压表分别测量曲轴与凸轮轴位置传感器上 G1 与 G-、G2 与 G-、Ne 与 G-端子之间的电压。传感器正常时,应有脉冲信号输出。若无脉冲信号输出,则需更换电磁感应式曲轴与凸轮轴位置传感器。

方法二:在发动机怠速运转时,用示波器检查曲轴与凸轮轴位置传感器上 G1 与 G-、G2 与 G-、Ne 与 G-端子之间的波形。传感器正常时,其波形应符合图 2.38 所示。

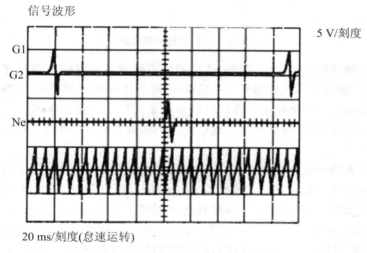

图 2.38　G1、G2、Ne 信号波形

③ 检查磁隙。

用厚薄规检查信号转子与耦合线圈突出部分的间隙,其标准值为 0.2～0.4 mm。若不符合标准,则需要更换分电器壳体总成。

④ 检查传感器连接导线。

用万用表欧姆挡检查传感器与 ECU 之间的三根连接导线,三根导数均应导通;否则,应修复或更换导线。

2. 霍尔式曲轴与凸轮轴位置传感器

(1) 霍尔式曲轴与凸轮轴位置传感器的结构及工作原理

霍尔式曲轴与凸轮轴位置传感器是根据 1879 年爱德华·霍尔所发现的霍尔效应原理制成的。如图 2.39 所示把一个通有电流的半导体霍尔基片(霍尔元件)放置在与电流方向垂直的磁场中时,在垂直于电流的方向上就会产生一个微量电压,该电压称为霍尔电压。霍尔电压 U_H 与通过的电流 I 和外加磁场的强度 B 成正比,即

$$U_H = \frac{R_H}{d} I \cdot B$$

式中，R_H 为霍尔系数；d 为霍尔基片的厚度。

霍尔电压 U_H 与通过的电流 I 和外加磁场的强度 B 成正比。

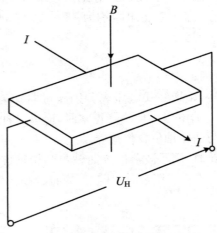

图 2.39 霍尔效应原理图

利用霍尔效应制成的元件称为霍尔元件。利用霍尔元件制成的传感器称为霍尔效应式传感器，简称霍尔式传感器或霍尔传感器。实验证明，半导体材料也存在霍尔效应，且其霍尔系数远大于金属材料，因此，一般都用半导体材料制作霍尔元件。利用霍尔效应不仅可以通过接通和切断磁场来检测电压，而且可以检测导线中流过的电流，因为导线周围的磁场强弱与流过导线的电流成正比。

霍尔式传感器有两个突出优点：一是输出电压信号近似于方波信号；二是输出电压的高低与被测物体的转速无关。霍尔效应式传感器与电磁感应式传感器不同的是它需要外加电源。

图 2.40 所示为霍尔式曲轴与凸轮轴位置传感器的工作原理图。霍尔元件固定在支座上，永久磁铁装在其对面，两者之间有空气间隙。霍尔元件的工作电流由 A、B 两端供给，霍尔电压由 C、D 端输出。触发叶轮上有和发动机汽缸数相同的缺口和叶片，随同分电器轴或曲轴一起旋转。当叶片离开永久磁铁与霍尔元件之间的间隙时，永久磁铁的磁场穿过霍尔元件之间的间隙，磁场被叶片隔离，没有磁场加在霍尔元件上，霍尔电压为零。如此往复，即产生脉冲的曲轴与凸轮轴位置传感信号。

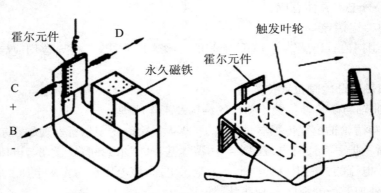

图 2.40 霍尔式曲轴位置传感器的工作原理

(2) 霍尔式曲轴与凸轮轴位置传感器的工作电路

图 2.41 所示为北京切诺基同步信号传感器,从图中可以看出,ECU 由端子 7 向两传感器提供 8 V 的稳定工作电压,两传感器通过 ECU 的端子 4 搭铁。曲轴位置传感器信号和同步信号分别由端子 24、44 输入 ECU。

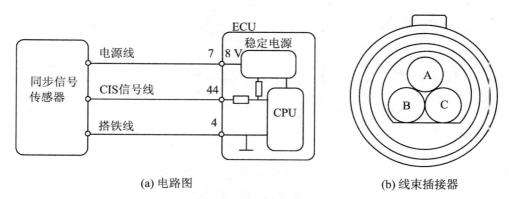

(a) 电路图　　　(b) 线束插接器

图 2.41　北京切诺基同步信号传感器的工作电路

(3) 霍尔式曲轴与凸轮轴位置传感器的检修

同步信号传感器传感器的检测是将电压表置于 15 V 挡,测试传感器三个接线柱 A、B、C 之间电压值(测试时不要将分电器上的插接件拆下)。若传感器正常,则接通点火开关(ON) 时,A、C 间的电压值约为 8 V。拆下分电器盖,转动发动机曲轴,使脉冲环进入同步信号发生器,B、C 间电压值应为 5 V;如继续转动,电压表的指针应为 0～5 V(电压表指针来回摆动)。

若测试结果与上述不符,则应进一步检查传感器导线连接情况。

若正常,应更换同步信号传感器。

3. 光电式曲轴与凸轮轴位置传感器

(1) 光电式曲轴与凸轮轴位置传感器的结构及工作原理

光电式曲轴与凸轮轴位置传感器是利用半导体的光电效应原理制成的。光敏晶体管(图 2.42)与普通晶体管非常相似,同样有基极 b、集电极 c、发射极 e,只是基极不接引线,而是多了一个密封的透光孔。使用时只要将发射极 e 接地,在集电极 c 上加以负电压,这样当光透过透光孔照射到发射极 e 和基极 b 之间的 PN 结上时,即得到较大的电流输出。没有光线时,光敏晶体管截止,没有输出电流。

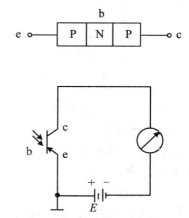

图 2.42　光敏晶体管结构原理图

如图 2.43 所示,光电式传感器主要由带有叶片的信号转子和包括发光二极管、光敏晶体管及放大整形电路的光电式信号发生器组成。当叶片进入发光二极管和光敏晶体管之间的空隙时,发光二极管射向光敏晶体管的光束被遮挡,光敏晶体管截止,其集电极输出高电平;当叶片离开发光二极管和光敏晶体管之间的空隙时,发光二极管的光束射向光敏晶体管,光敏晶体管导通,其集电极输出低电平。当信号转子转动时,光敏晶体管交替导通与截止,信号发生器便输出与叶片数相等的脉冲电压信号。

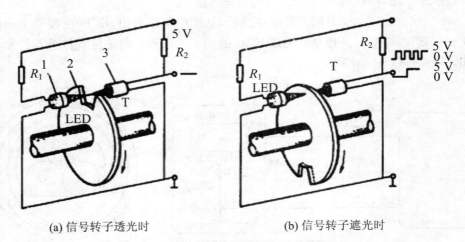

(a) 信号转子透光时　　　　　　(b) 信号转子遮光时

图 2.43　光电式信号发生器的工作原理
1-发光二极管；2-信号转子；3-光敏晶体管

光电式曲轴与凸轮轴位置传感器具有分度精度高、输出数字脉冲信号的优点，但也存在对使用环境要求较高的不足。

(2) 光电式曲轴与凸轮轴位置传感器的工作电路

图 2.44 所示为日产阳光(SUNNY)轿车的光电式曲轴与凸轮轴位置传感器的工作电路。

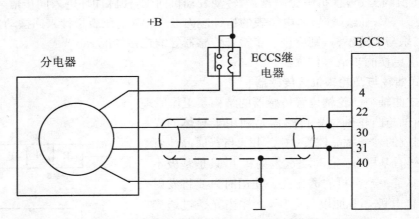

图 2.44　日产阳光轿车光电式曲轴位置传感器的工作电路

(3) 光电式曲轴与凸轮轴位置传感器的检测

以图 2.44 所示日产阳光(SUNNY)轿车的光电式曲轴与凸轮轴位置传感器为例，介绍对其的检测步骤：

① 从发动机上拆下分电器(曲轴与凸轮轴位置传感器线束插接器应保持连接，无须拆开)。

② 断开点火线圈，然后将点火开关置于"ON"位置。

③ 用手缓慢地转动分电器轴并用万用表检查信号输出端子与车身搭铁之间的电压，数值应为 0~5 V(电压表指针来回摆动)。若不符合上述情况，则应更换分电器总成(连同凸轮轴位置传感器一同更换)。

④ 目视检查曲轴与凸轮轴位置传感器信号转子盘是否积尘或损坏，必要时应清洗或更换。

（六）爆震传感器

爆震传感器的作用是把发动机爆震信号转换为电信号输入发动机 ECU。该信号输入 ECU 后用于控制点火提前角，使发动机在最接近爆震的时刻点火。检测发动机爆震的方法有三种：检测发动机燃烧室压力、检测发动机缸体振动和检测燃烧噪声。

1. 爆震传感器的结构与工作原理

爆震传感器按检测方式不同可分为共振型与非共振型两种；按结构不同可分为磁致伸缩式和压电式两种。压电式爆震传感器按检测缸体振动频率的方式不同，又可分为共振型与非共振型。以共振型压电式爆震传感器为例讲解其结构和工作原理。

压电式爆震传感器是利用压电效应制成的。压电效应是指某些晶体（如石英、压电陶瓷等）在某一定方向受压（或受拉）产生变形时，在晶体内部会产生极化现象，并在其两个表面出现异性电荷；当去掉外力后，又重新回到不带电的状态，这种现象就称为压电效应。

共振型爆震传感器的主要元件是压电元件与振荡片（图 2.45）。压电元件的材料为压电陶瓷晶体片。压电元件紧贴在振荡片上，振荡片紧固在传感器的基座上。当固定在缸体（缸盖）上的爆震传感器随发动机振动时，通过基座带动振荡片振荡。振荡片压迫压电元件，使压电元件产生电压信号。当发动机爆震时产生的频率与振荡片的固有频率相同时，振荡片就发生共振。压电元件受到的力最大，此时压电元件产生的电压信号也达到最大值。

共振型压电式爆震传感器输出的信号电压高，不需要专门的滤波器，信号处理比较方便。但由于共振型压电式爆震传感器的共振频率必须与发动机燃烧时的爆震频率匹配（产生共振），因此特定的共振型压电式爆震传感器只能用于指定型号的发动机（因为各种发动机有自己特定的共振频率），互换性差。

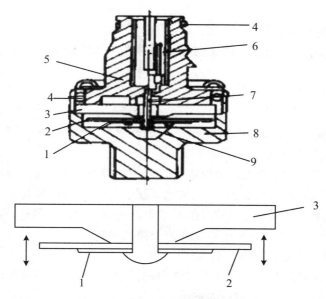

图 2.45 共振型压电式爆震传感器
1-压电元件；2-振子；3-基座；4-O 形密封圈；5-连接器；6-接头；7-密封剂；8-壳体；9-引线

2. 爆震传感器的工作电路

图 2.46 所示为桑塔纳 2000 GSi 轿车的 AJR 发动机上的压电式爆震传感器的工作电路。

每两个缸共用一个爆震传感器,第1、2缸共用一个爆震传感器,安装在汽缸体进气管侧第1、2缸之间;第3、4缸共用一个爆震传感器,安装在汽缸体进气管侧第3、4缸之间。传感器G61、G66分别通过端子68、60和67(二者共用)向发动机ECU输入爆震传感器信号;两个爆震传感器的屏蔽线直接搭铁。

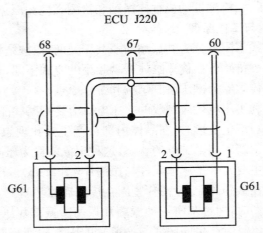

图2.46 桑塔纳2000 GSi轿车的AJR发动机上的爆震传感器的工作电路

3. 爆震传感器的检测

以桑塔纳AJR发动机上的爆震传感器为例,说明爆震传感器的检测方法。

(1) 传感器线束的检测

用万用表检测每个传感器三条线束之间的电阻,均应大于1 MΩ,即三条线束之间不应短路。

(2) 传感器输出信号的检测

在发动机运转时,用电压表测量传感器插接器端子1、2之间的电压,其测量结果应在0.3～1.4 V之间波动。

(七) 节气门位置传感器

节气门位置传感器其功能是将发动机节气门的开度信号转变成电信号传递给电子控制单元,用以感知发动机的负荷大小和加减速工况。

节气门位置传感器的作用是把汽油机运转过程中的节气门开度转换成电信号。该信号输入ECU后用于判别发动机工况(怠速工况、加速工况、减速工况、小负荷工况、大负荷工况等),并根据发动机不同工况对可燃混合气浓度的要求来控制喷油时间。另外,在使用自动变速器的汽车上,节气门位置传感器信号还用于确定变速器换挡时刻。

1. 节气门位置传感器的结构与工作原理

节气门位置传感器安装在节气门体上节气门轴一端,通过节气门轴带动其内部的电刷、触点转动,从而把节气门开度转化为电信号输出。

常见的节气门位置传感器有触点式、可变电阻式、触点与可变电阻结合式三种。

以触点与可变电阻结合式节气门位置传感器为例讲解其结构和工作原理。

触点与可变电阻结合式节气门位置传感器结构如图2.47所示,由可变电阻、可变电阻电刷、节气门轴、触点组成。节气门轴、可变电阻电刷随节气门一同转动,电刷在可变电阻上滑动。

为使 ECU 更准确地得到节气门怠速位置信号,在节气门位置传感器上增设了一个怠速触点 IDL,形成触点与可变电阻结合式节气门位置传感器。

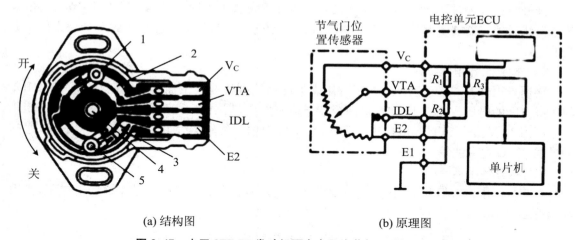

(a) 结构图　　　　　　　　　(b) 原理图

图 2.47　丰田 2TZ-FE 发动机可变电阻式节气门位置传感器

1-可变电阻滑动触点;2-电源电压输入端子;3-绝缘体;4-节气门轴;5-怠速触点

当节气门处于怠速开度时,怠速触点(IDL)闭合。当节气门逐渐打开时,电刷在滑动电阻上移动,电阻阻值逐渐增大,ECU 通过 VTA 端子接收这一电阻变化,从而判断节气门开度的变化。可变电阻式节气门位置传感器用其最小输出信号(触点闭合)表示节气门完全关闭位置(怠速工况),但是由于在使用过程中电阻的磨损会影响到电阻阻值,并最终使最小输出信号发生变化,进而造成节气门完全关闭时电压信号的变化,使 ECU 无法准确确定怠速工况。

2. 节气门位置传感器的工作电路及其检测

节气门位置传感器的工作电路如图 2.48 所示。节气门位置传感器从 ECU 的端子 V_C 获得 5 V 电源电压,再由 ECU 的端子 E2 搭铁。端子 VTA(节气门开度输出信号)为节气门位置传感器信号输入端,(怠速触点)端子 IDL 为怠速信号输入端。当节气门打开后,端子 IDL 对端子 E2 应有 12 V 电压。E2 端子为对 ECU 内部搭铁,E1 为对外搭铁。

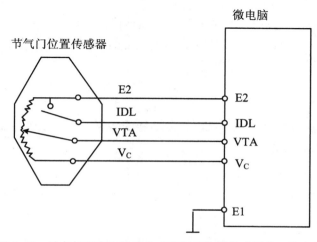

图 2.48　触点与可变电阻结合式节气门位置传感器的工作电路

触点与可变电阻结合式节气门位置传感器的检测步骤如下：

(1) 检查搭铁电路

断开点火开关，拆下传感器线束插接器。用万用表欧姆挡检查下列各段电路：节气门位置传感器线束插接器端子 E2 到 ECU 的端子 E2 之间的导线；ECU 的端子 E1 到车身搭铁部位之间的导线。

(2) 检查工作电压

接通点火开关，节气门打开时，用万用表电压挡分别检测线束插接器端两个端子 V_C、IDL 与车身之间的电压。线路正常时，这两个端子应有电压，其中端子 V_C 的电压为 5 V，端子 IDL 的电压为 12 V。若无电压，应检查下列电路：节气门位置传感器到 ECU 的端子 V_C、IDL 之间的导线、ECU 电源线等。

(3) 检查传感器

在节气门限位螺钉和限位杆之间插进塞尺，用万用表欧姆挡检查各端子之间的电阻，其阻值应符合表 2.2 规定；否则，应更换节气门位置传感器。

表 2.2 触点与可变电阻结合式节气门位置传感器的检测数据

限位螺钉与限位杆之间的间隙(mm)	端子名称	电阻阻值(kΩ)
0	VTA-E2	0.34～6.3
0.45	IDL-E2	0.5 或更小
0.55	IDL-E2	无穷大
节气门全开	VTA-E2	2.4～11.2
—	V_C-E2	3.1～7.2

(八) 电子控制单元

它是燃油喷射系统的控制核心，实际上是一个微型计算机。

ECU 的存储器中存放了发动机各种工况的最佳喷油持续时间，在接收了各种传感器传来的信号后，确定满足发动机运转状态的燃油喷射量，并根据计算结果控制喷油器的喷射时间。ECU 还可以对多种信息进行处理，实现 EFI 以外其他诸多方面的控制。

ECU 的主要控制功能有：燃油喷射控制、空燃比控制、全电子点火提前角控制、怠速稳定控制和自诊断安全功能等。

(九) 执行器

执行器是受 ECU 控制，具体执行某项控制功能的装置。在发动机控制系统中，执行器主要有：电磁式喷油器和燃油泵等。

项目实施

① 每组准备万用表、示波器、故障诊断仪等工、量具各一套；
② 每组准备一台电控汽油发动机教学台架或教学车；
③ 每组准备好工具箱及对应的维修手册。

① 排除世嘉轿车无怠速故障；
② 排除奔腾 B70 热车不易着车及加速故障；
③ 排除宝来 1.8T 发动机启动困难、加速无力的故障。

按表 2.3 所示标准对学习成果进行评价。

表 2.3　评价与考核标准

评价与考核项目		评价与考核标准	配分
知识点	组成	能描述汽油发动机电控燃油喷射系统的组成	10
	工作原理	能描述汽油发动机电控燃油喷射系统的工作原理	15
技能点	仪器使用	能使用万用表、故障诊断仪对汽油发动机电控燃油喷射系统进行检测	15
	故障一排除	能进行世嘉轿车无怠速故障维修	15
	故障二排除	能排除奔腾 B70 热车不易着车及加速故障	15
	故障三排除	能排除宝来 1.8T 发动机启动困难、加速无力的故障	15
情感点	纪律与劳动	不迟到、不早退、实训主动、积极、认真	5
	道德与敬业	具备良好的道德准则、道德情操与道德品质；能认真对待实训、明确职责、勤奋努力	5
	协作与创新	能与同学和谐相处、互补互助、协调合作，充分发挥自己的个性，圆满完成实训任务；能够综合运用自己的知识、信息、技能和方法，对遇到的问题能提出新方法、新观点	5
合　计			100

注：出现安全事故或不按规范操作，损坏仪器、设备，此任务成绩计 0 分。

拓展知识

一、电控燃油喷射系统检修注意事项

① 对于带有安全气囊的汽车,检修工作应在点火开关转到关闭位置和蓄电池负极搭铁线拆下 20 s 以后方可进行;

② 安装蓄电池时,注意正、负极不能接反;

③ 在拔插传感器插头的时候要关闭点火开关,并拆下蓄电池负极接线柱上的搭铁线,拆下搭铁线后,ECU 存储器中的故障诊断代码会被清除,因此,应在拆下搭铁线之前读取故障诊断代码;

④ EFI 系统对高电压很敏感,所以不论发动机是否工作,只要点火开关接通,就不要再断开任何电气工作装置,否则会因断开而使有关线圈产生很高的自感电动势,造成 ECU、传感器等严重损坏;

⑤ 不要使用测试灯测试任何与 ECU 相连的电气设备,以防 ECU、传感器等受损,而应使用高阻抗的数字测试仪表进行测试;

⑥ 在车身上使用电焊时,应断开汽车电源;在靠近 ECU、传感器等处施焊时,更应采取一些必要的防护措施;

⑦ 清洗发动机或雨天检修时,注意电气线路不可进水。

二、电控燃油喷射系统故障排除实例

(一)故障一:世嘉轿车无怠速

1. 故障现象

一辆东风雪铁龙世嘉轿车因涉水后发动机进水造成活塞拉缸。接到该车,进行了故障确认并拆开发动机,拉缸故障现象十分明显,第 4 缸拉缸,用手摸缸体内部有较明显的刮痕。于是进行镗缸并配置合适的活塞环,测试气密性合格后,按要求进行了装配。但是组装完成后,发动机无怠速,其他情况正常,发动机故障显示为排放系统故障。

2. 故障分析与排除

根据仪表板的故障信息分析,怀疑是排气管道及其附属机构存在问题。于是拆下三元催化转化器,发现三元催化转化器良好,无任何堵塞。其次怀疑氧传感器(该车有 2 个氧传感器)接触不良,拔下来后重新插上,试车,故障依旧。

对于排放系统故障,接下来先从油路开始考虑,但是在大修发动机时已对油路进行了清洗,该车又是新车(出厂日期是 2010 年 2 月,行驶里程 2 800 km),并且车在高速时状态良好,故喷油器和供油系统问题应该不大,排除油路嫌疑。由于该车没有怠速,于是问题锁定在进气系统上,尤其是怠速控制装置,维修陷入了僵局。但是在几天的维修过程中,发现了一个现象,即每次当车辆停放一夜之后,第一次启动发动机,怠速时间稍稍变长,但在重新打着车两三次之后,故障现象依旧。经认真观察分析,发现冷车时怠速运转稍长,车子变热后怠速时间很短,故障可以进一步确认为热车时无怠速。由此确定了该故障和温度有关,进而分析如下:每次发动机运转的时间很短,冷却液温度还上升得不高,能够排除水温传感器的因素。那么,就只有排气管道和温度关系密切。事先简单检查过氧传感器和三元催化转换器,而后者又没问题。此时,情况似乎变得明朗,即氧传感器问题很大。于是用万用表测上游氧传感器的工作电压,数值为 2.4 V,按照经验氧传感器的工作电压应该在 1 V 左右,于是更换上游氧传感器。故障排除。

3. 故障分析

为什么发动机进水拉缸的同时,会损坏上游氧传感器?分析其原因有二:第一,上游氧传感器的工作环境比较恶劣,它处于未被三元催化转化器净化过的尾气中,受较浓尾气的损害较严重;第二,发动机进水意味着排气管道中有水(上游氧传感器较下游氧传感器更易沾上水),而且氧传感器此刻又处于工作状态,该氧传感器表面的透气膜亲水性较高,水容易使氧传感器响应迟钝或者失效。可以想象当上游氧传感器在高温环境下工作时排气管道突然进入大量的水气会出现什么结果。这是造成氧传感器损坏的原因,也是该车热车无怠速的原因。

(二) 故障二:奔腾 B70 轿车热车不易着车及加速无力

1. 故障现象

一辆 2009 年 7 月生产的奔腾 B70 轿车,车型为 CA7204MT2 精英型,发动机排量 2.0 L,装备型号为 G66M-K 手动 6 挡变速器,行驶里程 31 200 km。该车用户反映车辆正常行驶中因道路堵车把车熄火,再次启动时不易着车,打着了走不远,感觉发动机加不上油,抖了一会就熄火,立即打车不着,连续打也不着车,车辆冷却一会,一打就打着车,但是加不上速,和没油的感觉一样,抖了一会又熄火了,后来把蓄电池打没电了,要求救援。

2. 故障诊断与排除

用 F-ADS 诊断仪进入系统扫描,自测 PCM:

① 读取冻结帧数据,没有冻结帧数据。

② 检索 CMDTCS,无故障码存在。因连续启动蓄电池没电了,晚上 10 点多此车被救援回来。

第二天早晨打车,启动机不转,启动时蓄电池电压 7.5 V,连接充电机启动发动机,顺利启动着车,加油提速良好。继续着车观察发动机故障现象,怠速运转大约 30 min 发动机自动熄火,立即打车不着车,故障现象出现。

确认以上故障现象,发现在没熄火时发动机加不上速,不加油发动机还能怠速运转,一加油反而熄火了。怀疑燃油系统可能有问题,检测燃油系统压力和保持压力都正常,此故障与燃油供给系统无关。热车不易着车,加不上速、熄火,并且无故障码。电控系统有故障一般都记录故障码,此车没有记录故障码,只能按常规检查高压火花了。在能着车时检查点火线圈有高压火花,不能着车时无高压火花,冷却一会(10 min)再启动有火花,在无火花时检查点火线圈插接器接线端 C 脚没信号,故障可能与发动机控制单元(PCM)有关。具体检修过程如下:

(1) 检查汽油泵

将燃油压力表连接到燃油导轨上,启动发动机并将其置于怠速运转状态,测量燃油管路压力,实测系统压力为 390 kPa。

① 在发动机抖或熄火时燃油系统压力保持在 390 kPa,燃油管路压力标准值是 375~450 kPa,燃油压力超过 380 kPa,压力调节器打开排出多余的燃油,检测结果正常。

② 关闭点火开关，10 min 后观察测量的燃油表，压力为 200 kPa，燃油管路保持压力标准值是 200 kPa，检测结果正常。汽油泵单向阀、燃油压力调节器都没有问题。

(2) 检查火花塞

检查火花塞无油浸、积炭，无漏电，间隙正常，4 个火花塞电阻值都在 5.8 kΩ 左右。标准值为 3.0～7.5 kΩ，检测结果正常。

(3) 检查点火线圈

检查连接器连接良好、点火线圈（17 号搭铁线）接地良好，在能着车的情况下做火花试验，火花塞有强烈火花，标准是有强烈蓝色火花，检测结果正常。

(4) 检查主继电器

用万用表测量主继电器输出电压和控制线路信号，标准值是有 12 V 电压，无断电情况，检测结果正常。

(5) 检查曲轴位置传感器

目测检查曲轴位置传感器 CKP 和曲轴皮带轮的靶轮齿圈，没有金属屑，实测间隙 1.2 mm，标准值应该是 0.5～1.4 mm，检测结果正常。

(6) 检查输入点火线圈的信号

在能着车时（发动机自动停机后 10～20 min 后）发动机抖，蓄电池指示灯、发电机故障灯闪亮，输入点火线圈的信号不稳定，用二极管试灯检测，点火线圈连接器 C 脚信号与发动机抖的频率相符，判断信号不稳定。

① 检查点火线圈连接器，连接牢固，用万用表测量 4 个点火线圈连接器 C 脚至 PCM 输出，2BA、2AW、2AX、2AT 脚线路阻值 0.001 Ω，导通性良好，标准值是不大于 0.5 Ω，检测结果正常。

② 在打不着车时用万用表测量，4 个点火线圈连接器 A 脚与 B 脚都有 12 V 电压，4 个点火线圈连接器 C 脚都没有 PCM 输出的接地信号，检测结果不正常。

(7) 发动机控制单元 PCM 故障交叉验证

把新车的 PCM 装到此车上，着车 20 min，加速良好。把此车的 PCM 装到新车上，着车 10 min 后发动机开始抖，蓄电池指示灯、发电机故障灯闪亮，不加油还可以着一会，一加油立即熄火。检测结果不正常。

通过检测点火线圈 C 脚无信号和对 PCM 进行交叉验证，决定更换发动机控制单元（PCM）。配件编码 LFVD18881A，故障原因是发动机控制单元（PCM）内部有故障，点火芯片、晶体管元件工作 10 min 之后，因过热工作不稳定，使 PCM 输出脚 2BA、2AW、2AX、2AT 输出信号弱或无点火信号输出，导致点火线圈不能正常点火。更换发动机控制单元后试车，不易着车、加不上速、熄火等现象全部消失。

3. 故障分析

该车的故障说明无故障代码，不一定没有故障，而且还是发动机控制单元本身的故障。该车的故障现象与油路堵塞故障很相似，但是该车是发动机控制单元内部点火芯片热稳定性不好，工作不可靠，使点火信号无法输出，出现发动机加不上速，一加油就熄火的故障。在检修无故障码的加不上速故障时，先排除油路故障，再按故障系统原理分析可能的原因，方能快速找到故障点。

（三）故障三：宝来1.8 T轿车发动机启动困难、加速无力

1. 故障现象

一辆2003款宝来1.8 T轿车，其配置为直列4缸5气门、水冷、顶置凸轮轴、电子燃油喷射、废气涡轮增压发动机和自动变速器。表现为发动机启动困难，启动后加速无力，容易熄火。

2. 故障原因

（1）发动机启动困难

启动发动机时，启动机能带动发动机按正常速度运转，有明显的启动征兆，但不能启动，或需要连续多次启动或长时间转动启动机才能启动。其根本原因是混合气过稀或过浓。

常见的故障原因有：喷油器不喷油或燃油雾化不良；水温传感器故障；燃油压力过低；进气管积炭；进气系统漏气；怠速控制阀故障等。

可按以下顺序检查：

① 检查高压火花。若总线火花太弱，应检查蓄电池电压是否正常，若正常，应更换高压线圈。若总线火花正常而分缸线火花较弱或断火，说明分电器盖、分火头或高压线漏电。将分电器盖扣于机体上（搭铁良好部位），把螺钉旋具插入分电器盖各高压线孔，将中心高压线线头对准螺钉旋具金属杆部分且离开6～8 mm，然后启动发动机。如该间隙下跳火，说明分电器盖漏电。检查分火头是否漏电，可将分电器上中心高压线拔下，拆下分电器盖，将中心高压线头对准分火头且离开6～8 mm，然后启动发动机。如在该间隙下跳火，说明分火头漏电。

② 检查空气滤清器。若滤芯过脏堵塞，发动机也难启动，可拆掉滤芯后启动发动机，如能正常启动，则应更换滤芯。

③ 检查进气系统有无漏气。采用空气流量计测量进气量的燃油喷射系统，如流量计的后面漏气，将使混合气过稀，严重的会使发动机无法启动。应检查流量计后面的进气软管有无破裂，各处接头卡箍有无松脱，曲轴箱通风软管是否接好。

④ 检查燃油压力。若油压偏低，应检查燃油滤清器、油压调节器及燃油泵有无故障，或者油管有无弯曲变形。

⑤ 检查点火正时。

⑥ 检查火花塞。火花塞间隙应在0.8～1.2 mm之间。若火花塞的表面有大量的汽油，说明汽缸中有呛油现象。此时，应将全部火花塞拆掉，断掉喷油嘴电路，将节气门全开，将发动机启动几次即可。如果仍有呛油现象，应拆卸喷油嘴，检查喷油嘴有无漏油。

⑦ 检查空气流量计。如果空气流量计没有空气流量信号输出，发动机将无法工作。应查看空气流量计本体有无开裂、测量板是否有卡滞、转轴是否松旷等。如无上述不良情况，则应用万用表测量空气流量计各端子间的电阻及输出信号是否正常，如不正常，应更换空气流量计。

⑧ 检查水温传感器。水温传感器无信号输出或输出信号不准确，将影响发动机ECU对喷油量的修正，造成混合气过浓或过稀，使发动机不能启动、运转不平稳、停转或间断运转。水温传感器的好坏主要通过检测其不同温度时的电阻值，看是否符合规定值来确定。

⑨ 利用发动机故障自诊断技术，检查故障码，看有无其他故障。当然在排除故障时，并不是以上步骤都要做到，维修人员应根据具体的情况（比如车型、行驶里程、使用状况等）善加选择。

在排查时应分先后、主次，应优先检查故障发生概率高的地方，这样才能又快又准的排除故障。

（2）加速无力

汽车加速无力主要与发动机输出故障和变速器输出故障有关。发动机方面主要故障原因有：

① 点火系统能量不足，或者油缸失火，或者点火提前角不正确。主要与点火线圈、火花塞以及相关传感器和控制器有关。

② 供油系统压力不足主要与油泵磨损、油泵堵塞、燃油压力调节器损坏、燃油滤清器堵塞、喷油器堵塞不工作有关。

③ 发动机传感器工作不正常，给发动机 ECU 错误信息，导致喷油量、喷油正时、点火提前角与发动机工况不吻合。

自动变速器方面主要原因有：自动变速器油压不够、变速器油变质等。

3. 故障诊断与排除

（1）读取故障代码

用大众 V. A. G1551 故障诊断仪连接位于音响下方装饰板内的诊断连接器，输入"01"发动机电器的地址码（进入发动机电子控制系统），再输入"02"查询故障存储器的地址码，此时读得故障代码 16705 和 16706。

故障码 16705 的含义是发动机转速传感器 G28 不可靠，故障码的 16706 含义是发动机转速传感器 G28 无信号。

发动机转速传感器 G28 用于收集发动机曲轴转速信号，其原理如图 2.49 所示。在发动机曲轴上安装有 1 个信号轮，其上有 60 个齿。工作时，传感器线圈产生交流信号，其频率随发动机转速而变化，反应发动机转速，信号轮上齿缺用于标记 1 缸上止点 72°。

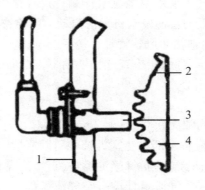

图 2.49　曲轴位置传感器
1- 缸体；2-齿缺（基准标记）；3-传感器磁头；4-信号转子

（2）检查发动机转速传感器 G28

检查时，如图 2.50 所示。拔下发动机转速传感器的灰色 3 孔插头，测量插头触点 2 和 3 之间的电阻，应在 480～1 000 Ω。检查传感器触点 1 和 2、1 和 3 之间是否断路，其电阻值应为无穷大。

检查时发现触点 2 和 3 之间电阻值无穷大，说明里面线圈断路，更换发动机转速传感器，启动车辆，试车，故障排除。

4. 故障分析

诊断引起发动机启动困难及加速无力是一项涉及面较广、难度较大的工作，盲目查找故障是不可取的，在分析故障时对于具体情况应该有所侧重。发动机转速传感器是很重要的传感器之一，它很可能因为齿轮的间隙不对、其上有铁屑污垢或是线路断路、短路等造成输出信号不对或无信号，从而影响发动机的启动和加速性能。

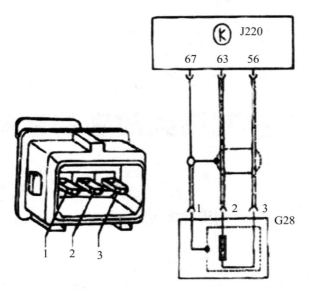

图 2.50　曲轴位置传感器插头及工作电路图
1-屏蔽线端子；2-信号正极端子；3-信号负极端子

对于现代汽车来说，优先利用车辆自诊断系统记忆的故障码快速判断故障位置，可以大大提高工作效率。但不能完全依赖诊断系统，毕竟有些机械故障是无法利用故障码诊断的。所以应仔细分析原因，总结经验，才能更快、更好地提高技能水平。

思考与练习

1. 汽油发动机电控燃油喷射系统主要有哪些类型？分别介绍它们的工作特点。
2. 汽油发动机电控燃油喷射系统由哪些子系统组成？每个子系统又由哪些部件组成？
3. 汽油发动机电控燃油喷射系统常用的喷油器有哪些类型？叙述喷油器的检修方法和步骤。
4. 如何检测氧传感器？
5. 热膜式氧传感器的工作原理是什么？
6. 热线式氧传感器的工作原理是什么？它如何完成自洁作用？
7. 霍尔式曲轴位置传感器的工作原理是什么？
8. 简要叙述进气温度传感器和冷却液温度传感器在电喷发动机系统中的重要性。叙述其检修过程。

项目三

进气控制系统故障的检修

项目要求

当代汽车进气系统主要为可变进气系统。可变进气系统主要分 VVT（可变气门正时）、CVVT（连续可变气门正时）、VVT-i（电子可变正时）和 i-VTEC（电子可变气门升程）这四种。进气控制系统是汽车辅助控制系统的一部分。在本项目中通过布置各项学习任务，使学生分组后在老师的指导下经过信息收集、制订检修计划、实施任务等环节，利用万用表、示波器等工、量具和汽车教学台架等，完成汽车进气控制系统的理论知识学习和检修任务，使学生真正掌握汽车进气控制系统检修的专业知识和职业技能。

知识要求

① 了解进气控制系统的分类、组成、应用状况及作用；
② 熟悉各类型进气控制系统的控制方式工作和原理；
③ 掌握各类型进气控制系统的故障特点与故障类型。

能力要求

① 能用故障诊断仪对系统进行读故障码、数据流、动作测试；
② 能用万用表对各类型进气控制系统进行测量和分析；
③ 能用示波器测量各类型进气控制系统数据波形并进行分析；
④ 能排除各类型进气控制系统的故障，使其恢复正常功能。

相关知识

一、进气控制系统

（一）进气惯性增压控制系统

进气惯性增压控制系统利用进气的惯性效应来提高充气效率，从而提高发动机的动力和经济性。进气惯性效应与进气压力波传播路线的长度有关，不同的转速要求不同的长度。要改变进气压力波传播路线的长度，以适应不同转速惯性增压的需要，对化油器式发动机来说是比较困难的。但是现在，在电子控制的汽油发动机中，可以较容易通过改变进气管的长度，或改变压力波的波长来实现。

如果使上述进气脉动压力波与进气门开闭相配合，使反射的压力波集中于要打开的进气门附近，即使进气管内的空气产生谐振，那么在进气门打开时就会产生增压进气的效果。就压力波的传递而言，其通常受进气管的长度影响。当进气管长时，形成的压力波的波长就长。这种情况适应于发动机在中低速区域，因为此时进气频率低，长波的低频率与之吻合，所以可提高充气效率从而提高功率。当进气管短时，压力波的波长就短，适应高转速情况，此时发动机进气门开闭频率高，波长较短的压力波与之相适应亦能提高充气效率，从而有利于发动机在高速范围内增加输出功率。

显然，如果进气管长度可变化，那么就可兼顾增大功率和增大转矩，奥迪A4、奥迪A6等高档轿车都装配有进气歧管长度可变增压系统。还有一部分轿车，虽然进气管长度是不能改变的，但是在发动机的进气管中部加设了一个大容量的真空气室和相应的控制装置，以此方式来改变压力波传播路线长度，从而兼顾低速和高速的进气增压需求，此为谐波进气增压系统（ACIS）。

（二）可变进气歧管长度增压系统

图3.1所示为一种能根据发动机转速和负荷的变化而自动改变有效长度的可变进气歧管长度增压系统。当发动机低速运转时，发动机电子控制装置指令转换阀控制机构关闭转换阀，这时空气经空气滤清器和节气门沿着弯曲而细长的进气歧管流进汽缸。细长的进气歧管提高了进气速度，增强了气流的惯性，使进气量增多。当发动机高速运转时，转换阀开启，空气经空气滤清器和节气门直接进入粗短的进气歧管。粗短的进气歧管进气阻力小，也使进气量增多。可变长度进气歧管不仅可以提高发动机的动力性，而且由于它提高了发动机在中、低速运转时的进气速度进而增强了汽缸内的气流强度，从而改善了燃烧过程，使发动机中低速的燃油经济性有所提高。

图3.2所示为奥迪A6发动机可变进气歧管长度增压系统。在发动机的进气歧管内设置进气转换阀，其受ECU的控制。在发动机转速低于4 000 r/min时，每个汽缸进气道中的转换阀门总是处于关闭位置，形成路径较长而截面较小的进气管道。当转速大于4 000 r/min时，进气道中的转换阀门开启，形成路径较短而截面较大的进气管道。

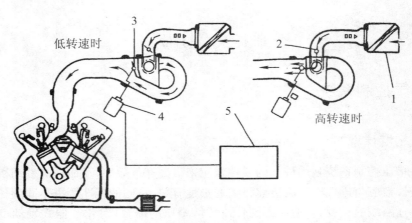

图 3.1 可变长度进气歧管
1-空气滤清器;2-节气门;3-转换阀;4-转换阀控制机构;5-发动机电子控制装置

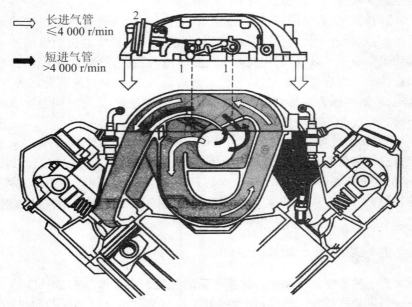

图 3.2 奥迪 A6 发动机可变进气歧管长度增压系统
1-阀门;2-转换阀

（三）谐波进气增压系统

如图 3.3 和图 3.4 所示,谐波进气增压系统是在发动机的进气管中部加设一个谐振室(大容量的真空气室)和相应的控制装置。当谐振室出口的进气增压控制阀(控制阀)关闭时,进气管内的脉动压力波传递路径为由滤清器到进气门,此距离最长,它在发动机处于中低转速区域时有较好的气体动力增压效果。当控制阀开启时,由于大容量空气室的参与,进气脉动压力波不能在空气室出口与进气门之间传播,这样便缩短了压力波的传播距离,使发动机在高速区也能得到较好的气动增压效果。借此实现压力波传播路线长度的改变,从而兼顾低速和高速的进气增压效果。

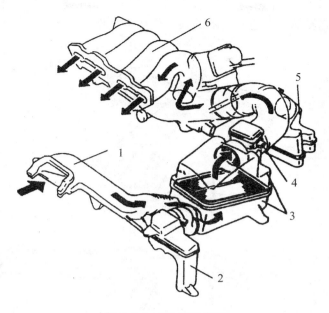

图 3.3 ACIS 结构组成

1-进气导流管；2-副谐振室；3-空气滤清器；4-空气流量传感器；5-主谐振室；6-进气歧管；

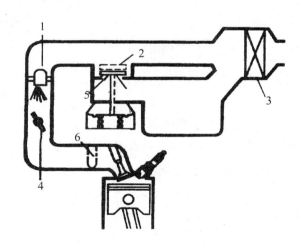

图 3.4 ACIS 工作原理

1-喷油器；2-高速运转时；3-空气滤清器；4-低速运转时；5-控制阀；6-节气门

1. 皇冠 3.0 2JZ-GE 发动机的 ACIS 的结构与原理

皇冠 3.0 2JZ-GE 发动机在其他结构不变的基础上增加了谐振室（大容量真空气室）、进气增压控制阀（控制阀）、真空驱动器（膜片式驱动装置）、电磁真空通道阀（电磁阀）和真空罐等，结构如图 3.5 所示。

发动机工作时，真空罐是靠电磁阀与真空驱动器相通的，而电磁阀受发动机 ECU 控制。当 ECU 接收到低转速信息时，就发出驱动电磁阀关闭的信号，使真空罐与真空驱动器的连通截止，从而保证进气管中的控制阀关闭，进气压力波在最长距离内传递。

当 ECU 接收到高转速信息发出驱动电磁阀开启的信号时，真空驱动器与真空罐相通。真空驱动器在负压的作用下产生移动,打开控制阀,此时压力波在最短距离内传递。可见,发动机是在 ECU、电磁阀、真空罐和真空驱动器的共同作用下实现进气增压效果的。

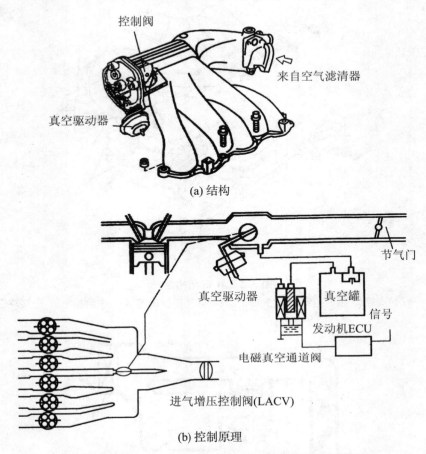

图 3.5 皇冠 3.0 2JZ-GZ 发动机 ACIS 的结构与控制原理

2. 皇冠 3.0 2JZ-GE 发动机 ACTS 的检修

ACIS 的检修主要包括对真空部件和电控部件工作情况的检查,下面介绍 ACTS 的电磁阀、真空罐和真空电动机的检修。

(1) 电磁阀的检修

在常温下两端子间的电阻测量方法如图 3.6 所示。如测得两端子间电阻在 38.5~44.5 Ω 范围内,同时两端子与电磁阀壳体也不导通时,表示正常;否则应予以更换。

如图 3.7 所示,电磁阀未通电时,空气应能从通道 E 进入,然后从空气滤清器中排出。当在电磁阀的两端子上施加 12V 电压时,空气应能从通道 E 进入,然后从 F 口排出。如不能,则应予以更换。

(2) 真空驱动器的检修

当施加 53.3 kPa 的真空度时,检查真空室阀杆有无移动。当真空施加 1 min 后,泄放真空。观察阀杆是否回位。如果上述操作后发现阀杆不动或不回位,先旋转其调整螺钉来调节,如仍无反应则予以更换。

项目三 进气控制系统故障的检修

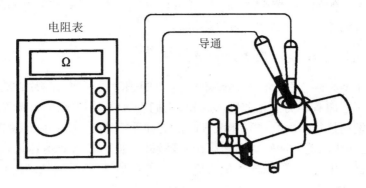

图 3.6 用电阻表检查电磁阀

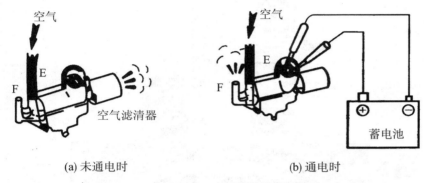

(a) 未通电时　　　　　(b) 通电时

图 3.7 电磁阀的检修

(a) 导通　　　(b) 截止　　　(c) 施加真空

图 3.8 真空罐的检查

(3) 真空罐的检修

当由 A 向 B 吹气时应当导通(图 3.8(a));而由 B 向 A 吹气时应当截止(图 3.8(b))。用手指按住 B 口(图 3.8(c)),施加 53.3 kPa 的真空,观察 1 min,表头真空度应无变化。

如不合上述要求,应更换真空罐。

二、废气涡轮增压系统

发动机采用废气涡轮增压进气系统的最初目的是加大循环进气量,提高发动机的输出功率。但是后来人们发现,增压后进气温度提高,混合气可以适当变稀,从而可以使 CO 和 HC 的排放量有所降低。所以,汽油发动机目前也开始逐渐采用废气涡轮增压装置,在多气门汽油机上应用得尤其更多。例如,国产一汽奥迪 A6 1.8T、一汽宝来 1.8T 和上海帕萨特 1.8T 等乘用车都采用了带废气涡轮增压器的增压进气系统。

(一) 废气涡轮增压器的基本结构及原理

废气涡轮增压系统的主要部件有涡轮增压器、增压压力电磁阀、膜片式放气控制阀和冷却器组成。涡轮增压器内有动力涡轮和增压涡轮,它们安装在同一根轴上,如图 3.9 所示。废气涡轮增压是利用发动机排出的高温高压废气的热能和动能,驱使涡轮增压器中的动力涡轮高速运转,带动同轴的增压涡轮一起转动。增压涡轮转动时,把从空气滤清器进入的新鲜空气进行压缩将之送入汽缸。由此,可以吸入大量的空气,显著提高进气效率,达到提高发动机输出功率的目的。

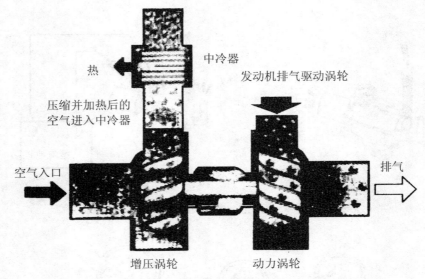

图 3.9　废气涡轮增压器基本结构

为了保证发动机在不同转速及工况下都能得到最佳增压值,并防止发动机爆燃和限制热负荷,必须对涡轮增压系统增压压力进行控制。目前,设置废气旁通阀旁通放气是调节增压压力最简单、成本最低而又十分有效的方法。

设置废气旁通阀旁通放气,即通过调节进入动力涡轮室的废气量从而对增压压力进行控制。如图 3.10 所示,当需要增加进气压力时,排气歧管排出的废气进入涡轮增压器,经动力涡轮排出;随着节气门开度增加和发动机转速升高,动力涡轮的转速就会提高,与动力涡轮同轴的增压涡轮的转速也同样提高,致使进气增压压力增大。如果废气旁通阀阀门打开,通过动力涡轮的废气数量和气压就会减小,动力涡轮转速降低.增压涡轮的进气增压压力就会减小。由此可见,通过控制废气旁通阀阀门,改变废气通路走向,使废气进入动力涡轮室或者由旁路排出,就可以实现对增压压力的控制。

通常,废气旁通由膜片式放气控制阀控制,废气旁通阀的工作原理如图 3.11 所示。膜片式放气控制阀中的膜片将控制阀分为左、右两个室,左室为空气室经连通管与压气机出口相通,右室为膜片弹簧室,膜片弹簧作用在膜片上,膜片通过连动杆与废气旁通阀连接。当压气机出口压力,也就是增压压力低于限定值时,膜片在膜片弹簧的作用下右移,并带动连动杆将废气旁通

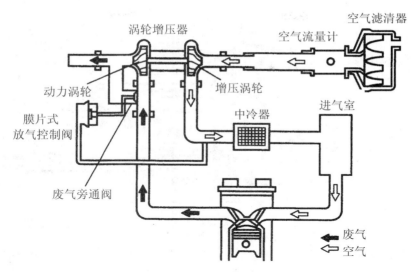

图 3.10 废气涡轮增压系统

阀关闭(图 3.11(a));当增压压力超过限定值时,增压压力克服膜片弹簧的弹力,推动膜片左移,并带动连动杆将废气旁通阀打开(图 3.11(b)),使部分废气不经过涡轮机直接排放到大气中,从而达到控制增压压力及涡轮机转速的目的。

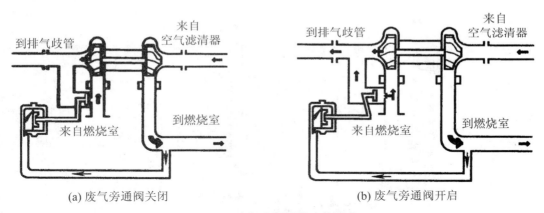

图 3.11 废气旁通阀的工作原理

在有些发动机上,废气旁通阀的开闭由电控单元 ECU 通过增压电磁阀进行控制,如图 3.12 所示。电控单元根据发动机的工况,由预存的增压压力脉谱图确定目标增压压力,并与增压压力传感器检测到的实际增压压力进行比较,然后根据其差值来改变控制电磁阀开闭的脉冲信号占空比,通过改变电磁阀的开启时间来改变膜片式放气控制阀上的压力,进而改变废气旁通阀的开度,控制废气旁通量,借以精确地调节增压压力。当实际进气增压压力低于目标值时,废气旁通阀关闭;当进气增压压力高于目标值时,废气旁通阀打开。由此可见,废气涡轮增压压力电子控制是一种闭环控制,控制对象是增压压力。

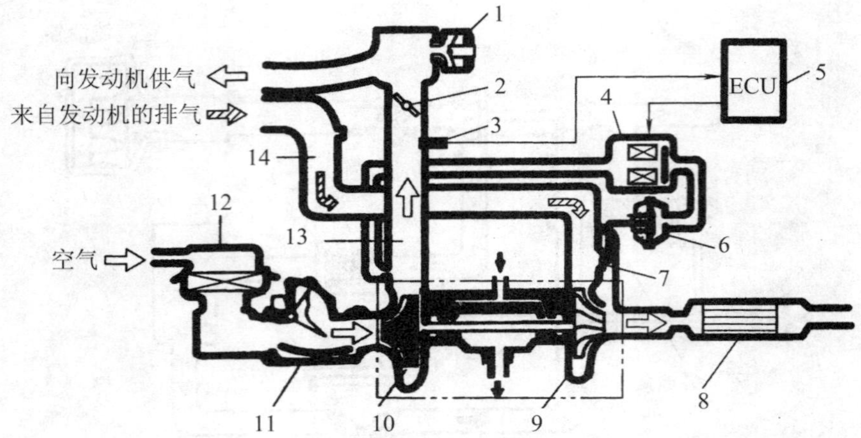

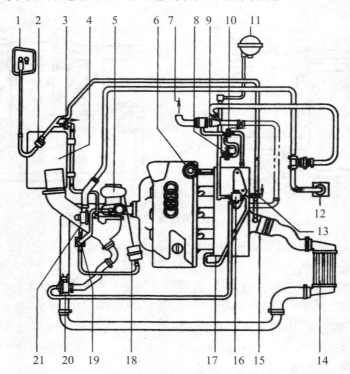

图 3.12 带有电控废气旁通阀的涡轮增压系统

1-进气旁通阀;2-节气门;3-进气管压力传感器;4-电磁阀;5-电控单元;6-控制膜盒;7-排气旁通阀;8-催化转化器;9-涡轮机;10-压气机;11-空气滤清器;12-空气滤清器;13-进气管;14-排气管

(二) 奥迪 A6 废气涡轮增压器的检修

下面以一汽奥迪 A6 1.8T 轿车带废气涡轮增压器的增压进气系统为例,说明电控汽油机废气涡轮增压进气系统的检修方法。增压进气系统的总体构成如图 3.13 所示。

图 3.13 奥迪 A6 1.8T 带废气涡轮增压器的增压进气系统

1-活性炭罐(N80);2-活性炭罐电磁阀;3-活性炭罐单向阀;4-空气滤清器;5-涡轮增压器;6-燃油压力调节器;7-接制动助力器的管口;8、10、13-单向阀;9-抽气泵;11-真空罐;12-曲轴通风装置;14-增压空气冷却器;15-节气门控制单元(J338);16-增压器空气再循环阀(N249);17-进气歧管;18-增压压力调节单元;19-增压压力限制电磁阀(N75);20-机械式空气再循环;21-曲轴箱通风压力调节阀

1. 基本检查

检查废气涡轮增压器的涡轮壳,应当无因过热、咬合、变形或其他损伤而产生的裂纹,否则应更换废气涡轮增压器。检查涡轮油孔,应无淤积和堵塞。检查废气涡轮增压装置的进油管和回油管,应无堵塞、压瘪、变形或其他损坏。检查废气涡轮增压器,应不漏机油。检查安装在活性炭罐和废气涡轮增压器前部进气软管之间的活性炭罐单向阀、制动助力器和进气歧管之间的单向阀,应安装正确,阀上的箭头应指向导通方向。检查所有的管路,应连接牢固,无泄漏、老化等。

2. 增压压力的检测

用故障阅读仪 V. A. S5051(或 V. A. G1551)和涡轮增压器检测仪 V. A. G1397A 进行增压压力的检测,V. A. G1397A 上显示的值应为 1.600～1.700 bar(160～170 kPa),V. A. S5051 或 V. A. G1551 上显示组 115 的显示区 4 上显示的数据为 1.600～1.700 mbar。

(1) 增压压力低于规定值时的检查步骤

① 检查接涡轮增压器内增压压力限制阀的管路是否损坏;
② 检查增压压力限制电磁阀是否损坏;
③ 检查涡轮增压器内增压压力调节阀是否卡在打开位置;
④ 检查涡轮增压器与进气歧管之间是否漏气;
⑤ 检查机械式空气再循环阀是否损坏,检查涡轮增压器空气再循环阀是否损坏;
⑥ 检查涡轮增压器是否损坏。

(2) 增压压力高于规定值时的检查步骤

① 检查增压压力调节阀是否损坏;
② 检查增压压力控制单元软管是否漏气;
③ 检查涡轮增压器内的增压压力调节阀是否卡在关闭位置。

三、可变气门正时系统

汽油发动机要达到良好的动力性、燃油经济性和排放性能,首先必须控制合适的汽油与空气的混合比例,以满足怠速、中低速、中小负荷、高速大负荷等不同工况对混合气浓度的要求。由于传统的自然吸气式发动机,其配气机构的配气相位和气门升程都是固定的,这就使进气量相对是固定的,动力性、经济性以及排放性的潜力均未完全发挥。随着轿车汽油机的高速化和废气排放法规的日趋严格,传统的自然吸气式发动机配气机构配气相位和气门升程固定不变的缺点变得越来越难以接受,为此,可变气门技术被迅速发展起来。其中,丰田公司的VVT-i 技术和本田公司的 VTEC 技术由于能有效提高发动机的充气效率,改善发动机的燃烧效率,大幅度地提高了发动机的性能而令人瞩目。

(一)丰田 VVT-i 智能可变气门正时系统

VVT-i 智能可变气门正时系统是一种控制进气凸轮轴气门正时的机构,在进气凸轮轴与传动链轮之间具有油压离合装置,让进气门凸轮轴与链轮之间转动的相位差可以在 40°范围内改变,通过调整凸轮轴转角对气门正时进行优化,从而提高发动机在所有转速范围内的动力性和燃油经济性,并降低尾气的排放。过去仅装备于雷克萨斯 LS400、LS430 等进口原装高档车上,而现在国产一汽威驰、花冠等轿车也都用上了这一新技术。现以花冠 3ZZ-FE 发动机为例加以说明。

1. VVT-i 的结构组成

VVT-i 智能可变气门正时系统结构组成如图 3.14 所示,主要由传感器、发动机 ECU 和执行机构(VVT-i 控制器、凸轮轴正时机油控制阀)三部分组成。

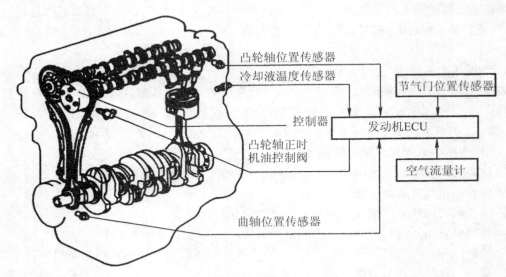

图 3.14 VVT-i 系统结构组成

VVT-i 控制器结构如图 3.15 所示,由一个固定在进气凸轮轴上的叶片、一个与从动正时链轮一体的壳体和一个锁销组成。控制器有气门正时提前室和气门正时滞后室这两个液压室,通过凸轮轴正时机油控制阀的控制,它可在进气凸轮轴上的提前或滞后油路中传送机油压力,使控制器叶片沿圆周方向旋转,调整连续改变进气门正时,以获得最佳的配气相位。

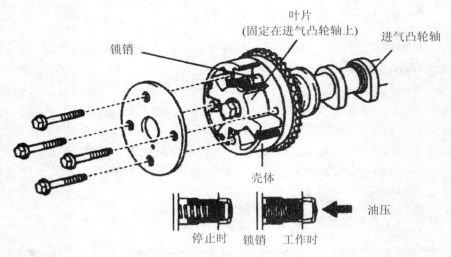

图 3.15 VVT-i 控制器

凸轮轴正时机油控制阀由一个用来转换机油通道的滑阀、一个用来控制移动滑阀的线圈、一个柱塞及一个回位弹簧组成,其结构如图 3.16 所示。工作时,发动机 ECU 接收各传感器传来的信号,经分析、计算后发出控制指令给凸轮轴正时机油控制阀,凸轮轴正时机油控制阀以此控制控制滑阀的位置,从而控制机油液压使 VVT-i 控制器处于提前、滞后或保持位置。当发动机停机时,凸轮轴正时机油控制阀多处在滞后状态,以确保启动性能。

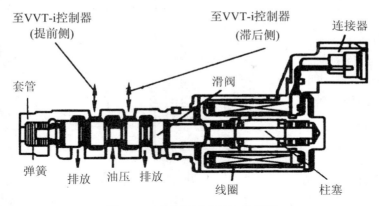

图 3.16　凸轮轴正时机油控制阀

2. VVT-i 的工作原理

发动机 ECU 根据发动机转速、进气量、节气门位置和冷却液温度计算出一个最优气门正时,向凸轮轴正时机油控制阀发出控制指令,凸轮轴正时机油控制阀根据发动机 ECU 的控制指令选择至 VVT-i 控制器的不同油路以适应提前、滞后或保持这三个不同的工作状态。此外,发动机 ECU 根据来自凸轮轴位置传感器和曲轴位置传感器的信号检测实际的气门正时(改进后的 LS400 1UZ-FE 发动机和 LS430 3UZ-FE 发动机还另外安装有 VVT 传感器以便更精确地检测凸轮轴位置),从而尽可能地进行反馈控制,以获得预定的气门正时。控制原理如图 3.17 所示,凸轮轴正时机油控制阀提前、滞后和保持这三种工作状态的具体情况见表 3.1。

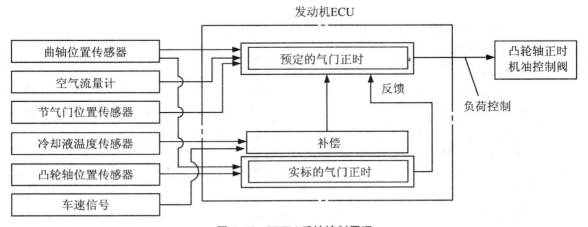

图 3.17　VVT-i 系统控制原理

表 3.1　凸轮轴正时机油控制阀的三种工作状态

状态	说　明	控制器与控制阀的工作情况
提前	根据来自发动机 ECU 的提前信号，总油压通过提前油路作用到气门正时提前室，使叶片与凸轮轴一起向正时提前方向转动，气门正时被提前	
滞后	根据来自发动机 ECU 的滞后信号，总油压通过滞后油路作用到气门正时滞后室，使叶片与凸轮轴一起向正时滞后方向转动，气门正时被滞后	
保持	预定的气门正时被设置后，发动机 ECU 使凸轮轴正时机油控制阀处于空挡位置（提前与滞后的中间位置），由此保持预定的气门正时	

3. VVT-i 的检修

（1）检查凸轮轴正时机油控制阀线圈电阻及工作状况

断开蓄电池负极和凸轮轴正时机油控制阀连接器 C2，测量接线柱之间的电阻，20 ℃时为 6.9~7.9 Ω。如不符合技术标准，应更换凸轮轴正时机油控制阀。启动发动机，脱开凸轮轴正时机油控制阀连接器 C2 并检查发动机转速，发动机转速应正常。将蓄电池电压施加在凸轮轴正时机油控制阀端子间并检查发动机转速，发动机应怠速不稳或失速。若工作不正常，则首先检查凸轮轴正时齿轮，必要时更换凸轮轴正时齿轮。若凸轮轴正时齿轮工作正常，则更换凸轮轴正时机油控制阀。

（2）检查发动机 ECU 与凸轮轴正时机油控制阀间的配线和连接器

检查发动机 ECU 连接器 E9 端子 24 与凸轮轴正时机油控制阀连接器 C2 端子 1 间的电阻，应为 1 Ω 或更小。检测发动机 ECU 连接器 E9 端子 23 与 21 间的电阻，应为 1 MΩ 或更大。检测发动机 ECU 连接器 E9 端子 23 与 21 间的电阻，应为 1 MΩ 或更大。若正常，则检查是否是间歇性故障，若不正常，则修理或更换配线和连接器。

（3）VVT-i 智能可变气门正时系统的故障

当 VVT-i 智能可变气门正时系统发生故障时，会产生三个对应故障码：P1346、P1349 和 P1656。产生故障码 P1346 的原因有曲轴位置传感器性能故障、凸轮轴位置传感器性能故障、机械系统有故障(正时带跳齿、齿带过长)及ECU有故障。产生故障码P1349的原因有气门正时不正常、凸轮轴正时机油控制阀有故障、VVT-i控制器总成有故障及ECU有故障。产生故障码P1656的原因有凸轮轴正时机油控制阀电路断路或短路及ECU有故障。

(二)本田VTEC可变气门正时及气门升程电子控制系统

本田公司的VTEC可变气门正时及气门升程电子控制系统是世界上第一个能同时控制气门开闭时间及升程两种不同情况的气门控制系统,本田公司在其几乎所有的车型中都使用了VTEC技术。与普通发动机相比,VTEC发动机的不同之处是凸轮与摇臂的数目及控制方法,它有分别供中低速用和高速用的两组不同的气门驱动凸轮。由发动机控制单元根据各传感器的输入信号,通过电磁阀调节摇臂活塞液压系统同时改变进气门的正时与升程,提高发动机的燃烧效率和大负荷、高转速时的功率性能,使发动机在低速时具有较大转矩,而在高速时又能输出较大功率,大大地改善了汽车的动力性和经济性。

1. VTEC的结构组成

如图3.18所示,VTEC发动机每个汽缸都有与普通气门一样动作的四个气门(一个主进气门和一个副进气门、两个排气门),凸轮轴除原有控制两个气门的一对凸轮外,还增设了一个高位凸轮,三个凸轮轮廓各不相同。其气门摇臂也因此分成并排在一起的主摇臂、中间摇臂和辅助摇臂,在主摇臂内有一油道与摇臂轴油道相通,在主摇臂的腔内有一正时活塞,在辅助摇臂的腔内有同步活塞A和B,在正时活塞和同步活塞A间有一正时弹簧,在主摇臂上设有一个正时板。气门摇臂组结构见图3.19。

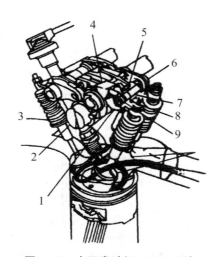

图3.18 本田发动机VTEC系统

1-主摇臂;2-凸轮轴;3-正时板;4-中间摇臂;5-辅助摇臂;6-同步活塞B;7-同步活塞A;8-正时活塞;9-进气门

如图3.20所示,VTEC的控制系统主要由电控单元、VTEC电磁阀总成和压力开关等组成。其中,VTEC电磁阀总成(控制电磁阀、液压执行阀)的结构见图3.21。

2. VTEC的工作原理

如图3.20所示,工作时,发动机转速、负荷和冷却液温度等信号输入电控单元,经电控单元分析处理后决定对配气机构是否实行VTEC控制,即控制VTEC电磁阀打开或关闭,进而控制

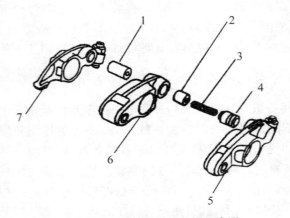

图 3.19 气门摇臂组结构示意图

1-同步活塞 B；2-同步活塞 A；3-正时弹簧；4-正时活塞；5-主摇臂；6-中间摇臂；7-辅助摇臂

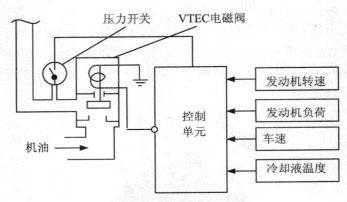

图 3.20 VTEC 控制原理图

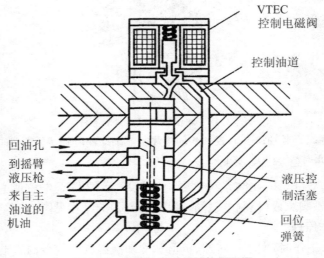

图 3.21 VTEC 电磁阀结构原理图

液压执行阀和气门机构的动作。另外,VTEC 电磁阀开启后,VTEC 压力开关负责检测系统是否正处在工作状态,并反馈一个信号给电控单元以监控系统工作。当出现下列情况时系统才会实行 VTEC 控制:由进气歧管压力传感器检测到发动机转速高于 2 300~3 200 r/min 或发动机进入中等以上负荷时、由车速传感器检测到车速高于 10 km/h 时、由冷却液温度传感器检测到冷却液温度高于 10 ℃ 时。

(1) 低速状态

发动机在低转速时,控制电磁阀没有打开,在弹簧弹力的作用下液压执行活塞在最高位置,机油经活塞中部的孔流回油底壳(图 3.21)。装在主摇臂上的正时板也在弹簧作用下挡住正时液压活塞向右运动(图 3.22(a))。此时,主摇臂、中间摇臂和辅助摇臂是彼此分离独立动作的,主凸轮 A 与辅助凸轮 B 分别驱动主摇臂和辅助摇臂以控制气门的开闭(图 3.23(a))。由于辅助凸轮 B 的升程很小,因而进气门只稍微打开。虽然此时中间摇臂已被凸轮 C 驱动,但由于中间摇臂与主摇臂、辅助摇臂是彼此分离的,故不影响气门的正常开闭。即在低速状态,VTEC 机构不工作,气门的开闭情况与普通顶置凸轮轴式配气机构相同。

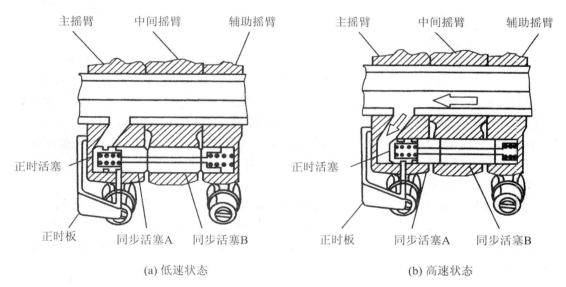

图 3.22 液压活塞工作情况

(2) 高速状态

当发动机高速运转时,由于离心力和惯性力,正时板克服弹簧作用力而取消对正时活塞的锁止。当发动机转速达到某一特定转速时,控制电磁阀接收到控制单元的信号而接通油路,一部分机油便流到液压控制活塞的顶部,使活塞向下运动关闭回油道,使机油经活塞中部的孔沿摇臂轴流到各气门摇臂的液压腔,流入正时活塞左侧(图 3.21、图 3.22(b)),使同步活塞移动,将主摇臂、辅助摇臂和中间摇臂锁成一体,共同动作(图 3.23(b))。此时,由于中间凸轮 C 比凸轮 B 高,所以便由它来驱动整个摇臂,并且使气门开启时间延长,开启的升程增大,从而达到改变气门正时和气门升程的目的。当发动机转速降低至设定值时,摇臂中的同步活塞端的油压也将由控制单元控制而降低,同步活塞将回位弹簧推回原位,三根摇臂又将彼此分离而独立工作。

2003 年,广州本田紧跟世界先进水平推出了比 VTEC 更先进的 i-VTEC 系统发动机。i-VTEC 系统是在原有 VTEC 的基础上,添加了一个与 VVT-i 原理、作用相同的 VTC 可变正时控制系统。VTC 可变正时控制系统根据发动机运行工况通过 ECU 控制程序调节进气凸轮轴的相位,连续改变进气门的正时,使气门的重叠时间更加精确,达到最佳的进、排气时机,进一步提高了发动机的功率。

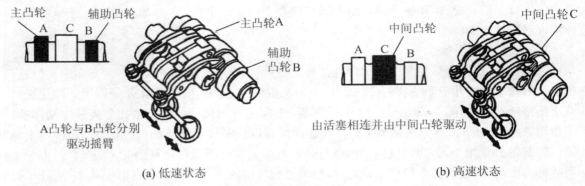

图 3.23　凸轮与摇臂工作情况

3. VTEC 的检修

(1) VTEC 电磁阀及其电路的检修

目测 VTEC 电磁阀与电控单元的连接导线是否有连接不良的现象。关闭点火开关,拆下 VTEC 电磁阀插头,检查 VTEC 电磁阀插头 1 号端子与 2 号端子(或车体搭铁)之间的电阻。如果被测电阻值不在 14～30 Ω 的范围内,则说明 VTEC 电磁阀损坏,应予以更换。如果检测的电阻值在 14～30 Ω 的范围内,则检查 VTEC 电磁阀插头端子与电控单元插头端子之间的电阻,判断电路是否有断路故障。若导通,则接上 VTEC 电磁阀插头,检查电控单元插头端子与 VTEC 电磁阀插头端子之间的电阻,判断电路是否有短路故障。

(2) VTEC 压力开关的检修

关闭点火开关,拆下 VTEC 压力开关插头和电控单元端插头,测量导线电阻应为 0。否则,说明线路断路。重新接上 VTEC 压力开关插头,启动发动机,将蓄电池正极端子与 VTEC 电磁阀接通,测量 VTEC 压力开关信号输入端与电控单元搭铁线之间的电压。在发动机转速小于 4 000 r/min 时(VTEC 压力开关打开),电压应为 0;大于 4 000 r/min 时(VTEC 压力开关关闭),电压应为 12 V。

(3) VTEC 电磁阀及液压控制活塞的检修

将 VTEC 电磁阀总成从汽缸盖上拆下,检查控制电磁阀和液压阀体与缸盖间的椭圆形滤清器是否被堵塞。如果堵塞,则应更换机油滤清器和发动机机油,同时必须更换电磁阀的密封垫(一经拆下便必须更换)。如果电磁阀滤清器未堵塞,则分解电磁阀与阀体时,用手推动柱塞,看其能否上下自由运动。检查电磁阀处的滤清环及密封件,如果有损坏则更换新件,安装电磁阀时应使用新的 O 形密封圈,并更换机油。若以上检查均正常,则检查液压控制阀活塞能否灵活运动,如有必要则清洗控制阀。

(4) 摇臂机构的检修

使第 1 缸处于压缩行程上止点位置,拆下缸盖罩。用手按压第 1 缸的中间摇臂(进气侧),要求其能与主摇臂、辅助摇臂分离而单独运动。按做功顺序(1-3-4-2)分别使各缸处于压缩行程上止点位置,并依次用上述方法检查每个缸的中间摇臂,结果应同上。注意,如果中间摇臂不能单独运动,则应将主摇臂、中间摇臂和辅助摇臂组拆下,并检查中间和主摇臂内的同步活塞 A

是否能移动自如。如果某根摇臂需要更换，则必须整组地更换三根摇臂。

四、电子节气门控制系统

节气门的作用是控制进入发动机的空气流量，决定发动机的运行工况。电子节气门控制系统 ETCS 是一种柔性控制系统（x-by-wire），它取消了传统节气门与加速踏板之间采用拉索或杠杆机构的直接机械连接，而改为在电子控制单元的控制下，通过节气门体上的电动机驱动节气门。可实现节气门开度的快速精确控制，使发动机在最适当的状态下工作，从而提高了汽车的动力性、安全性及舒适性且降低排放污染。目前，ETCS 被广泛地运用于汽车的怠速控制（ISC）、巡航控制（CCS）、驱动防滑控制（ASR）及车辆稳定性控制（VSC）等系统中，为集中控制和简化结构提供了基础，并逐渐成为标准配置。目前，一汽大众奥迪 A6、上海大众 PASSAT BS 1.8T 和 2.8L、1998 款皇冠 3.0、雷克萨斯 LS 400 以及上海通用及广州本田等公司生产的部分中档轿车上已经配置了 ETCS。

（一）电子节气门控制系统的结构组成及工作原理

如图 3.24 所示，ETCS 主要由节气门体、加速踏板、加速踏板位置传感器、节气门位置传感器、节气门驱动装置和电子控制单元（绝大部分与发动机 ECU 集成为一体）等组成。

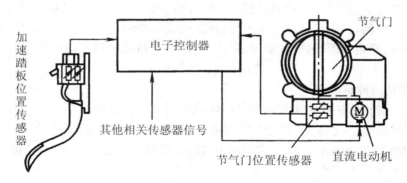

图 3.24　电子节气门控制系统

加速踏板位置传感器产生反应加速踏板下踏量大小和变化速率的电压信号输入电子控制单元，用于检测加速踏板的位置变化情况。电子控制单元由信息处理模块和电动机驱动电路模块两部分组成，它根据加速踏板位置传感器及其他相关传感器的信号对最佳节气门开度进行判断，并输出控制指令。节气门驱动装置由执行电动机和机械传动机构组成，其作用是按照电子控制单元的指令动作，及时将节气门调整到适当的开度。节气门位置传感器用于将节气门的位置信息反馈给电子控制单元。节气门体取消了传统节气门的旁通气道和怠速旁通阀，怠速空气流量通过节气门的小开度进行控制。节气门体上的复位弹簧可使节气门回转到一个微小的开度，以保证在系统失去作用后发动机仍有一个较高的转速。

驾驶员操纵加速踏板，加速踏板位置传感器产生相应的电压信号输入电子控制单元，控制单元根据当前的工作模式、踏板移动量和变化率解析驾驶员意图，计算出对发动机转矩的基本需求，得到相应的节气门转角的基本期望值。同时，电子控制单元还获取到发动机转速、自动变速器挡位、空调压缩机负载等其他各种传感器信号和 ASR、CCS 等其他控制系统的控制信号，由此计算出所需求的全部转矩,通过对节气门转角基本期望值进行修正,得到节气门的最佳开度参数。节气门位置传感器随时监测节气门的位置并把节气门的开度信号反馈给电子控制单元,当节气门的开度与最佳开度参数不一致时,电子控制单元把相应的电压信号发送到驱动电路模块,驱动执行电动机使节气门处于最佳的开度位置。由此可以看出,整个系统控制过程是典型的闭环反馈控制。

(二)电子节气门控制系统常见故障分析

电子节气门是新型电控发动机的关键部件之一,对发动机的怠速性能、动力性能影响较大,在汽车使用中故障率较高。常见的故障有节气门开度故障、节气门位置传感器信号故障、加速踏板位置传感器故障、怠速控制阀故障及节气门体漏气等。一般情况下,电子节气门体的电气性故障均可激发电脑记忆相应的故障信息。

1. 节气门位置传感器故障

节气门位置传感器的主要作用是输出怠速、部分负荷、大负荷及加速负荷信号,电脑根据节气门传感器信号完成怠速调节、喷油脉宽和加速异步喷油控制。当节气门信号不良或出现短路、断路故障时,发动机一般表现为怠速不稳、加速不良或"回火"、尾气排放异常等。

2. 节气门体漏气

节气门体的真空管或结合部位漏气,会引起真空作用力失常,有关的真空执行元件不能正常动作。部分空气通过节气门体的漏气部位进入汽缸内,由于这部分气体未经过空气流量计计量或未受节气门控制,会导致出现怠速失速、开空调或起步时(自动变速器车型)发动机怠速过低或熄火、发动机冷启动困难(空气量过多)、滑行时发动机熄火以及冷车高怠速转速过低等故障现象。

3. 自适应功能设定故障

当对节气门进行清洁或更换新的节气门体或者 ECU 后,必须进行节气门体的自适应设定。自适应设定时电脑会驱动节气门动作,同时采集相应信号并储存起来,以修正节气门的位置。如果不进行初始设定,电脑将不能正常驱动节气门电动机控制怠速,会出现怠速过高、怠速不稳及车辆滑行熄火等故障现象。

4. 自适应能力超出范围

当节气门体长期处于脏污状态时,ECU 将驱动节气门逐渐开大,当节气门开度大于一定角度(一般为 8°)时,会出现自适应能力超出范围故障。此时,应清洗节气门并进行自适应设定,若无法完成初始设定,应更换节气门体。

5. 节气门轴转动阻力过大或节气门驱动电动机磨损

节气门轴转动阻力过大或节气门驱动电动机磨损,会造成发动机转速下降。此时应清洁节气门体,润滑节气门轴,检查蓄电池电压(应大于 11 V)并进行重新设定。

(三)电子节气门控制系统的检修

下面以奥迪 A6 为例说明电子节气门控制系统的检修方法。奥迪 A6 APS 与 ATX 发动机电子节气门控制系统主要由节气门位置传感器、加速踏板位置传感器、ECU、数据总线、EPC 指示灯和节气门执行器等组成,节气门体及节气门位置传感器如图 3.25 和图 3.26 所示。

1. 发动机控制单元的调整

为使发动机怠速稳定装置发挥作用,ECU 必须知道节气门控制器的止点位置、节气门开度传感器和节气门电位计的特性。通常在更换 ECU 时需要进行基本调整。操作过程为:连接故障阅读仪 V. A. G1551 或 V. A. G1552,打开点火开关;选择发动机系统,按"确定"键;选择基本调整功能,按"确定"键;输入组号 098,按"确定"键,基本调整过程开始。节气门控制器运行到最大、最小及中间开度等几个位置;ECU 存储器记下多个节气门角度,随后节气门短时间保持在启动位置,然后关闭。

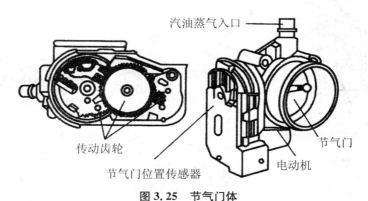

图 3.25 节气门体

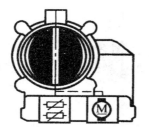 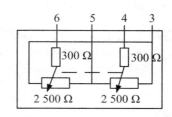

图 3.26 节气门位置传感器

ECU 进行基本调整的过程有可能中断,主要原因有节气门不能完全关闭(如节气门体脏污)、节气门拉索调整不当、蓄电池电压太低、ECU 或导线损坏、在自适应过程中启动了发动机或踏下加速踏板等。中断后故障存储器内将存储"基本调整没有完成""基本调整出错"的信息,下次打开点火开关时基本调整将再次自动进行。

2. 电子节气门的检修

(1) 节气门控制部件供电和导线的检查

拔下节气门控制部件插头(图 3.27),打开点火开关,用万用表测量插头端子 2 和搭铁之间、端子 2 和 6 之间的电压值,应约为 5 V。若达不到上述要求,按照电路图检查节气门控制部件插头 6 个端子至 ECU 相应端子之间的导线是否断路,然后检查导线之间是否导通。

(2) 加速踏板位置传感器的检查

将故障阅读仪 V. A. G1551 或 V. A. G1552 连接到诊断座上,启动发动机,按 01 选择发动机电控系统。按 08,选择功能"读测量数据块",按"Q"键确认。输入 0、6 和 2,选择显示组 062,按"Q"键确认。慢慢将加速踏板踩到底,观察显示区 3 和 4 的百分比值,应均匀升高,并且显示区 3 中的显示值总是显示区 4 的 2 倍。如果显示值没有达到此要求,则继续进行下述检查。拆下驾驶员侧杂物箱,拔下加速踏板位置传感器插头(图 3.28)。打开点火开关,测量插头端子 1 和搭铁之间、端子 1 和 5 之间、端子 2 和搭铁之间、端子 2 和 3 之间的电压值,均应为 5 V。检查加速踏板位置传感器各端子至 ECU 线束端子之间的导线是否断路,然后检查导线之间是否导通。如果导线无故障,则更换传感器。

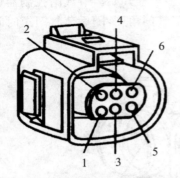

图 3.27 节气门控制部件插头端子

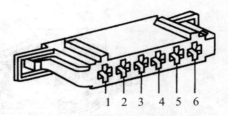

图 3.28 加速踏板位置传感器插头端子

项目实施

实施要求

① 每组准备万用表、示波器、故障诊断仪等工、量具各一套;
② 每组准备一台带有进气控制系统的教学台架或教学整车;
③ 每组准备好工具箱及对应的维修手册。

实施步骤

① 排除进气控制系统相关故障;
② 排除废气涡轮增压系统相关故障;
③ 排除可变气门正时系统相关故障;
④ 排除电子节气门控制系统相关故障。

考核评价

按表 3.2 所示标准对学习成果进行评价。

表 3.2 评价与考核标准

评价与考核项目		评价与考核标准	配分
知识点	组成	能描述进气控制系统各类形式	10
	工作原理	能描述各类型进气控制系统的工作原理	20

续表

评价与考核项目		评价与考核标准	配分
技能点	仪器使用	能使用万用表、故障诊断仪对各类型进气控制系统进行检测	15
	故障一排除	能排除进气控制系统相关故障	10
	故障二排除	能排除废气涡轮增压系统相关故障	10
	故障三排除	能排除可变气门正时系统相关故障	10
	故障四排除	能排除电子节气门控制系统相关故障	10
情感点	纪律与劳动	不迟到、不早退、实训主动、积极、认真	5
	道德与敬业	具备良好的道德准则、道德情操与道德品质；能认真对待实训、明确职责、勤奋努力	5
	协作与创新	能与同学和谐相处、互补互助、协调合作，充分发挥自己的个性，圆满完成实训任务；能够综合运用自己的知识、信息、技能和方法，对遇到的问题能提出新方法、新观点	5
合 计			100

注：出现安全事故或不按规范操作，损坏仪器、设备，此任务成绩计 0 分。

拓展知识

一、故障一

1. 故障现象

桑塔纳 2000 GSi 轿车（装备 1.8L AJR 电控发动机），发动机怠速不稳，最高车速只能提到 140 km/h，试车发现急加速时发动机排气管冒黑烟，且有回火现象。

2. 故障诊断与排除

拆检火花塞，发现火花塞电极发黑，测量高压线电阻，正常值为 5~6 kΩ。更换所有火花塞试车故障依旧，据此判断故障为发动机混合气过浓所致。

读取系统故障码，没有故障码记忆。采用数据流检测功能进入 05 读取动态数据流，查看 09 显示组，发现氧传感器信号电压几乎一直停留于 0.7~0.9 V 之间。踩加速踏板，则氧传感器信号电压能够随之变化，从而说明氧传感器本身及其电路正常。查看发动机冷却液温度传感器和节气门开度的数据也正常。再进入 05 显示组，检查发现发动机怠速运转时空气流量传感器的数据为 6~7 g/s（正常值为 2~4 g/s）。进入 01 显示组，发现其第二位显示值（发动机怠速负荷）大于 2.5 ms，刚好证明了发动机电控单元接收到偏大的进气质量信号后加浓了混合气。打开点火开关，并用电吹风对空气质量流量传感器吹风，此时测量 5 号和 3 号端子之间的电压，发现信号电压并不随气流量的大小而有规律地变化，此时基本可以判定空气质量流量传感器已经损坏，电压信号失准。更换一只完好的空气流量传感器，然后试车，故障排除。

3. 故障分析

空气流量传感器与发动机转速信号确定基本喷油量，空气流量传感器的损坏使发动机

ECU接收到比实际空气流量大的空气流量信号,发动机ECU就指令喷油器增加喷油量,造成混合气过浓,从而引发了上述故障。本案例中,氧传感器信号不良是由于混合气过浓引起的,氧传感器自身并没有问题,如果不注意分析,容易判断为氧传感器故障,从而使诊断误入歧途。

二、故障二

1. 故障现象

一辆桑塔纳2000 GSi轿车,在怠速时运转不稳,出现抖动现象,节气门继续加大时,速度提不上来,高速或加速时明显感到功率不足。

2. 故障诊断与排除

用V.A.G1522故障诊断仪对发动机进行测试,无故障码显示,读取测量数据块,发现空气流量传感器在大负荷时,最大流量仅为35 g/s(正常值60~70 g/s),故认为故障是由于空气流量传感器所致。更换空气流量传感器,但故障依然如故。接下来对空气流量传感器进行更进一步的检查:运转发动机,拔下该传感器接头,分别测量该传感器脚2和脚3、脚3和脚4之间的电压,均为正常值,在发动机不同转速下,测脚5(信号线)和3脚(搭铁线)间的电压,也均正常,故空气流量传感器应该无故障。

用缸压表测量缸压,发现压缩终了时的缸压低于正常值,故怀疑气门的密封性、缸内是否泄压及配气是否正时,但经检查后发现气门和气门座的密封性良好,活塞环各间隙符合规定,汽缸磨损正常,且重新校对了配气相位,并调整了正时齿带的松紧度。装好后试车,故障仍然存在。

最后又询问车主,该车以前是否出现过故障,得知几天前由于凸轮轴正时齿形带轮损坏曾更换过,之后便产生上述故障。这时便怀疑是车主更换的凸轮轴正时齿形带轮有问题,就重新更换了凸轮轴正时齿形带轮,装好后试车,发动机怠速运转稳定、加速正常,故障被排除。

3. 故障分析

该故障的实质是由于配气相位的错误(车主更换的凸轮轴正时齿形带轮是劣质产品,第1缸上止点记号相对于凸轮轴正时齿形带轮上的键槽位置与正规厂家生产的凸轮轴正时齿形带轮相比,相差一个齿),使气门不能按规定时刻开闭,导致空气流量传感器检测到的进气量少,进而又导致喷油器的喷油量不足。所以故障不是由空气流量传感器自身引起的。通过这一故障,可以得到如下启示:机械故障也可能引起电控系统的某些传感器或执行器检测信号失准,从而产生一些故障假象,为故障诊断带来困难。

三、故障三

1. 故障现象

一辆桑塔纳2000 GSi轿车,在发动机温度升至正常工作温度后,怠速转速仍然为1 200 r/min。

2. 故障诊断与排除

首先用自诊断系统检查,无故障码显示。又调整节气门体上的怠速调整螺钉,发动机的怠速依然较高。检查空气流量传感器、节气门位置传感器、冷却液温度传感器等部件及线路均正常:拆下怠速控制阀,检查阀杆、步进电动机的轴承及弹簧均工作良好。检测步进电动机的电磁线圈也正常。经以上检查后分析判断,发动机热车控制旁通阀产生故障的可能性较大。将节气门体拆下检查,发现节气门体上用冷却液温度控制热车怠速的水道有堵塞现象。将之疏通后复装节气门体试车,当冷却液温度达到正常温度时,发动机怠速转速便下降至 700 r/min 左右,并稳定下来,故障排除。

3. 故障分析

发动机在冷车启动后,利用节气门体上的热车控制旁通阀,供给一部分空气使发动机转速升高,从而起到热车的作用。随着冷却液温度的逐渐升高,又控制石蜡式阀门逐渐关小,起到怠速逐渐降低的作用。若该水道堵塞,冷却液不能进入石蜡感应阀的周围,会导致此阀一直在最大位置,造成发动机怠速转速不能下降的后果。

四、故障四

1. 故障现象

一辆桑塔纳 2000 GSi,怠速游车,转速在 800~1 000 r/min 范围波动。

2. 故障诊断与排除

首先用故障诊断仪读取怠速工况下的数据,节气门开度在 6~8° 之间不断变化(标准为 2~5°),空气流量在 3~5 g/s 之间不断变化(标准为 2~5 g/s),喷油时间在 2~3 ms 之间不断变化(标准为 2~2.5 ms)。这 4 组数据是相关数据,它们的同步变化是正常的。但数据在不断变化,说明怠速下的进气量在不断地调节。节气门开度过大,说明进气受阻,节气门过脏或空气滤清器过脏。节气门开度频繁变化,说明怠速电动机在不断地工作调节。通过对数据流及故障现象的分析,认为是节气门体过脏。于是拆下节气门体,发现油泥过厚,在节气门边缘处有一道 2~3 mm 的小山状污物。彻底清洗后,游车现象消失,但转速升高至 1 000 r/min 以上,居高不下,经重新设定后,故障彻底排除。

3. 故障分析

直动式怠速控制模式在我国国产大众系列的车型中被普遍采用。这一控制模式的特点是取消了怠速旁通气道,怠速工况的进气量直接由电动机推动节气门来控制,可以同时完成怠速的稳定及提速控制。当加速时节气门的开度完全由节气门拉索控制,此时的怠速电动机已失去作用。由于主气道易受空气中的灰尘及油质的影响,常会有油泥粘在主气道的管道上,正常怠速时的进气受到阻碍,导致进气量减少而使转速下降。电控单元为了控制怠速转速,会不断发出指令让怠速电动机开大节气门的角度。当油泥堆积过厚时,会形成一个节气门有开度而无进气流的区段,即"死区"。当节气门再以一个较小的增量越过"死区"时,会突然有一个较大的进气流通过,已不再是线性的、平缓的进气控制。这种进气量的突变,会造成怠速转速突然升高,电控单元便指令电动机关小进气量。当节气门刚刚进入"死区"时,进气量又突然变得很小,转速又急剧下滑使得电动机又开大节气门。由于进气控制不是线性而是突变性的,必然会造成怠速电动机往返在开、关状态下,进气量也是忽大忽小地变化,怠速转速必然忽高忽低,形成有规律的游车现象。这种游车故障在直动式的车型中极易发生。

五、故障五

1. 故障现象

一辆丰田皇冠 3.0 轿车怠速不稳,调整怠速螺钉,故障依旧。

2. 故障诊断与排除

首先利用故障自诊断系统提取故障码,读取故障码为41,表明门位置传感器有故障。检查该传感器,接线无断脱,但检查接插件时发现有锈蚀,除锈后电路恢复正常,启动发动机,再细调怠速螺钉,其转速稳定在 740 r/min。消除故障码后再重新读取,该故障码不再出现,表明故障已排除。

3. 故障分析

准备的节气门位置传感器随着节气门转动而改变电位计的可变电阻,控制器则从变化的电信号中得知节气门的开度与位置。节气门位置传感器短路或是断路,都会引起发动机不易启动、怠速不稳或熄火。此外,节气门的位置调整不当,也会有类似故障的发生。

六、故障六

1. 故障现象

一辆皇冠 3.0 轿车机发抖,配备有直列 6 缸电喷发动机。该车启动正常,怠速时发抖,易熄火,且急加速不良,发动机转速超过 2 000 r/min 时,排气管尾气排放有浓烈的汽油味。

2. 故障诊断与排除

用尾气分析仪检测尾气排放,发现 HC 和 CO 严重超标。检测发动机的点火正时正常,各缸点火强度符合要求。拆下各缸火花塞,发现火花塞都被汽油淹湿,并发现各缸内已积存汽油。将各缸火花塞用电炉加热烤干,重新装好,启动发动机,结果发动机立即着车,但怠速不稳,一会儿又熄火。再次拆下火花塞,发现火花塞又被汽油淹湿。待启动车时仔细检查回油管,发现回油管基本不回油。初步判断故障原因是燃油系统油压太高,怀疑是油压调节器故障。导致油压调节器不回油的因素有:油压调节真空膜片失效、真空管路堵塞和真空软管破损。检查从进气歧管到油压调节器的真空软管,软管无裂口,两端接口也正常,启动时感觉油压调节器软管接口无真空吸力。仔细检查发现软管内堵塞。更换一条新软管,烤干火花塞,装好发动机,重新启动,立即着车,怠速运转不再熄火,检测尾气排放也正常。上车路试,发动机提速有力,运行平稳,该车恢复正常。

3. 故障分析

真空管漏气、真空管堵塞或油压调节器本身的故障都会引起系统油压过高。因此,如果检测到系统油压过高,应首先检查真空软管是否正常,切不可急于更换油压调节器。如果油压调节器真空管无真空,而是大气压力,也会让油压调节器过油量变小,使系统油压过高,从而导致发动机由于混合气过浓而熄火。

思考与练习

1. 简述进气控制系统的结构与作用。
2. 废气涡轮增压器主要由哪些部件组成,它是如何工作的?
3. 举例说明可变气门正时系统的实际应用及其工作原理。
4. 电子节气门控制系统主要由哪些部件组成,它是如何工作的?

汽油发动机电控点火系统故障的检修

项目要求

汽车点火系统是发动机的重要组成部分之一,也是世界各国汽车界开始较早、研究较深、发展较快的一个技术领域,具有很高的技术集成度。点火系统直接影响到燃油燃烧的质量,从而对车辆的动力性、燃油经济性、工作稳定性和排放污染等产生很大影响。若点火系统出现故障,可能导致发动机不启动或难以启动、怠速不良、发动机运行不稳等故障。因此,对点火系统,尤其是电控点火系统的故障诊断具有十分严格的要求。但只要掌握了各种类型点火系统的结构原理及检修思路与方法,排除点火系统的故障就会很容易。

 知识要求

① 理解电控点火系统的工作原理;
② 熟悉电控点火系统各元件的功能、结构和原理;
③ 掌握电控点火系统实现最佳点火提前角控制的方法。

 能力要求

① 能够根据故障现象初步判断点火系统的故障原因;
② 能够使用工具按照正确的操作方法对点火系统各元件进行拆装;
③ 能够使用示波器对点火系统元器件进行检测。

相关知识

一、汽车发动机电控点火系统的概述

发动机点火系统的作用是将蓄电池或发电机的低电压转变成高电压,再按照发动机的工作顺序适时地将高压电分送给需要点火汽缸的火花塞,使其跳火产生电火花以点燃可燃混合气。

(一)发动机点火系统的组成

电控点火系统由传感器、电控单元和执行器组成,如图4.1所示。

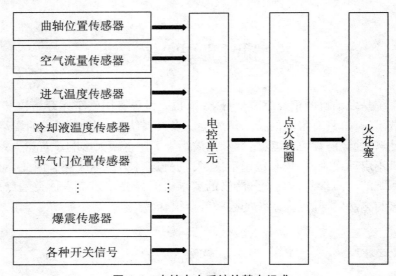

图 4.1 电控点火系统的基本组成

1. 传感器

在电控点火系统中,传感器的作用是检测与点火提前角有关的发动机工况信息,并将信息输入到电控单元,作为运算和控制点火时刻的依据。

电控点火系统常用的传感器有曲轴位置传感器、空气流量传感器、进气温度传感器、冷却液温度传感器、节气门位置传感器和爆震传感器等。

(1) 曲轴位置传感器

曲轴位置传感器即曲轴位置和转角传感器,它是电喷发动机的重要传感器之一,主要用于检测发动机曲轴转角和活塞上止点位置,以便于发动机控制单元发出点火及喷油指令,提供最佳的点火时刻及最合理的燃油供给,从而提高车辆的经济性及排放的环保性。除此之外,曲轴位置传感器还承担着发动机转速的信号检测功能。根据传感器产生信号的原理不同,曲轴位置传感器类型大致可分为磁脉冲式、霍尔式和光电式三种类型。

① 磁脉冲式曲轴位置传感器。

磁脉冲式曲轴位置传感器一般安装于曲轴皮带轮之后或分电器中,其主要构成为信号转子和信号发生器,如图4.2所示。信号转子或与曲轴皮带轮一起安装于曲轴上,与曲轴同步运转;

或安装于分电器的转子轴上,与转子轴同步运转。信号转子的外缘沿圆周方向开有若干个齿,每齿之间的间隔角度均相同(车型不同齿数也不尽相同)。信号发生器装于信号转子的边缘,由永久磁铁和线圈构成。对于安装在分电器内的磁脉冲式曲轴位置传感器而言,往往包含上下两个信号转子,它们分别产生曲轴位置信号(即活塞上止点位置信号)和曲轴转角信号(即曲轴转速信号),如图4.3所示。

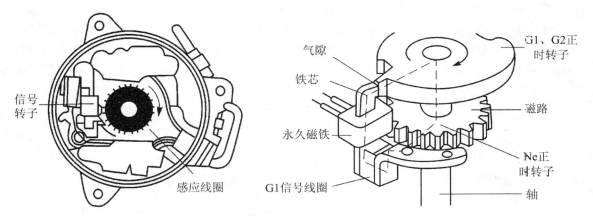

图4.2　磁脉冲式曲轴位置传感器结构图　　图4.3　分电器内的曲轴位置传感器结构图

当发动机运转时,信号转子便随发动机的转动而转动,信号转子上的轮齿与齿隙便相继通过信号发生器的永久磁铁部分。当轮齿通过时,缠绕于磁铁上的感应线圈中即感应出电动势;当齿隙通过时,该电动势由于磁通量的减小而减弱。于是随发动机的转动感应线圈中就产生了交变的电动势,经过信号发生器的集成电路滤波、整形,变为脉冲电压信号输送至电子控制单元,用以计算发动机转速和确认活塞上止点位置,进而控制发动机的点火及喷油时刻,其工作原理如图4.4所示。

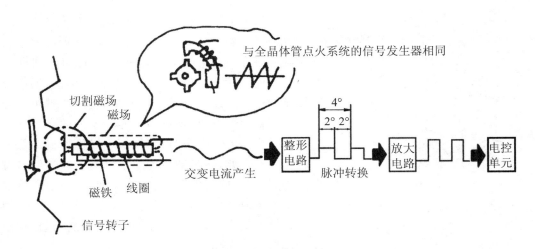

图4.4　磁脉冲式曲轴位置传感器工作原理

② 霍尔式曲轴位置传感器。

霍尔式曲轴位置传感器是利用霍尔效应原理进行工作的。常见的有触发叶轮式和触发齿轮式两种类型。

触发叶轮式曲轴位置传感器一般安装于曲轴前端,也有安装于分电器内的,它由信号转子及霍尔信号发生器构成。带有触发叶片的信号转子与发动机曲轴皮带轮固联,随曲轴同步运转,或与分电器的凸轮轴固联,随凸轮轴同步运转。信号转子的外缘均布有若干个触发叶轮和相同数目的缺口。

霍尔信号发生器由永久磁铁、导磁板和霍尔集成电路等组成,其工作原理如图4.5所示。信号发生器设置在信号转子附近,当信号转子随曲轴转动时,触发叶片及缺口便依次进入永久磁铁和霍尔元件之间的空气隙。当叶片进入时,霍尔集成电路中的磁场就被触发叶片所截断,霍尔集成电路因此产生低电位,而当叶片离开缺口正对空气隙时,又使得霍尔集成电路因重新获得磁场而产生霍尔电压。该脉冲电压信号经集成电路的放大、整形处理后被送至电子控制单元,经细化处理后用于控制发动机的点火和喷油时刻。

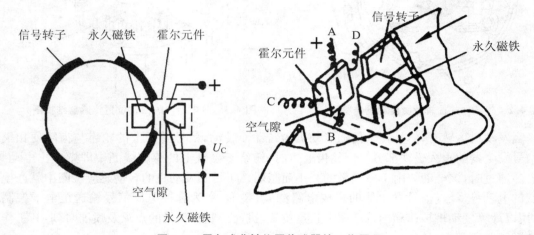

图4.5 霍尔式曲轴位置传感器的工作原理

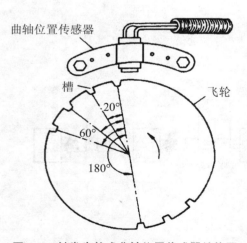

图4.6 触发齿轮式曲轴位置传感器结构图

触发齿轮式曲轴位置传感器通常安装于变速器壳体上,其结构如图4.6所示。传感器的感应头部与固定在飞轮上的信号转子正对,随发动机曲轴的运转而运转。信号转子上开有若干个槽,当信号转子的槽口通过信号发生器的感应头时,霍尔信号发生器输出高电位信号;当信号转子上的凸齿正对信号发生器的感应头时,霍尔信号发生器输出低电位信号。因此,随曲轴转动的信号转子通过信号发生器,传感器便产生高低电位相间的脉冲电压,该电压信号经放大及整形处理后送至电子控制单元,用于计算发动机转速、确认活塞上止点位置,进而控制发动机的点火和喷油时刻。

③ 光电式曲轴位置传感器。

光电式曲轴位置传感器一般安装于分电器内,主要构成部件为带孔的信号转子及信号发生器,如图4.7所示。信号转子装于分电器轴上,其圆周方向均布有360条光孔,用于产生1°曲轴转角信号;外围的圆周方向均布有6个光孔,用于产生120°曲轴转角信号,其中较宽的光孔用于产生与发动机第一缸上止点对应的120°曲轴转角信号,如图4.8所示。

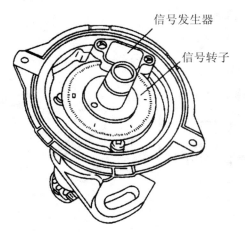

图 4.7　光电式曲轴位置传感器结构图

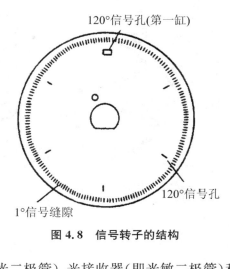

图 4.8　信号转子的结构

信号发生器安装于分电器壳体上,由光源(即发光二极管)、光接收器(即光敏二极管)和波形电路组成,如图4.9所示。两只发光二极管分别与两只光敏二极管正对。当遮光盘随发动机曲轴或分电器凸轮轴的运转而转动时,发光二极管便通过信号转子上的光孔与光敏二极管之间产生透光与遮光的交替变化:当发光二极管的光束照射到光敏二极管上时,光敏二极管产生感光电压;当发光二极管的光束被遮挡时,光敏二极管产生的电压则下降为0 V。于是,波形电路对光敏二极管产生的脉冲电压进行放大、整形处理,使得信号发生器向电子控制单元输送相应曲轴转角的1°和120°信号,以计算发动机转速、确认活塞上止点位置,进而控制发动机的点火时刻和喷油时刻,如图4.10所示。

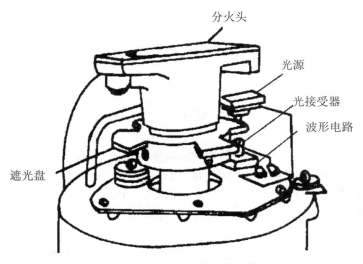

图 4.9　光电式信号发生器结构图

(2) 空气流量传感器

空气流量传感器用来测量进入汽缸的空气量,作为发动机的负荷信号和确定点火提前角的基本信号。空气流量计的类型分为翼片式、热线式、热膜式和卡门漩涡式等。

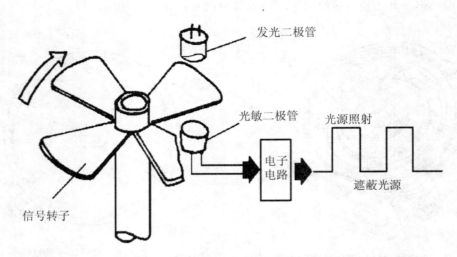

图 4.10　光电式曲轴位置传感器的工作原理

(3) 进气温度传感器

进气温度传感器用来测量发动机的进气温度,电控单元可根据此信号对点火提前角进行修正。

(4) 冷却液温度传感器

冷却液温度传感器将发动机的冷却液温度信号送入电控单元,电控单元根据此信号对点火提前角进行修正,并控制启动和暖机阶段的点火提前角。

(5) 节气门位置传感器

节气门位置传感器将节气门位置的变化转变为电信号,电控单元通过此信号判定节气门所处的位置和发动机工况,依此修正点火提前角。

(6) 爆震传感器

爆震传感器用来检测发动机是否发生爆震,如果发动机发生爆震,电控单元将自动减小点火提前角。

(7) 各种开关信号

① 启动开关信号。在启动机接通时,将发动机的启动状态通知电控单元,电控单元以此控制启动时的点火提前角。

② 空调开关信号。在发动机怠速工况下使用空调时,空调开关将此信号输送到电控单元,电控单元根据此信号在提高发动机转速的同时,也对点火提前角进行修正。

③ 空挡开关信号。在配置自动变速器的车辆上,空挡开关信号可以使电控单元获得自动变速器位于空挡的信息,并对点火提前角进行必要的修正。

2. 电控单元

电控单元是电控点火系统的核心,在点火系统工作时,接收各种传感器输入的信息,按照特定的程序进行判断、运算后,向点火器输出最佳点火提前角和点火线圈初级电路导通的时间控制信号。

发动机的电控单元主要由中央处理器、存储器、输入/输出接口、总线及电源供给电路等部分组成。在电控单元的存储器中,存储着点火控制程序和点火提前角的数据。其中,点火提前角的数据是通过在各种工况下的大量实验获得的,它可使发动机在任何工况下,都能得到最佳的点火时刻。

3. 执行器

执行器的作用是接收电控单元的指令,具体执行某项控制功能。

(1) 点火器

点火器是微机控制点火系统的功率输出级,它接受电子控制单元输出的指令进行工作,并对点火信号进行放大,驱动点火线圈工作。

不同车型的点火器的内部结构和电路不一定相同,有的点火器单纯起开关的作用:接通、切断点火线圈的初级电路;有的点火器除起开关作用外,还有电流控制、闭合角控制、判别缸位和点火监视等功能。有的发动机不单设点火器,还将大功率三极管组合在电控单元中,由电控单元直接控制点火线圈的初级电流的通断。

(2) 火花塞

火花塞安装在燃烧室内,其功能是将高压电引入燃烧室,在电极间成火花,以点燃可燃混合气。由于要在燃烧室中承受周期性高温、高压以及燃烧产物的强烈腐蚀,工作环境恶劣,因而对火花塞提出了较高的要求。

① 火花塞的工作条件及要求。

因为混合气燃烧时,火花塞下部将承受高压燃气的冲击,所以火花塞必须有足够的机械强度;因为要承受交变的高压电,所以火花塞要有足够的绝缘强度,要能承受 30 kV 高压;混合气燃烧时,燃烧室内温度很高,达 1 500~2 000 ℃,进气时又突然冷却至 50~60 ℃,所以要求火花塞不但耐高温,而且能承受温度的巨变,不会出现局部过冷或过热;混合气燃烧的产物很复杂,含有多种活性物质,如臭氧、一氧化碳和氧化硫等,极易使电机腐蚀,所以要求火花塞必须耐腐蚀。

火花塞的电极间隙大小会影响击穿电压,所以要有合适的电极间隙。火花塞安装位置要合适,以保证有合理的着火点。火花塞气密性必须足够得好,以保证燃烧室不漏气。

② 火花塞的结构。

火花塞主要由触头、瓷绝缘体、中心电极、侧电极和壳体等部分组成,如图 4.11 所示。

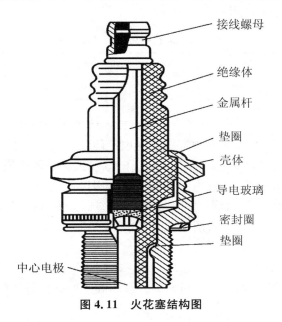

图 4.11 火花塞结构图

在钢制外壳的内部固定有氧化锆陶瓷绝缘体,在绝缘体中心孔的上部有金属杆,杆的上端有接线螺母,用来接高压导线,下部有中心电极。金属杆和中心电极之间用导体玻璃密封,铜制垫圈起密封和导热作用。钢制外壳的上部有便于拆装的六角平面,下部有螺纹以便旋装在发动机汽缸盖内,外壳下端固定有弯曲的侧电极。

电极一般采用耐高温耐腐蚀的镍锰合金钢或铬锰氮、钨、镍锰硅等合金制成,也有采用镍包铜材料制成,以提高散热性能。火花塞电极间隙多为 0.6~0.7 mm,若是电子点火系统,其间隙可增大至 1.0~1.2 mm。

火花塞与汽缸盖座孔之间应保证密封,密封方式有平面密封和锥面密封两种。平面密封时,在火花塞与座孔之间应加装铜包石棉垫圈;锥面密封是靠火花塞壳体的锥形面与汽缸盖之间相应的锥形面进行密封。

③ 火花塞的热特性。

若是使火花塞工作性能良好,必须保持适当的工作温度。火花塞工作过程中,若温度过低,则燃油燃烧不充分所产生的积炭就会沉淀在火花塞的陶瓷绝缘体的表面,导致火花塞漏电;若温度过高,则因火花塞中心电极的温度过高,超过燃油的自燃温度,火花塞不跳火就能将混合气点燃(即混合气的早燃),造成发动机的输出功率下降,甚至会造成活塞顶部烧熔。

实践证明,当火花塞裙部温度保持在 500~700 ℃时,落在电极上的油滴会被立即燃烧掉,不会形成积炭,也不会产生炽热点火。

火花塞的工作温度与发动机的功率、转速、压缩比有关,还与火花塞本身结构有关系。就火花塞本身的结构而言,影响火花塞工作温度主要是陶瓷绝缘体暴露在燃烧室内的部分,通常将这部分称为火花塞的裙部。在相同的工作条件下,火花塞的裙部越长,内径大,受热面积也越大,其吸收的热量也就越多,因此工作温度高。反之,火花塞裙部短,内径小,受热面积小,因而工作温度低。

火花塞的热特性通常用热值表示。火花塞自身所受热量的散发量称为热值,热值实际上是受热和散热能力的一个指标。我国以火花塞绝缘体的长度来标定火花塞的热特性,用阿拉伯数字表示热值的高低,如表 4.1 所示。

表 4.1 火花塞裙部长度与热值

裙部长度(mm)	15.5	13.5	11.5	9.5	7.5	5.5	3.5
热 值	3	4	5	6	7	8	9
特 性	热	中			冷		

发动机的技术性能不同,火花塞的工作温度也不同。为保证火花塞工作在正常温度下,对于功率小、转速低、压缩比小的发动机,汽缸的工作温度低,应采用热值高的火花塞;而对于功率大、转速高、压缩比大的发动机,汽缸内的工作温度高,则应采用热值低的火花塞。

那么在汽车正常工作期间,如果经常因火花塞积炭而断火,就可能是所用的火花塞太"冷";如果经常发生炽热点火,则可能是火所用的火花塞太"热"。

(3) 点火线圈

点火线圈的作用是将低压电转变为 15 000~40 000 V 的高压电,以满足火花塞跳火的需要。点火线圈按照磁路和结构的不同,可分为开磁路和闭磁路两种。

① 开磁路点火线圈。

开磁路点火线圈基本结构如图 4.12 所示，主要由铁芯、绕组、胶木盖和瓷杯等组成。其铁芯用 0.3～0.5 mm 厚的硅钢片叠成，铁芯上饶有初级绕组和次级绕组。次级绕组居内，通常用直径为 0.06～0.10 mm 的漆包线绕 11 000～26 000 匝；初级绕组居外，通常用 0.5～1.0 mm 的漆包线绕 230～370 匝。初级绕组的一端连接在盖子高压插孔中的弹簧片上，另一端与初级绕组的一端相连；初级绕组的两端则分别连接在盖子上的低压接线柱上。绕组与外壳之间装有导磁钢套并填满沥青或变压器油，以减少漏磁、加强绝缘性、防止潮气侵入。

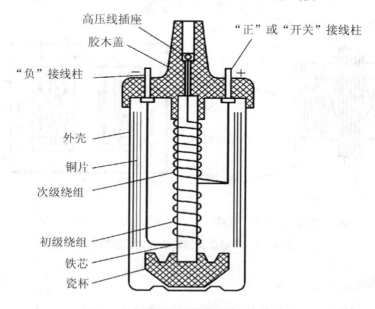

图 4.12 开磁路点火线圈结构示意图

② 闭磁路绕组点火线圈。

闭磁路点火线圈结构如图 4.13 所示。闭磁路点火线圈的铁芯是"日"字形或"口"字形，铁芯内绕有初级绕组，在初级绕组外面绕有次级绕组，其铁芯构成闭合磁路，磁路中只设有一个微小的气隙，其磁路如图 4.14 所示。闭磁路点火线圈具有漏磁小、磁阻小、能量损失小、转换效率高的特点，还可使点火线圈小型化。

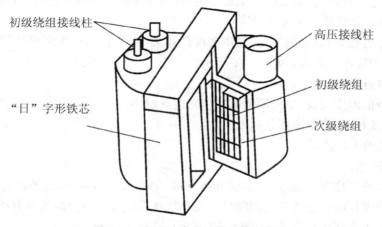

图 4.13 闭磁路点火线圈结构示意图

开磁路点火线圈如图 4.14(a)所示。当点火线圈的初级绕组通过电流时,铁芯磁化后所产生磁场的磁路的,闭合的磁力线的上部和下部都是从空气中通过的,铁芯未形成闭合的磁路,因此磁路的磁阻大,磁通量损失大,转换效率低。闭磁路点火线圈的磁路如图 4.14(b)所示。点火线圈的磁力线可由铁芯构成闭合磁路,因而漏磁小、能量损失小、能量变化效率高。另外,闭磁路点火线圈的结构紧凑、体积小,可以直接安装在分电器中,省去了点火线圈到分电器的高压线。基于上述优点,闭磁路点火线圈已在电子点火系统中广泛应用。

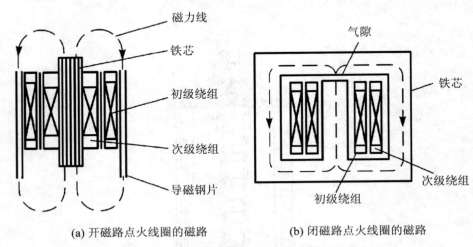

(a) 开磁路点火线圈的磁路　　(b) 闭磁路点火线圈的磁路

图 4.14　开磁路及闭磁路点火线圈的磁路

(二) 发动机点火系统的要求

发动机要在各种工况和使用条件下保证可靠而准确地点火应满足以下三个方面的要求:

1. 能产生足以击穿火花塞间隙的电压

火花塞电极击穿而产生火花时所需要的电压称为击穿电压。点火系统产生的次级电压必须高于击穿电压才能使火花塞跳火。击穿电压的大小受很多因素影响,其中主要以下几种:

(1) 火花塞电极间隙和形状

火花塞电极的间隙越大,气体中的电子和离子受电力场的作用越小,越不容易发生碰撞电离,所需的击穿电压就越高;电极的尖端棱角越分明,所需的击穿电压就越低,如图 4.15 所示。

(2) 汽缸内混合气体的压力和温度

混合气的压力越大,温度越低,其气体密度就越大,离子自由运动距离就越短,越不容易发生碰撞电离,则击穿电压越高,如图 4.16 所示。

(3) 电极的温度和极性

火花塞电极的温度越高,电极周围的气体密度就越小,则击穿电压就越低;针状的中心电极为负极,它的温度越高,击穿电压就越低。

(4) 发动机的工作情况

① 发动机转速。

发动机高转速工作时,汽缸内的温度升高,汽缸的充气量减小,致使汽缸中的压力减小,因而火花塞的击穿电压随转速的升高而降低。发动机在启动和急加速时击穿电压升高,而全负荷且稳定工作状态下击穿电压降低,如图 4.17 所示。

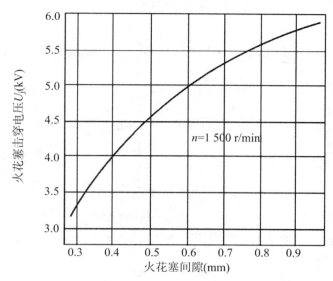

图 4.15　火花塞击穿电压与火花塞间隙的关系

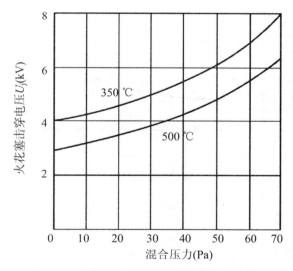

图 4.16　火花塞击穿电压与混合气压力的关系

② 混合气的空燃比。

如图 4.18 所示，我们可以观察到混合气过浓或过稀都会造成击穿电压的升高，此外，发动机的功率、压缩比以及点火时刻等因素也会影响到击穿电压的高低。为了保证点火的可靠性，点火系统必须有一定的次级电压储备，但过高的次级电压储备会导致次级电压升高，从而提高绝缘方面的成本。

2. 火花应具有足够的点火能量

发动机正常工作时，由于混合气压缩终了时的温度接近其自然温度，所以此时火花塞仅仅需要提供 1~5 MJ 的火花能量，但是在混合气过浓、过稀以及发动机启动、急速或节气门急剧打开时，则需要较高的火花能量。随着现代发动机对经济性和排气净化要求不断提高，迫切需要提高火花能量。因此为了保证可靠点火，高能电子点火系统一般应当具有 80~100 MJ 的火花能量,启动时应产生高于 100 MJ 的点火能量,如图 4.19 所示。

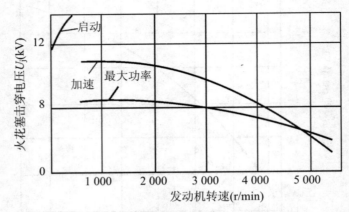

图 4.17　火花塞击穿电压与发动机转速的关系

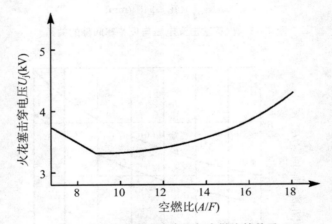

图 4.18　火花塞击穿电压与空燃比的关系

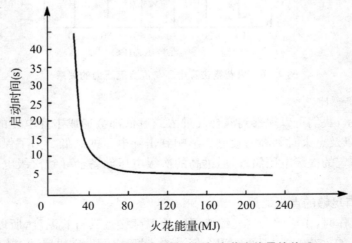

图 4.19　发动机启动所需时间与火花塞能量的关系

3. 点火时刻应适应发动机的工作情况

对于多缸发动机而言,点火系统必须按照发动机的工作顺序进行点火。通常直列四缸发动机的点火顺序为 1-2-4-3 或 1-3-4-2,直列六缸发动机的点火顺序为 1-5-3-6-2-4,V 型八缸发动机的点火顺序为 1-8-4-3-6-5-7-2。

点火时刻对发动机性能影响很大,从火花塞点火到汽缸内大部分混合气燃烧并产生足够高的爆发力需要一定的时间,虽然这段时间很短,但是在这段时间内曲轴转过的角度还是较大的。若在压缩上止点点火,就会造成混合气一边燃烧,活塞一边下移(汽缸容积增大),从而导致燃烧压力变低,发动机功率下降,因此要在活塞压缩行程到达上止点前进行点火,即点火提前。从火花塞发出电火花至活塞到达上止点的这段时间内曲轴转过的角度,我们称之为点火提前角。

点火提前角的大小对点火到底有哪些影响呢?

如果点火提前角过小,当活塞到达上止点时才点火,混合气的燃烧主要在活塞下行过程中完成,即燃烧过程在容积增大的情况下进行,使得炙热的气体与汽缸壁接触的面积增大,则转变为有效功的热量相对减少,汽缸内最高燃烧压力降低,会导致发动机功率下降。如果点火提前角过大,由于混合气的燃烧完全在压缩过程中进行,汽缸内的压力在活塞到达上止点之前就达到最大,从而会使活塞受到反向冲击,对发动机做负功,不仅降低发动机的功率,还有可能引起爆燃和导致运行不平稳的现象,加速运动部件和轴承的损坏。

实践证明,燃烧最大压力发生在上止点后 10°到 15°时,发动机的输出功率最大,此时所对应的点火提前角为最佳点火提前角。影响最佳点火提前角的因素有很多,但最主要的有发动机转速、冷却液温度、负荷、燃油品质等。当发动机节气门开度一定时,随着发动机转速的升高,转过同样角度所用的时间下降,为了保证足够的燃烧时间,此时应当加大燃烧过程中所占的曲轴转角,即增大点火提前角,反之亦然。当发动机转速一定时,随着发动机负荷加大,节气门开度增大,进入汽缸内的混合气增多,导致压缩终了时混合气的压力和温度增高。同时,残余废气在汽缸内所占比例减小,混合气的燃烧速度加快,此时点火提前角应当适当减小,反之亦然。汽油的辛烷值越高,抗爆性越好,点火提前角可以适当增大,以提高发动机的性能,反之亦然。

二、电控点火系统的控制功能

根据汽油机对点火系统的要求,在电子点火系统中,电控单元对点火的控制包括点火提前角控制、闭合角控制和爆震控制三个方面。

(一)点火提前角控制

对现代汽车而言,最佳点火提前角不仅要保证发动机的动力性、经济性达到最佳值,还要使排气中有害物质的排放达到最小。

1. 最佳点火提前角的确定

微机控制的电子点火系统所控制的最佳点火提前角通常包括初始点火提前角、基本点火提前角和修正点火提前角三个部分,如图 4.20 所示。

实际点火提前角＝初始点火提前角＋基本点火提前角＋修正点火提前角

初始点火提前角由发动机的结构和曲轴位置传感器的安装位置决定,是未经电子控制单元修正的点火提前角,通常为固定值。其大小随车型或发动机类型而异。

有些发动机的电子控制单元将 G1 或 G2 信号出现后的第一个 Ne 信号过零点定位压缩行

程上止点前10°,并以这个角度作为点火正时计算的基准点。

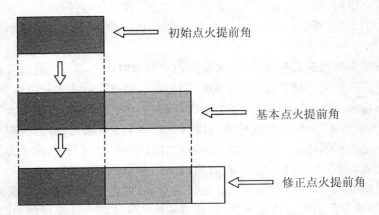

图 4.20 最佳点火提前角示意图

基本点火提前角是电子控制单元根据发动机的转速和负荷所确定的点火提前角,是发动机运转过程中最为主要的点火提前角。

当节气门位置传感器中的怠速触电闭合时,发动机处于怠速运行工况,电控单元根据发动机转速和空调开关是否接通确定基本点火提前角;当节气门位置传感器中的怠速触电开关断开时,发动机处于正常运行工况,电子控制单元通过发动机转速和负荷传感器获得发动机的工况信息,根据发动机所处的工况,从存储器的数据中得出最佳的基本点火提前角。

发动机在各种工况下的最佳基本点火提前角是通过大量的台架试验得出的,将试验数据优化后做出了如图4.21所示的点火提前角控制脉谱图,并将其存储在电子控制单元的存储器中。

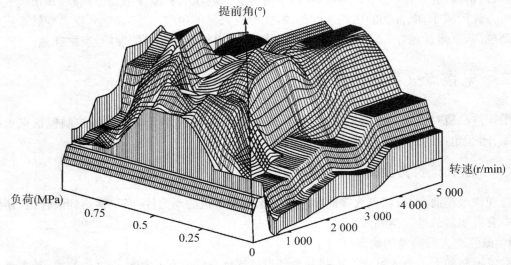

图 4.21 点火提前角控制脉谱图

除了转速和负荷以外,其他对点火提前角有重要影响的因素均归入到修正点火提前角中。电控单元根据有关传感器的信号,分别示出对应的修正值,它们的代数和即为修正点火提前角。修正点火提前角包含的修正值有暖机修正、过热修正、空燃比反馈修正、怠速稳定性修正和爆震修正等。

(1) 暖机修正

为了改善发动机的低温启动性能,在冷却液温度较低时,应适当增大点火提前角。在暖机过程中,随着冷却液温度的升高,点火提前角修正值逐渐减小,如图4.22所示。

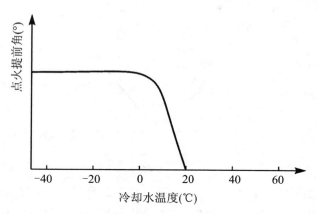

图 4.22　暖机修正曲线

(2) 过热修正

发动机处于正常运行工况时,若冷却液温度过高,则可能引起爆震。为避免产生爆震,应适当减小点火提前角。发动机处于怠速工况时,若发动机冷却液温度过高,为避免发动机长时间过热,应适当增大点火提前角,过热修正值的变化规律如图4.23所示。

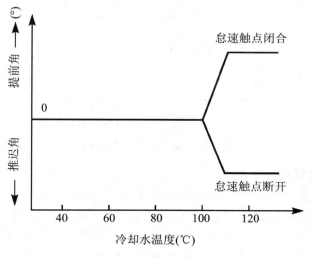

图 4.23　过热修正曲线

(3) 空燃比反馈修正

安装有氧传感器的电控发动机,电控单元可根据氧传感器的信号增减喷油量,使空燃比保持在14.7左右。随着修正喷油量的增加和减少,发动机转速也会发生变化。为了提高发动机转速的稳定性,在减少喷油量的同时,应适当增大点火提前角,如图4.24所示。

(4) 怠速稳定性修正

发动机在怠速工况下运行时,由于负荷不稳定,可能会造成转速的变化。为了维持稳定的怠速转速,电控单元应适当地调整点火提前角。

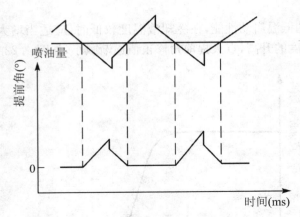

图 4.24 空燃比反馈修正曲线

发动机处于怠速工况时,当发动机的转速低于规定的怠速时,电控单元根据实际转速与目标转速差值的大小相应地增大点火提前角;当发动机的转速高于目标转速时,则相应地减小点火提前角,如图 4.25 所示。

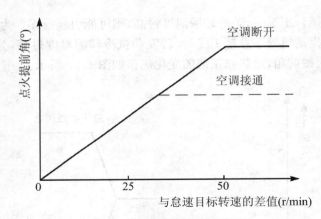

图 4.25 怠速稳定性修正曲线

2. 最佳点火提前角的控制方式

点火提前角的控制方式有开环控制和闭环控制两种方式。

开环控制是电子控制根据有关传感器提供的发动机工况信息,从内部存储器内提取相应的基本点火提前角,再对发动机的非正常工况修正而得出的最佳点火提前角,以控制点火系统的工作,对控制结果的好坏不予考虑。点火提前角采用开环控制方式,控制的优点是系统简单、速度快,但其控制精度取决于各传感器的精度,传感器所产生的任何偏差都可能使发动机偏离最佳点火时刻。此外,一些使用因素也会对发动机造成一定的影响,如积炭增多或燃油辛烷值低造成的爆燃;怠速时由于负荷不稳定造成的发动机转速波动;发动机使用中的磨损、调整不当等。开环控制不能根据上述变化及时、准确地调整点火提前角,因而会影响其控制精度。

闭环控制方式可以在控制点火提前角的同时检测发动机的有关工作情况,如发动机是否爆震、怠速是否稳定等,然后根据检测结果,及时对点火提前角进行进一步的修正,使发动机始终处于最佳点火工作状态,基本不受使用因素的影响,控制精度高。目前实行的闭环控制主要有爆震控制和怠速稳定控制。

（二）闭合角控制

闭合角控制也称通电时间控制。电感储能式点火系统，当点火线圈的初级线圈被接通后，通过线圈的电流是按指数规律增大的。初级线圈被断开的瞬间，所能达到的电流值与初级线圈通电时间长短有关。只有通电时间达到一定值时，初级线圈的电流才能达到饱和，而次级线圈所能产生的电压最大值与初级线圈断开时的电流大小成正比，为了获得足够高的次级电压，必须使初级线圈的电流达到饱和。

影响初级线圈通过电流大小的主要因素有发动机转速和蓄电池电压。为了保证在不同的蓄电池电压和不同的转速下，初级线圈均具有相同的初级断开电流，电控单元根据蓄电池电压和发动机的转速信号，从预置的闭合角数据库中查出相应的数值，对闭合角进行控制。

当发动机转速高时，适当地增大闭合角，以防止初级线圈中通过的电流下降，造成次级电压下降，点火困难；当蓄电池电压下降时，也适当地增大闭合角；反之适当减小闭合角，以防止初级线圈发热和电能的无效消耗。

（三）爆震控制

为了最大限度地发挥汽油机的潜能，应将点火提前角控制在爆震临界点之前，同时又不能使发动机发生爆震。若让发动机的点火系统具有这样的性能要求，对发动机的点火提前角必须采用爆震反馈控制。

爆震反馈控制即对发动机的汽缸压力或其他能对发动机爆震作出判断的相关参数进行检测，电控单元根据检测传感器的输入信号，对发动机是否发生爆震作出判断，然后发出相应的执行指令，对点火提前角进行必要的修正。

1. 爆震的检测

检测发动机爆震的方法有汽缸压力检测、燃烧噪音检测和发动机机体震动检测等。燃烧噪音检测是一种非接触式检测方法，其传感器的耐久性好，但精度和灵敏度偏低。汽缸压力检测精度较高，但传感器的耐久性较差，而且安装困难。发动机机体震动检测具有较高的检测精度，传感器安装方便，耐久性也较好，是目前最常用的爆震检测方法。

2. 爆震的控制方法

爆震与点火时刻有密切关系。一般而言，点火提前角越大，就越易产生爆震，推迟点火时刻对消除爆震有明显的作用。

电子控制单元对爆震进行反馈控制时，首先将来自爆震传感器的输入信号进行滤波处理，滤波电路只允许特定频率范围内的爆震信号通过，由此达到将爆震信号与其他震动信号分离的目的。此后，电控单元将此信号的最大值与爆震强度基准值进行比较，对是否发生爆震和爆震强弱程度作出判断，如信号最大值大于基准值，则表示发生爆震，电控单元推迟点火时刻。由于发动机工作时震动比较剧烈，为了防止产生错误的爆震判别，电子控制单元对爆震信号的判断不是连续的，判别只限于发动机点火后可能发生爆震时段的震动信号，如图4.26所示。

电子控制单元通过对反映发动机负荷状况传感器的输入信号的分析，判断是否对点火提前角进行开、闭环控制。当发动机的负荷低于一定值时，一般不会发生爆震，此时电子控制单元对点火提前角实行开环控制，电子控制单元只按预置数据及相关传感器的输入信号控制点火提前角的大小。当发动机的负荷达到一定程度时，电子控制单元对点火提前角进行闭环控制。若发动机产生爆震，电子控制单元根据爆震信号的强弱控制推迟角度的大小。爆震强度大，推迟的角度大;爆震强度弱,推迟的角度小。每一次的反馈控制调整都以一固定的角度递减,直到爆震消失为止。当爆震消失后,电子控制单元又以固定的提前角度逐渐增大点火提前角。当再次出现爆震时,电子控制单元再次逐渐减小点火提前角。在闭环控制点火提前角的过程中,此过程是反复进行的。

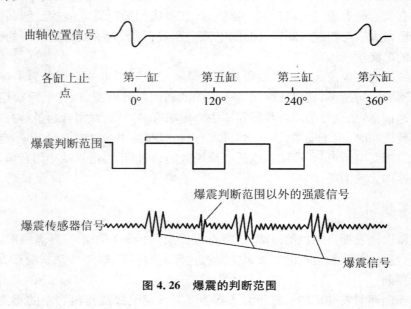

图 4.26　爆震的判断范围

三、电控点火系统主要元件的检修

(一)点火线圈的检查

点火线圈的检查包括对绕组阻值的检查和对绝缘性能的检查。检查初级绕组的电阻值时应用万用表的 $R\times 1\ \Omega$ 挡,而检查次级绕组的阻值时应用万用表的 $R\times 1\ k\Omega$ 挡。

初级绕组的阻值通常为 $1.2\sim 1.7\ \Omega$。若万用表检查显示阻值无穷大,则说明初级绕组断路;若阻值小于标准值,则说明匝间有短路。

次级绕组的阻值通常为 $2.4\sim 3.7\ k\Omega$。若万用表检查显示阻值无穷大,则说明次级绕组断路;若阻值小于标准值或为 0,则说明匝间有短路。

检查点火线圈绕组的绝缘性能时,可以使用数字万用表的 $20\ M\Omega$ 挡测量,点火线圈任一端与外壳间的电阻值均应为无穷大,否则存在漏电故障,应更换。

(二)火塞花的检查

电子点火系统火花塞的间隙为 $0.8\sim 0.9\ mm$,电控点火系统火花塞的间隙为 $1.0\sim 1.1\ mm$。如果间隙过小,发动机低速小负荷时会产生缺火现象;如间隙过大,易击穿点火线圈,且高速大负荷时易断火。使用过程中,需定期检查火花塞的间隙和性能,检查方法如下:

1. 未拆下火花塞时的检查

就车检查火花塞技术状况的方法有短路法、感温法和吊火法。

短路法检查时,应使发动机低速运转,用螺丝刀在被测火花塞的高压线与缸体之间短路,使该缸火花塞断电不工作。此时若发动机转速明显降低、抖动，说明该火花塞工作良好，否则为工作不良。

感温法检查时，应在发动机工作达到正常工作温度后，用手逐缸触摸火花塞的瓷体，若某缸火花塞温度比其他缸的温度低，则温度低的火花塞工作不良。

吊火法检查时，可将高压线从火花塞上拆下，使其端头与火花塞接线柱保持5mm间隙吊火，若发动机工作状况改善，说明该火花塞有故障。

2. 拆下火花塞后的检查

工作正常的火花塞的绝缘体裙部呈赤褐色，电极无烧损，且电极间隙正常。若火花塞绝缘体顶端起疱、破裂或电极熔化、烧蚀，则表明火花塞已经烧坏，应更换新件。

（三）点火正时的检查

为保证汽缸中的混合气在正确的时间被点燃，在安装分电器或更换燃油品种时，要靠人工确定和调整初始点火提前角，通常将这一工作称为点火正时。点火正时是否正确对发动机的性能影响很大。点火时间过早会造成发动机的爆震燃烧，使发动机局部过热，燃料消耗增加，功率下降；点火时间过晚会使发动机燃烧所产生的最大压力下降，功率降低，经济性下降。因此，在发动机的使用与维修中，要确保点火正时的准确。

1. 就车检查点火正时

在就车判断点火正时时，应使发动机在正常工作温度（70～80 ℃）下怠速运转。当突然加速时，如果发动机转速急速提高并伴有短促而轻微的突爆声（轻微爆震），而后很快消失，则为点火正时准确；如果发动机转速不能随节气门开大而增大，发动机发闷且排气管出现"突突"声，则为点火过迟；如果发动机出现严重的金属敲击声，即爆震，则为点火过早。

2. 使用点火正时灯（仪）检查点火正时

查找并验证飞轮或曲轴前段皮带盘上一缸压缩终了上止点标记和点火提前角标记，擦拭使之清晰可见，如标记不清楚，最好用粉笔或油漆将标记描白。

将点火正时灯（仪）正确连接到汽车发动机上，将传感器夹到一缸高压线上。必要时接上转速表和真空表。启动发动机至正常工作温度状态，保持在怠速下稳定运转。打开正时灯，标记清晰可见，就如同固定不动一样。此时表头读数即为发动机怠速运转时的点火提前角。用同样的方法可分别测出不同工况、转速的点火提前角并记录。

（四）曲轴位置传感器的诊断与维修

1. 曲轴位置传感器的电阻检查

拔下曲轴位置传感器的导线连接器，用万用表的欧姆挡测量曲轴位置传感器上各个端子间的电阻，其值应符合标准值。如不符合，则需更换曲轴位置传感器。

2. 曲轴位置传感器输出信号的检查

拔下曲轴位置传感器的导线连接器，当发动机转动时，用示波器检查曲轴位置传感器上端子，应有信号输出。如果没有信号输出，则需要更换曲轴位置传感器。

3. 曲轴位置传感器线圈与信号转子的间隙检查

用塞尺测量信号转子与传感器凸出部分的空气间隙，若间隙不符合要求，则需要调整间隙。

(五)爆震传感器的检修

1. 爆震传感器的电阻检查

拔下爆震传感器连接接头,用万用表的欧姆挡测量爆震传感器的接线端子与外壳间的电阻。若导通,则需更换爆震传感器。

2. 爆震传感器输出信号的检查

拔下爆震传感器连接接头,当发动机在怠速时,用示波器检查爆震传感器的接线端子与搭铁间应有波形输出。如果没有,说明爆震传感器已损坏,需更换。

项目实施

实施要求

① 每组准备一台完好的发动机台架;
② 每组准备好万用表、正时灯和示波器;
③ 每组准备一份与该发动机台架对应的维修手册。

实施步骤

① 检查点火线圈,并记录检查数据;
② 检查火花塞,并记录检查数据;
③ 检查点火正时,并记录检查结果;
④ 检查曲轴位置传感器,并记录检查结果;
⑤ 检查爆震传感器,并记录检查结果。

考核评价

按表 4.2 所示标准对学习成果进行评价。

表 4.2 评价与考核标准

评价与考核项目		评价与考核标准	配分
知识点	组成	能够描述汽油发动机电控点火系统组成	10
	工作原理	能够描述汽油发动机电控点火系统工作原理	5
	仪器使用	能使用万用表、正时灯、示波器对电控点火系统进行检测	20

续表

评价与考核项目		评价与考核标准	配分
技能点	点火线圈的检查	能够完成测量绕组阻值和绝缘性的检查	10
	火花塞的检查	能够完成测量火花塞间隙和技术性能的检查	10
	点火正时的检查	能够正确使用正时灯检查发动机点火正时是否正确	10
	曲轴位置传感器的检查	能够正确使用示波器对曲轴位置传感器进行诊断	10
	爆震传感器的检查	能够正确使用示波器检查爆震传感器	10
情感点	纪律与劳动	不迟到、不早退,实训主动、积极、认真	5
	职业道德与敬业精神	具备良好的道德准则、道德情操与道德品质;能认真对待实训、明确职责、勤奋努力	5
	团结协作与创新精神	能与同学和谐相处、互补互助、协调合作,充分发挥自己的个性,圆满完成实训任务;能够综合运用自己的知识、信息、技能和方法,对遇到的问题能提出新方法、新观点	5
合　计			100

注:出现安全事故或不按规范操作,损坏仪器、设备,此任务成绩计0分。

拓展知识

一、电控点火系统检修注意事项

汽车的电子点火系统,与传统的触点点火系统相比,具有性能优良、故障率低,不需要经常维护、保养等优点,但在检修时必须注意以下事项:

① 在发动机启动和工作时,不要用手触摸点火线圈、高压线和分电器等,以免被电击。

② 在检查点火系统电路故障时,不要用刮火的方式来检查电路的通、断,因其容易损坏电子元器件。正确的方法是应该用万用表来检查电路的通、断。

③ 进行高压试火时,要注意避免被电击。方法一:用绝缘的橡胶夹子夹住高压线进行检验;方法二:将高压导线插入一只备用火花塞,然后将火花塞外壳搭铁,从火花塞电极间隙观察是否跳火。要避免因电压过高而损坏电子点火控制器。

④ 在点火开关接通的状况下,不要做连接或切断线路的操作。

⑤ 在拆卸蓄电池时必须确认点火开关和其他所有的用电设备都已关闭。

⑥ 安装蓄电池时,一定要认清正、负极,千万不能接错。蓄电池极性与线夹的连接一定要牢固,否则容易损坏电子设备。

⑦ 在检查曲轴位置传感器时,应注意以下两点:

• 对于磁感式电子点火系统,在打开分电器盖时,不要让垫片、螺钉等金属物掉入其内。在检查导磁转子与定子之间的气隙时,要用无磁性厚薄规,并注意不要硬塞强拉。

• 对于光电式电子点火系统,不要轻易打开分电器盖子;在确需打开检查时,要注意避免尘土对发光、光敏元件和遮光转子造成污损。

⑧ 在用干电池模拟点火信号检查电子点火控制时，测量操作要迅速，干电池连接时间不应超过 5 秒。

⑨ 霍尔效应式电子点火系统，在检查、维修时，可能会产生高压放电现象。为避免对人身和点火系统的意外伤害和损坏，须注意：

- 在进行检查和维修前，应先切断电源，再按要求进行。
- 维修时使用的外接电源电压必须严格控制在 16 V 以下。当电压达到 16～16.5 V 时，接通时间不允许超过 1 分钟。
- 要拖动装有霍尔式电子点火系统的汽车，应首先切断点火系统的电源。
- 点火线圈的负接线柱不允许与电容相接。
- 不管在什么情况下，只允许使用阻值为 1 kΩ 的分火头，不得用其他阻值的电阻代替防止电磁干扰的 1 kΩ 阻尼电阻，火花塞插头阻值应在 1～5 kΩ。

⑩ 维修电子点火系统，特别是无分电器点火系统时，要绝对避免吊火或错接高压线。因为错接高压线将导致点火次序错乱，造成装在点火模块内的电子点火正时电路在运转间开路或对地短路。为了防止错接高压线，在维修无分电器电子点火系统时，建议每次只拆装一根高压线。

二、电控点火系统故障

（一）故障一

1. 故障现象

冷车时较易启动，当发动机水温达到正常水温后，运转稳定性逐渐下降，并伴有启动机小齿轮与发动机飞轮齿环之间撞齿声。当发动机周围的环境温度升高时，发动机开始剧烈抖动直至停止运转，再次启动便很困难。根据上述现象，通过用新、旧点火线圈作高低温高压试火对比试验，发现该点火线圈总成中的二极管和次级线圈被击穿。

2. 故障分析与排除

因为冷车时，点火线圈和二极管击穿现象都不十分明显，尚可维持工作。当发动机达正常工作温度后，点火线圈的温度因环境温度升高而升高，所以绝缘等级下降，次级发生击穿短路，点火电压降低，火花塞断火，发动机停止运转。又因在该点火线圈总成中的二极管是防止流入附加电阻的电流倒流到启动机电磁开关的。所以当该二极管在高温下被击穿时，将使启动机电磁开关带电，启动机小齿轮前移，导致启动机小齿轮与发动机飞轮齿环发出撞齿的敲击声，同时也削弱了点火线圈的初级电流，造成发动机的一系列故障。更换点火线圈总成后，故障排除。

（二）故障二

1. 故障现象

一辆 2007 年出厂的丰田凯美瑞轿车，该车发动机启动后，怠速一切正常，但高速运行较长时间就会偶尔出现抖动现象。当此故障出现时，感觉动力不足，转速上不去，跟缺缸情形类似。待发动机冷却以后，再发动，开始时一切正常，高速跑一段后，又出现此现象。

2. 故障分析与排除

冷车启动和热车阶段发动机均能正常运行，只有当高速运转一段时间之后，才出现故障，所以认为此类故障现象的出现与发动机的运行条件有很大关联。考虑到此车总是运行一段时间后出现了故障,特别是高速运转时更容易出现,而此时发动机已进入正常运行状态,根据以往经验,怀疑发动机大负荷运转时混合气存在不足、过稀或失火情况。

首先检查进气系统。对进气管连接处进行检查,没有异常;启动发动机怠速运转,此时发动机运转平顺,没有故障迹象;测量热线式空气流量计和节气门位置传感器信号,有信号输出,并且能随发动机工况变化,符合技术要求。

接着进行燃油压力检查。接上压力表,由于凯美瑞采用无回油燃油供给系统,无论负荷和转速如何变化,油压表测得油压始终为 285 kPa 符合要求;把喷油器插头拔出,测量供电端电压为 14 V,正常;拔出各缸一体式点火器和点火线圈,插入火花塞并靠近缸体,能跳火,并且火花强度足够。

最后驾驶汽车在外边跑了一段。大概 20 分钟后,故障现象又出现。此时无论是高速还是低速,发动机都有抖动现象,动力明显不足,排气有黑烟出现。根据这一现象,认为有的汽缸不工作而燃油还在继续喷射。所以又重新拔出各缸一体式点火器和火花塞,这时发现 1 缸火花塞打火比较弱,而且明显有断断续续的现象,这时候,可以断定是 1 缸点火电路出现问题了。

从点火系统的结构与原理分析,初步判断是点火线圈而不是点火器有问题。但由于这套点火系统采用一体式点火器,不能单独测试点火线圈,所以试着把 2 缸的点火线圈整个换到 1 缸控制线上测试,发现此时火花塞能跳火,火花明显,没有停断。

确认故障后,换上个同型号的点火线圈,装车复试,一切正常,故障排除。刚开始诊断分析的时候,一直以为是发动机在高速后才会出现故障,所以走了一些弯路。其实故障是发动机工作一段时间后就会出现的,与发动机转速高低无关,当然,汽车高速行驶时,该故障会更快显示出来。

思考与练习

1. 电控点火系统由哪些部件组成?主要优点有哪些?
2. 影响发动机点火提前角的因素有哪些?
3. 发动机电控单元是如何对爆震进行反馈控制的?
4. 如何检查发动机点火正时是否正确?
5. 如何使用示波器对曲轴位置传感器进行诊断?
6. 如何使用示波器检查爆震传感器?
7. 电控点火系统检修注意事项有哪些?

项目五

排气净化与排放控制系统故障的检修

项目要求

汽车排放的有害污染物已成为大气污染的主要来源。为减少汽车使用过程中对大气环境的污染,现代汽车对发动机采取了多项控制措施以净化有害物和减少有害物排放。增加排放净化的措施主要有采用三元催化转化器及空燃比反馈控制、废气再循环(EGR)控制以及二次空气喷射控制等。在本项目中通过布置各项学习任务,使学生分组后在老师的指导下经过信息收集、制订检修计划、实施任务等环节,利用数字万用表、示波器、汽车解码器等工、量具和汽车排放系统教学台架等,完成排气净化与排放控制系统的理论知识学习和检修任务,从而真正掌握汽车排气净化与排放控制系统检修的专业知识和职业技能。

 知识要求

① 了解汽车排气净化主要措施、排放控制系统的基本控制内容和方法;
② 熟悉排气净化与排放控制系统的基本组成、工作原理及控制过程;
③ 掌握汽车排放控制系统故障类型、诊断原理及操作方法。

 能力要求

① 能用故障诊断仪对排放控制系统进行读故障码、数据流、动作等测试;
② 能用万用表对排放控制系统进行测量并分析;
③ 能用示波器测量排气控制系统数据波形并进行分析;
④ 能排除排气净化与排放控制系统的各种故障,使之恢复正常功能。

相关知识

一、排放控制系统

排气污染是汽车的三大公害(噪声、电磁干扰和排气污染)之一。汽车发动机排入大气中的有害气体成分主要是氮氧化合物(NO_x)、碳氢化合物(HC)和一氧化碳(CO)等。各国对汽车发动机排放的控制和净化都进行了大量的研究工作,所采用的技术措施大致可分为对发动机本身的改进和增加排放净化装置这两种。由于对发动机本身的改进较难满足日益严格的排放法规和降低成本等要求,因此,现代汽车采用了多种排放控制系统来减少汽车的排气污染,主要有燃油蒸发排放(EVAP)控制系统、废气再循环(EGR)控制系统、氧传感器及三元催化转化(TWC)控制系统和二次空气喷射控制系统等。

二、燃油蒸发排放控制系统

EVAP控制系统的功能是收集燃油箱和浮子室(化油器式汽油机)内蒸发的燃油蒸气,并将燃油蒸气导入汽缸参加燃烧,从而防止燃油蒸气被直接排入大气而造成污染。同时,还根据发动机工况,控制导入汽缸参加燃烧的燃油蒸气量。

(一) EVAP控制系统的组成与工作原理

EVAP控制系统是为防止燃油箱内的燃油蒸气排入大气产生污染而设的,在装有EVAP控制系统的汽车上,燃油箱盖上只有空气阀,而不设蒸气放出阀。EVAP控制系统的组成如图5.1所示。

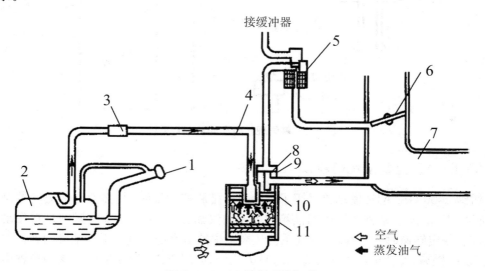

图 5.1 EVAP控制系统组成

1-油箱盖;2-油箱;3-单向阀;4-排气管;5-电磁阀;6-节气门;7-进气门;8-真空阀;9-真空控制阀;10-定量排放阀;11-活性炭罐

活性炭罐与油箱之间设有排气管和单向阀,燃油箱内的燃油蒸气超过一定压力时,顶开单向阀经排气管进入活性炭罐,活性炭罐内的活性炭将燃油蒸气吸附在炭罐内。发动机工作时,活性炭罐内的燃油蒸气经定量排放孔、吸气管被吸入进气管。活性炭罐的上端设有一个真空控制阀,真空控制阀为膜片阀,膜片上方为真空室,控制阀用来控制定量排放孔的开或闭。真空控制阀与进气管之间的真空管路中设有受 ECU 控制的电磁阀,用以调节真空控制阀上方真空室的真空度,改变真空控制阀的开度,从而控制吸入进气管的燃油蒸气量。为防止活性炭罐内的燃油蒸气被吸入进气管后使混合气变浓,活性炭罐下方设有进气滤芯并与大气相通,使部分清洁空气与活性炭罐内的燃油蒸气一起被吸入进气管。

有些发动机上的 EVAP 系统不采用 ECU 控制,即真空控制阀与进气管之间的真空管路中不安装受 ECU 控制的电磁阀,真空控制阀的开度直接由真空度控制,真空管口设在靠近节气门全闭位置的上方。发动机转速一定时,随发动机负荷(节气门开度)的增大,真空管口处的真空度增加,真空控制阀的开度增大;随发动机负荷减小,真空控制阀开度也减小。

图 5.2 所示为韩国现代轿车装用的电控 EVAP 系统。这个系统的活性炭罐上不设真空控制阀,而是将受 ECU 控制的电磁阀直接装在活性炭罐与进气管之间的吸气管中。ECU 根据节气门位置传感器、冷却液温度传感器和进气温度传感器信号控制电磁阀通电或断电,电磁阀控制活性炭罐与进气管之间的吸气通道。发动机怠速(进气量较少)或温度较低时,ECU 使电磁阀断电,关闭吸气通道,活性炭罐内的燃油蒸气不能被吸入进气管。

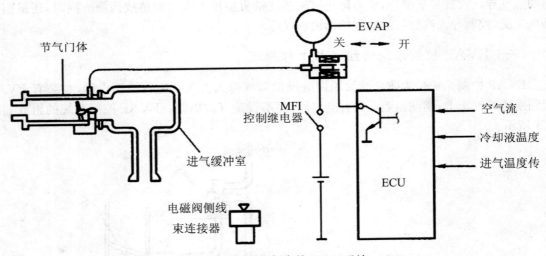

图 5.2 韩国现代轿车的 EVAP 系统

(二) EVAP 控制系统的检修

桑塔纳 2000 GSi AJR 发动机采用了燃油蒸发排放控制系统(其称为汽油蒸气控制回收系统,简称 AKF 系统)。活性炭罐吸附油箱中挥发的汽油蒸气,活性炭罐电磁阀是在发动机达到工作温度和一定转速时才打开,让进气系统从炭罐中抽出汽油蒸气并引入节气门处。电磁阀由发动机 ECU 操纵,发动机不工作及怠速时是关闭的,此时 ECU 切断了电磁阀的搭铁电路。活性炭罐的安装位置、活性炭罐电磁阀的连接线路如图 5.3(a)和图 5.3(b)所示。

项目五 排气净化与排放控制系统故障的检修　107

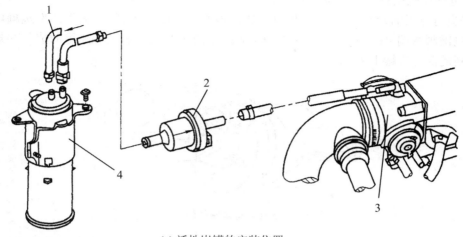

(a) 活性炭罐的安装位置

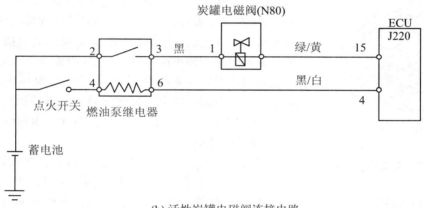

(b) 活性炭罐电磁阀连接电路

图 5.3　AJR 发动机活性炭罐及其电磁阀

1-来自油箱；2-活性炭罐电磁阀；3-节气门前进气通道；4-活性炭罐

1. 活性炭罐的检修

检查管路有无破损或漏气，活性炭罐壳体有无裂纹，每行驶 20 000 km 应更换炭罐底部的进气滤芯。

2. 活性炭罐电磁阀(N80)的检修

在检修前，可对活性炭罐电磁阀进行简单的就车检查。启动发动机，用手触摸活性炭罐电磁阀，应有明显的振动感。关闭点火开关时，应能听到电磁阀关闭的声音。如没有上述现象，应检查活性炭罐电磁阀及电磁阀线束。

(1) 动作的检测

用发光二极管检测灯 V. A. G1527 连接活性炭罐电磁阀插头的两个端子。进入"执行元件诊断"功能，按"＋"键选择"活性炭罐电磁阀(N80)"，这时检测灯应闪亮。如果试灯不闪或者常亮，则用检测箱 V. A. G1598/22 连接发动机 ECU 插头。如果不闪亮，则检查活性炭罐电磁阀插头端子 2 和测试盒端子 15 间的线路对正极有无开路或短路。如果常亮，则检查活性炭罐电磁阀插头端子 2 和测试盒端子 15 间的线路是否短路。若没有，则更换发动机控制单元 ECU。

(2) 电气性能检查

首先进行电阻的检测,然后进行供电电压的检测。关闭点火开关,拔下活性炭罐电磁阀插头,测量电磁阀两端之间的电阻(图 5.4),标准值为 22～30 Ω。如果所测得的值不在规定范围内,更换新的活性炭罐电磁阀。

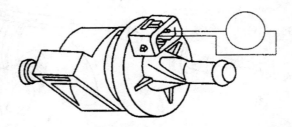

图 5.4　活性炭罐电磁阀的电阻测量

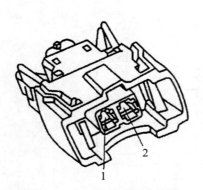

图 5.5　活性炭罐电磁阀的插头

如图 5.5 所示,打开点火开关让发动机怠速运转,用万用表检测插头端子 1 与搭铁间的电压,应为 12 V(蓄电池电压)。当用发光二极管检测灯 V.A.G1527(或由一个发光二极管串联 300 Ω 电阻)连接插头端子 1 和发动机搭铁点时,检测灯应当闪亮。如果检测灯不闪亮,应检查插头端子 1 和熔丝之间的线路。如果线路正常,检测汽油泵继电器(活性炭罐电磁阀的电源供应也经过汽油泵继电器控制)。若检测灯常亮,应检查端子 2 到 ECU 间线路有无对地短路现象。

(3) 密封性检验

拔下活性炭罐电磁阀的连接软管,将一辅助软管连接到阀的接口上,连接电磁阀插头,连接专用诊断仪 V.A.G1551,进入"执行元件诊断"功能,按"+"键选择"活性炭罐电磁阀"。执行元件诊断过程中,对准电磁阀进气孔吹气,检查电磁阀开、闭是否良好。如果需要,更换新的活性炭罐电磁阀。

三、废气再循环控制系统

NO_x 是空气中的氮气与氧气在高温、高压条件下形成的。发动机排出的 NO_x 的量主要与汽缸内的最高温度有关,汽缸内最高温度越高,排出的 NO_x 量越多。

废气再循环(EGR)是指发动机废气的一部分再送回进气歧管,并与新鲜的混合气混合后一起进入汽缸参加燃烧。由于废气中含有大量的 CO_2,而 CO_2 不能燃烧却吸收大量的热,使汽缸中混合气的燃烧温度下降,所以可以减少 NO_x 的排放量。目前,废气再循环是减少 NO_x 排放的主要方法。

在新鲜的混合气中掺入废气之后,混合气的热值降低,致使发动机的有效功率下降。为保证发动机正常工作和性能不受过多影响,做到既能减少 NO_x 的排放又能保持发动机的动力性,必须根据发动机工况的变化控制废气再循环量,即根据发动机的进气温度及负荷适当地控制进入进气歧管的废气量。NO_x 的生成量随发动机负荷的增大而增多,因此,再循环的废气量也应随负荷而增加。当发动机冷却液温度较低或处于怠速及小负荷运转时,NO_x 的生成量少,为了保持发动机运转的稳定性,不进行废气再循环;发动机已达到正常工作温度,而且处于大负荷运转工况时,NO_x的生成量较多,此时,应引入废气,并随发动机负荷的增大相应地增加引入的废气量。在全负荷或高转速下工作时,为了使发动机有足够的动力性也不进行废气再循环。

再循环的废气量由 EGR 阀自动控制。EGR 阀安装在废气再循环通道上(图 5.6),废气再循环通道的一端通排气门,另一端连接进气歧管。当 EGR 阀开启时,部分废气从排气门经废气再循环通道进入进气歧管,进行废气再循环。EGR 阀一旦关闭,废气再循环随即终止。

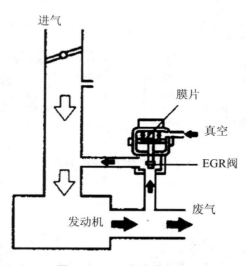

图 5.6　EGR 阀安装位置

控制 EGR 阀开启或关闭的方法很多,下面分别说明其结构和工作原理。

(一) 真空直接控制 EGR 阀

真空直接控制的 EGR 阀的结构及其工作原理如图 5.7 所示。进气管真空度经真空传送管传入膜片室。当真空度较小或没有真空度时,在膜片弹簧的作用下,锥阀将废气再循环通道关闭(图 5.7(a));当真空度较大时,膜片、膜片推杆和锥阀一起向上提起,将废气再循环通道打开(图 5.7(b))。废气再循环通道开启的程度取决于进气歧管真空度的大小,因此当节气门开度和发动机转速变化时,再循环的废气量将会自动地得到调节。

(二) 正背压 EGR 阀

正背压 EGR 阀利用废气背压传送阀(BPV)来控制作用在 EGR 阀膜片室内的真空度,借以控制 EGR 阀的开闭。正背压 EGR 阀的结构及工作原理如图 5.8 所示。在膜片的上方设有废气背压传送阀(BPV),在膜片上加工有通气孔,当 BPV 开启时,膜片室与大气连通。在 BPV 下面装有 BPV 弹簧,使 BPV 保持常开。发动机工作时,废气再循环通道内的废气压力经膜片推杆的中心孔作用在膜片上。当发动机转速较低或节气门开度很小时,废气压力不大,不足以使 BPV 关闭。这时由于膜片室与大气连通,致使传到膜片室的真空度被减弱或消除,锥阀保持关闭(图 5.8(a))。当废气压力增大时,膜片被推动向上并将 BPV 关闭,使膜片室与大气的通路隔断,这时进气管真空度传到膜片室,吸引膜片、膜片推杆和锥阀一起向上提起,使废气再循环通道开启(图 5.8(b))。

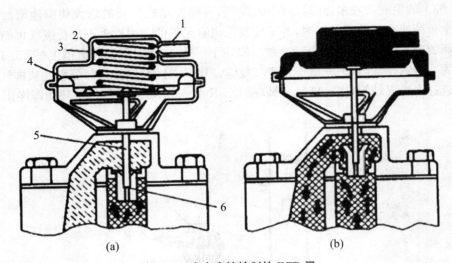

图 5.7 真空直接控制的 EGR 阀

1-真空传送管;2-膜片室;3-膜片弹簧;4-膜片;5-膜片推杆;6-锥阀

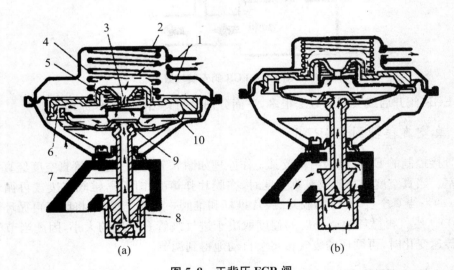

图 5.8 正背压 EGR 阀

1-真空传送管;2-膜片室;3-BPV;4-膜片弹簧;5-BPV 弹簧;6-通气孔;7-膜片推杆;8-锥阀;9-导流板;10-膜片

(三)电子控制 EGR 阀

电子控制 EGR 系统由 EGR 阀、EGR 控制电磁阀及相应的废气管道和真空管道组成,如图 5.9 所示。ECU 根据点火开关、曲轴位置传感器、节气门位置传感器和冷却液温度传感器等输入的信号,判定发动机运转工况,并控制电磁阀通电或断电。当 ECU 对 EGR 控制电磁阀通电时,电磁阀开启,进气管的真空经真空通道传送到 EGR 阀膜片室,使 EGR 阀开启,部分废气经废气再循环通道进入进气歧管。当 ECU 对 EGR 控制电磁阀断电时,电磁阀关闭,隔断了通向 EGR 阀膜片室的真空通道,EGR 阀关闭,不进行废气再循环。当发动机处于以下工况时取消废气再循环:启动状态;发动机冷却液温度低于 50 ℃;节气门位置传感器的怠速触点接通;发动机低速、小负荷运转(转速低于 1 000 r/min 左右);发动机高速运转(转速高于 4 500 r/min);突然加速或减速。

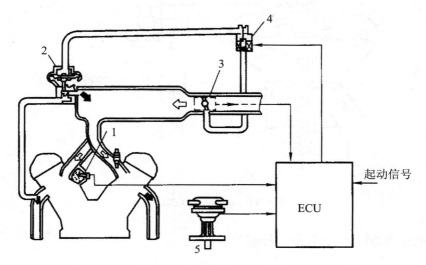

图 5.9 电子控制 EGR 系统
1-冷却液温度传感器;2-EGR 阀;3-节气门位置传感器;4-EGR 控制电磁阀;
5-曲轴转速和转角传感器

EGR 控制电磁阀的结构如图 5.10 所示,它主要由阀体、阀芯、弹簧和电磁线圈等组成。在 EGR 控制电磁阀的电磁线圈通电时,阀芯被弹簧顶紧,通大气阀口关闭,进气歧管与 EGR 阀真空室相通;EGR 控制电磁阀的电磁线圈不通电时,阀芯在磁场力的作用下下移,真空通道被截断,而此时通大气阀口开启,EGR 阀真空室与大气相通。

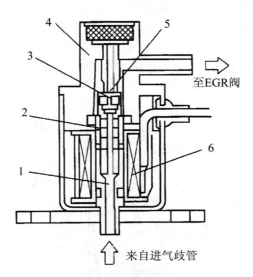

图 5.10 电子控制 EGR 系统
1-真空通道;2-弹簧;3-阀芯;4-阀体;5-通大气阀口;6-电磁线圈

EGR 阀的结构与工作情况如图 5.11 所示。

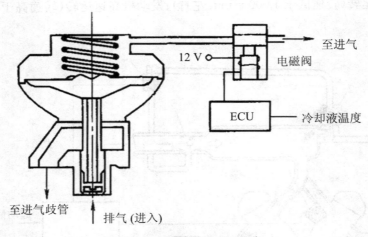

图 5.11 电子控制 EGR 系统

(四)电子控制 EGR 系统的检修

EGR 控制系统工作不良,会造成发动机排气污染增加、功率下降、怠速运转不稳定甚至熄火。

1. 初步检查

对于 EGR 控制系统,应首先检查其真空软管有无破损,接头处有无松动、漏气等;若无,再作进一步检查。

2. 就车检查

启动发动机,使发动机怠速运转。将手指按在 EGR 阀上(图 5.12),检查 EGR 阀有无动作。在冷车状态下踩下加速踏板,使发动机转速上升至 2 000 r/min 左右,此时手指上应感觉不到 EGR 阀膜片动作(RGR 阀不工作)。在发动机热车(冷却液温度高于 50 ℃)后再踩下加速踏板,使发动机转速上升至 2 000 r/min 左右,此时手指应能感觉到 EGR 阀膜片的动作(EGR 阀开启)。若 EGR 阀不能按上述规律动作,则 EGR 控制系统工作不正常,应检查该系统的各零部件。

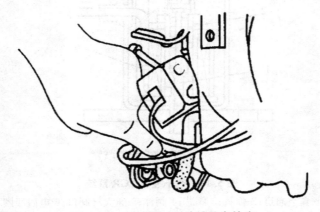

图 5.12 EGR 控制系统的就车检查

3. EGR 控制电磁阀的检查

将点火开关置于"OFF"位置,拔下 EGR 控制电磁阀线束插接器,用万用表欧姆挡测量电磁阀电磁线圈的电阻,应符合规定(一般为 20~50 Ω);否则,应更换 EGR 控制电磁阀。

拔下与 EGR 控制电磁阀相连的各真空软管,从发动机上拆下 EGR 控制电磁阀。在 EGR 控制电磁阀的电磁线圈不按电源时检查各管口之间是否通气。此时,电磁阀上的管接口 A 与 B、A 与 C 之间应不通气,但管接口 B 与 C 之间应通气,如图 5.13(a)所示;否则,EGR 控制电磁阀损坏,应更换。给 EGR 控制电磁阀线圈接上电源(图 5.13(b))。此时,电磁阀管接口 A 与 B 之间应通气,而管接口 A 与 C、B 与 C 之间应不通气;否则,EGR 控制电磁阀损坏,应更换。

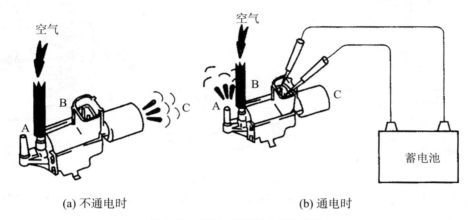

(a) 不通电时　　　　　　　　(b) 通电时

图 5.13　EGR 控制电磁阀的检查

4. EGR 阀的检查

启动发动机,使发动机怠速运转。拔下连接 EGR 阀与 EGR 阀的真空软管。用手动真空泵对 EGR 阀真空室施加 19.95 kPa 的真空度。若此时发动机怠速运转情况变坏甚至熄火,说明 EGR 阀工作正常;若发动机运转情况无变化,则是 EGR 阀损坏,应更换。

四、二次空气喷射系统

很多汽车发动机装有二次空气喷射系统,目的是进一步降低排气中的有害物以及提高催化剂的转化率。虽然二次空气喷射系统有各种各样的结构,但其功用基本相同,即将一定量的新鲜空气经空气喷管喷入排气管或催化转化器,使废气中的 CO 和 HC 进一步氧化或燃烧成为 CO_2 和 H_2O,以减少 CO 和 HC 的排放。为了区别发动机的正常进气,把这种将新鲜空气喷入排气管的过程称为二次空气喷射。二次空气喷射是最早使用的减少污染物排放的办法,在采用催化转化器以后,这一方法仍然被采用。

二次空气喷射有两种方法:一是空气泵系统,即利用空气泵将压缩空气导入排气系统;另一种方法是脉冲空气系统,即利用排气压力将空气导入排气系统。

(一) 空气泵系统

图 5.14 所示为电子控制空气泵二次空气喷射系统,它由空气泵、旁通线圈及旁通阀、分流线圈及分流阀、空气分配管、空气喷管和单向阀等组成。空气泵通常由发动机驱动,空气泵产生的低压空气称作二次空气。在分流阀与排气道之间以及分流阀与催化转换器之间垃装有单向

止回阀,以防止废气进入二次空气喷射系统。分流线圈及旁通线圈由电控单元ECU控制,当接通发动机点火开关之后,电源电压便施加到两个线圈的绕组上,ECU通过对每个绕组提供搭铁使线圈通电。

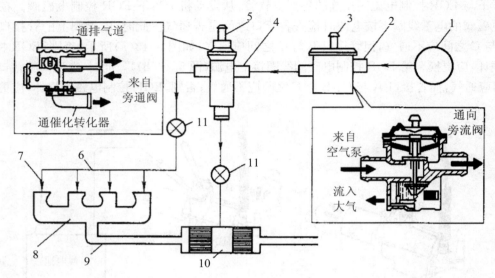

图 5.14　二次空气喷射系统

1-空气泵;2-旁通阀;3、5-真空管;4-分流阀;6-空气分配管;7-空气喷管;8-排气歧管;9-排气管;10-催化转化器;11-单向阀

当发动机启动之后,ECU不给旁通线圈和分流线圈通电,于是这两个线圈同时把通向旁通阀和分流阀的真空隔断,这时空气泵送出的空气经旁通阀进入大气。这种状态称作启动工作状态,其持续时间的长短取决于发动机的温度。如果发动机温度很低,启动工作状态将持续较长时间。

发动机在预热期间,ECU同时使旁通线圈和分流线圈通电。这时进气管真空度分别经通线圈和分流线圈传送到旁通阀和分流阀。空气泵送出的空气此时经旁通阀流入分流阀,再由分流阀流入空气分配管,最后由空气喷管喷入排气道。

当发动机在正常的冷却液温度下工作时,ECU只给旁通线圈通电而不给分流线圈通电,通向分流阀的真空度被分流线圈隔断。这时,空气泵送出的空气经旁通阀进入分流阀,再经分流阀进入催化转化器。

（二）脉冲空气系统

同空气泵系统相比,脉冲空气系统不需动力源注入空气,而是依靠大气压与废气真空脉冲之间的压力差使空气进入排气歧管,因此,减少了成本及功率消耗。

脉冲空气系统工作原理如图5.15所示。空气来自空气滤清器,发动机控制单元ECU控制电磁阀的打开及关闭,电磁阀与单向阀相连排气中压力是正负交替的脉冲压力波。当发动机以较低转速运转时,ECU控制电磁阀打开,进气歧管真空吸起脉冲空气喷射阀的膜片使阀开启,此时由于排气压力为负,空气由滤清器通过脉冲空气喷射阀进入排气口,令排出的HC进一步燃烧,故可降低HC的排放量;当排气压力为正时,脉冲空气喷射阀内的单向阀关闭,所以空气不会反向流动而返回进气管。由此可见,脉冲式二次空气喷射系统在发动机转速较低时,降低

HC 排放的效果更好。

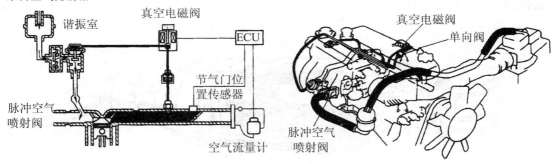

图 5.15 脉冲空气系统工作原理与结构组成

（三）二次空气喷射系统的检修

仔细观察二次空气喷射系统所有的管道及管接头,任何管道及接头出现孔洞导致漏空气或漏废气,就应更换掉。当空气泵工作不良时,应检查单向阀的情况,看是否有废气倒流现象,以防止损坏空气泵。二次空气吸入阀损坏(常通)等,会导致怠速不稳、加速无力。

对于带驱动型空气泵,应检查驱动带是否磨损以及是否有足够的张力。

五、三元催化转化器与空燃比反馈控制系统

三元催化转化器(TWC)安装在排气管中部消声器内,其功能是利用含有铂(Pt)、钯(Pd)、铑(Rh)等贵金属的催化剂在 300~900 ℃的温度下将发动机排出废气中的 NO_x、HC、CO 等有害气体转化为无害气体,从而实现对废气的净化,其化学反应过程如图 5.16 所示。

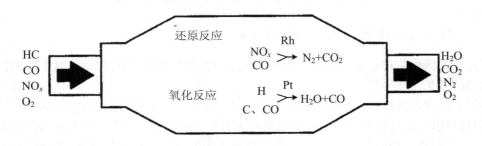

图 5.16 三元催化转化器化学反应过程

（一）三元催化转化器的结构原理

如图 5.17 所示,三元催化转化器一般由金属外壳、隔热减震衬垫、催化剂载体和催化剂组成。载体一般用陶瓷制造(也有金属的)而成,可分为颗粒形和蜂巢形两种类型,三元催化转化剂(铂或钯和铑的混合物)就涂附在很薄的孔壁上。颗粒形将催化剂沉积在颗粒状氧化铝载体表面,蜂巢形将催化剂沉积在蜂巢状氧化铝载体表面。作为催化剂载体的氧化铝表面都有形状

复杂的表面,以增大催化剂与废气的实际接触面积。废气通过时,三元催化转化器利用铂(或把)作催化剂使尾气中的 CO、HC 氧化,同时又利用铑作催化剂使尾气中的 NO_x 还原,生成 CO_2、H_2O 和 N_2 等无害气体。

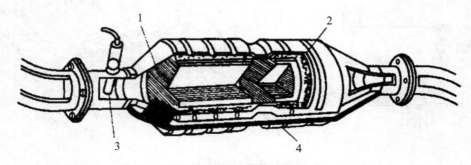

图 5.17 三元催化转化器的结构
1-载体(催化剂);2-衬套;3-氧传感器;4-外壳

三元催化转化器一般为整体不可拆卸式,丰田雷克萨斯 LS400 轿车三元催化转化器装置的安装位置如图 5.18 所示,该车型装用 V 型发动机,左右排气管上各装一个三元催化转化器。

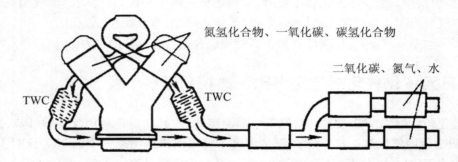

图 5.18 雷克萨斯 LS400 三元催化转化器安装位置

(二)影响三元催化转化器转换效率的因素

三元催化转化器将有害气体转变成无害气体的效率受诸多因素的影响,其中影响最大的是混合气的浓度和排气温度。

催化剂的表面活性作用是利用排气本身的热量激发的,其使用温度范围以活化开始温度为下限,以过热引起催化转换器故障的极限温度为上限。一般排气中有害成分开始转化需温度超过 250 ℃,发动机启动预热 5 min 后,才能达到此下限温度。一旦活化开始,催化床便因反应放热而自动地保持高温。保持催化转换器高净化率、高使用寿命的理想运行条件的使用温度为 400~800 ℃,使用温度的上限为 1 000 ℃。当发动机的排气温度超过 815 ℃时,三元催化转化器的转化效率将明显下降。为此有些发动机装有排气温度报警装置,当报警装置发出报警信号时,应停机熄火,查明排气温度过高的原因,予以排除。在使用中,排气温度过高一般是由于发动机长时间在大负荷工况下工作或因故障而导致燃油燃烧不完全。

三元催化转化器的转换效率与混合气浓度的关系曲线如图 5.19 所示,只有在理论空燃比 14.7∶1 附近很窄的范围内,对废气中三种有害气体(CO、HC、NO_x)的转换效率才比较高。超出这个范围,就会出现虽然 CO 和 HC 排放正常,但 NO_x 排放大幅度上升;或者虽然 NO_x 排放正常,但 CO 和 HC 排放大幅度上升的情况。为将实际空燃比精确控制在标准的理论空燃比附近,在装用三元催化转化器的汽车上,一般都装有用来检测废气中氧浓度的氧传感器。氧传感器信号输送给 ECU 后,可被用于对空燃比进行反馈控制,即电控燃油喷射系统的闭环控制。

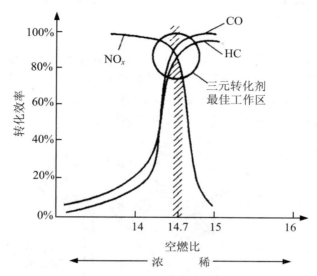

图 5.19 三元催化转化器转化效率与混合气浓度的关系

电控燃油喷射系统的闭环控制原理如图 5.20 所示。在开环电控燃油喷射系统中,ECU 只是根据转速信号、进气量信号、冷却液温度信号等确定喷油量,以控制空燃比,但并不对实际控制的空燃比是否精确进行检测。在闭环电控燃油喷射系统中,氧传感器安装在三元催化转化器与发动机之间的排气管上,其将检测到的废气中氧浓度信号输送给 ECU,ECU 根据此信号对喷油器的喷油量进行修正,使实际的空燃比更接近理论空燃比。

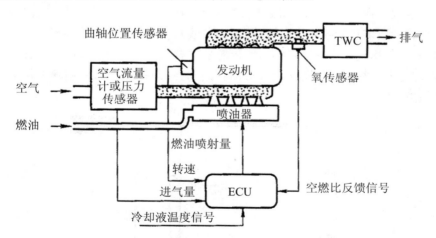

图 5.20 电控燃油喷射系统的闭环控制原理

在装有氧传感器的电控燃油喷射发动机上,电控燃油喷射系统并不是在所有工况下都进行闭环控制,在发动机启动工况、怠速工况、暖机工况、加速工况、全负荷工况及减速断油工况等工况下,发动机不可能以理论空燃比工作,仍采用开环控制方式。此外,氧传感器温度在 400 ℃ 以下以及氧传感器或其电路发生故障时,也只能采用开环控制。电控燃油喷射系统进行开环控制还是进行闭环控制,由 ECU 根据相关输入信号确定。

另外,三元催化转化器也经常由于排气中的铅化物、炭烟、焦油等的污染而被损坏。硫、铅、磷、锌等元素极易吸附在催化转化器上,催化剂对之非常敏感,易"慢性中毒",从而导致活性降低。因此,为了提高催化转化器的使用寿命,应使用无铅汽油和对磷有严格控制的专用电喷机油。

(三) 氧传感器

氧传感器安装在发动机排气管上,如图 5.21 所示。其作用是通过监测排气中氧离子的含量来获得混合气的空燃比信号,并将该信号转变为电信号输入 ECU。ECU 根据氧传感器信号,对喷油时间进行修正,实现空燃比反馈控制(闭环控制),从而将空燃比控制在理论值 14.7∶1 附近,使发动机得到最佳浓度的混合气,从而降低有害气体的排放和节约燃油。

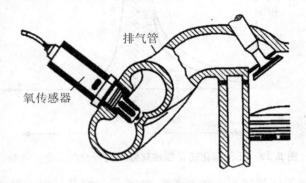

图 5.21 氧传感器的安装位置

氧传感器可分为氧化锆式和氧化钛式两种类型,其中应用最多的是氧化锆式氧传感器。

1. 氧化锆式氧传感器

氧化锆式氧传感器的基本元件是由二氧化锆(ZrO_2)固体电解质粉末中添加少量添加剂烧结而成的氧化锆陶瓷管,亦称锆管,如图 5.22 所示。锆管固定在带有安装螺纹的固定套中,内外表面均覆盖着一层多孔铂膜作为电极,并用金属线与传感器信号输出端子连接,其内表面与大气接触,外表面与排气管中废气接触。氧传感器的接线端有一个金属护套,其上开有一个小孔,使锆管内腔与大气相通。为防止废气对铂膜的腐蚀,锆管外表面的铂膜上覆盖有一层多孔氧化铝陶瓷保护层。

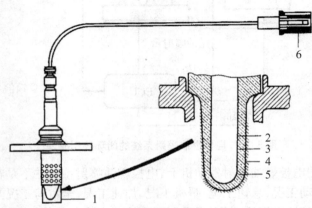

图 5.22 氧化锆式氧传感器

1-保护套管;2-内表面铂电极层;3-氧化锆陶瓷区;4-外表面铂电极层;5-多孔氧化铝保护层;6-线束接头

氧化锆必须在温度超过300 ℃的环境中才能正常工作。早期使用的氧传感器靠排气加热，必须在发动机启动运转数分钟后才能开始工作，它只有一根接线与ECU相连(图5.23(a))。现在，大部分汽车使用带加热器的氧传感器(图5.23(b))，这种传感器内有一个电加热元件，可在发动机启动后的20～30 s内迅速将氧传感器加热至工作温度。加热型氧化锆式氧传感器有三根接线与ECU相接，电路如图5.24所示。

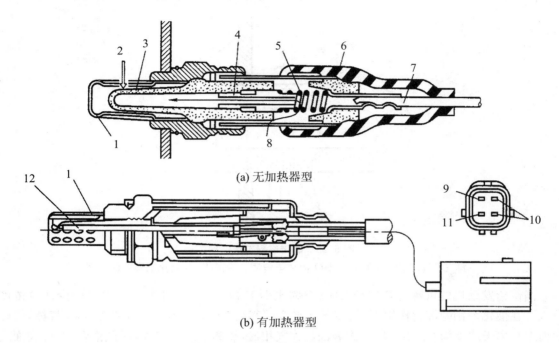

图 5.23　两种不同的氧化锆式氧传感器

1-保护套管；2-废气；3-锆管；4-电极；5-弹簧；6-绝缘体；7-信号输出导线；8-空气；9-接地；10-加热器接线端；11-信号输出端；12-加热器

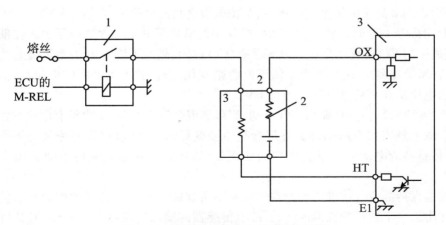

图 5.24　两种不同的氧化锆式氧传感器

1-主继电器；2-氧传感器；3-ECU

锆管的陶瓷体是多孔的，空气中的氧离子在二氧化锆固体电解质中容易通过，当这些电解质的表面与内部之间氧气的浓度不同（即存在浓度差）时，氧气浓度高处的氧离子就会向浓度低的一侧扩散,以求达到平衡状态。当固体电解质表面集中设置多孔电极之后,在其两个表面之间就可得到电动势 E。因为锆管内侧与氧离子浓度高的大气相通,外侧与氧离子浓度低的排气相通,且锆管外侧的氧离子随可燃混合气浓度变化而变化,所以当氧离子在锆管中扩散时,锆管内外表面之间的电位差将随可燃混合气浓度变化而变化,即锆管相当于一个氧浓度差电池,传感器的信号源相当于一个可变电源,其工作原理如图 5.25 所示。

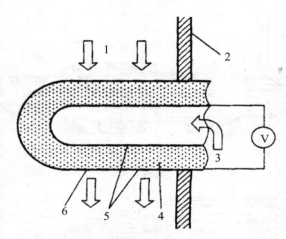

图 5.25　氧传感器工作原理
1-排气;2-排气管;3-大气;4-ZrO_2固体电解质;5-铂电极;6-氧化铝陶瓷保护套

当供给发动机的可燃混合气较浓时(空燃比小于 14.7),排气中氧离子含量较少、CO 浓度较大。在催化剂铂的催化作用下,氧离子几乎全部都与 CO 发生氧化反应生成 CO_2 气体,使外表面上氧离子浓度为 0。由于锆管内表面与大气相通,氧离子浓度很大,因此锆管内、外表面之间的氧离子浓度差较大,两个铂电极之间的电位差较高(约 0.9 V)。

当供给发动机的可燃混合气较稀时(空燃比大于 14.7),排气中氧离子含量较多、CO 浓度较小,即使 CO 全部都与氧离子产生化学反应,锆管外表面上还有多余的氧离子存在。因此,锆管内、外表面之间氧离子的浓度差较小,两个铂电极之间的电位差较低(0.1 V)。

当空燃比接近于理论空燃比 14.7 时,排气中的氧离子和 CO 含量都很少。在催化剂铂的作用下,氧离子与 CO 的化学反应从缺氧状态(CO 过剩、氧离子浓度为 0)急剧变化为富氧状态(CO 为 0、氧离子过剩)。由于氧离子浓度差急剧变化,所以铂电极之间的电位差急剧变化,使传感器输出电压从 0.9 V 急剧变化到 0.1 V。

由图 5.26 所示氧传感器输出特性可知,当可燃混合气变浓时,如果没有催化剂铂的催化作用使氧离子浓度急剧减小到 0,那么在混合气由浓变稀时,固体电解质两侧氧离子的浓度差将连续变化,传感器的电动势将不会出现跃变现象,这正是氧化锆式氧传感器必须定期更换的原因。

要准确地保持混合气浓度为理论空燃比是不可能的。实际上的反馈控制只能使混合气在理论空燃比附近一个狭小的范围内波动,故氧传感器的输出电压在 0.1～0.9 V 之间不断变化(通常每 10 s 变化 8 次以上)。如果氧传感器输出电压变化过缓(每 10 s 少于 8 次)或电压保持不变(不论保持在高电位或低电位),则表明氧传感器有故障,需检修。

2. 氧化钛式氧传感器

纯二氧化钛(TiO_2)在常温下是一种高电阻的半导体,但表面一旦缺氧,其品质便出现缺

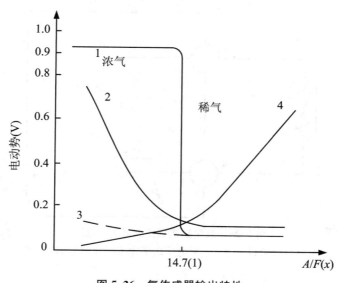

图 5.26　氧传感器输出特性

1-氧传感器电动势；2-CO 浓度；3-无铂电极时的电动势；4-氧离子浓度

陷,电阻随之减小。氧化钛式氧传感器就是利用二氧化钛材料的电阻值随排气中氧含量的变化而变化的特性制成的,故又称电阻型氧传感器。氧化钛式氧传感器的外形和氧化锆式氧传感器相似,结构如图 5.27 所示,主要由二氧化钛元件、导线、金属外壳和接线端子等组成。当发动机排出废气中的氧含量较高时,二氧化钛的电阻值增大；反之,发动机排出废气中的氧含量较低时,二氧化钛的电阻值减小,利用适当的电路对电阻值变量进行处理,即可转换成电压信号输送给 ECU,用来确定实际的空燃比。

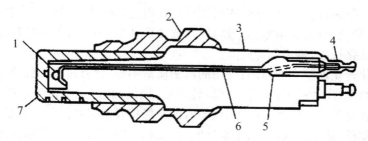

图 5.27　氧化钛式氧传感器

1-二氧化钛元件；2-金属外壳；3-陶瓷绝缘体；4-接线端子；5-陶瓷元件；6-导线；7-金属保护套

由于二氧化钛的电阻也随温度不同而变化,因此,在二氧化钛式氧传感器内部也有一个电加热器,以保持氧化钛式氧传感器在发动机工作过程中的温度恒定不变。如图 5.28 所示,ECU 端子 2 将一个恒定的 1 V 电压加在氧化钛式氧传感器的一端上,传感器的另一端与 ECU 端子 4 相接。当排出的废气中氧浓度随发动机混合气浓度变化而变化时,氧传感器的电阻随之改变,ECU 端子 4 上的电压降也随着发生变化。当端子 4 上的电压高于参考电压时,ECU 判定混合气过浓；当端子 4 上的电压低于参考电压时,ECU 判定混合气过稀。通过 ECU 的反馈控制,可保持混合气的浓度在理论空燃比附近。在实际的反馈控制过程中,二氧化钛式氧传感器与 ECU 连接的端子 4 上的电压也是在 0.1～0.9 V 之间不断变化,这一点与氧化锆式氧传感器是相似的。

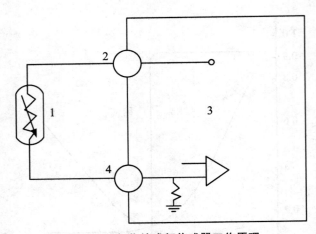

图 5.28 氧化钛式氧传感器工作原理
1—二氧化钛氧传感器；2—1V 电压端子；3—ECU；4—输出电压端子

（四）三元催化转化器的使用

铂、钯、铑等贵金属易"中毒"。对其威胁最大的是三种元素：铅、硫、磷。这三种元素对催化净化剂的威胁很大，含铅汽油足以使三元催化转化器报废，而硫和磷可使三元催化转化器因慢性中毒而失效。铅主要含在汽油中，是为了增加汽油的抗爆性而人为添加进去的，所以比较容易对其进行控制。使用 93 号以上的高品质无铅汽油，是保证三元催化转化器正常工作的首要条件。硫是石油中的伴生物，我国的石油含硫一般比较低，而进口原油的含硫量则很高。磷主要在发动机油中，必须使用对磷有严格控制的专用电喷机油。

三元催化转化器大多与排气管制成一体，其内部由陶瓷体和一些贵重金属催化剂组成。当车辆在路况较差的路面行驶时，极易因底盘刮碰导致陶瓷体碎裂。破碎的陶瓷体随废气进入消声器中，轻者产生异响，重者会堵塞消声器，导致发动机动力下降，甚至不能启动。因此，应尽量选择路况良好的道路行驶，避免刮碰底盘。

造成三元催化转化器堵塞的原因：使用的汽油质量不好，含有过多的胶质或杂物，极易造成三元催化转化器堵塞；发动机工作不良（如运转不稳、烧机油、燃烧不良等），产生的不完全燃烧物堵塞三元催化转化器等。因此，应选用优质汽油并保持发动机良好的工作状态。

正确调校发动机，防止点火错乱、个别缸断火或点火能量不足。如果点火系统工作不良，混合气不能完全燃烧，很容易导致发动机过热，使三元催化转化器失效。

发动机怠速运转的时间不能过长，一般要求不超过 15 min。因为在怠速工况下，发动机往往形成不完全燃烧，废气中含有大量的有害成分，会增加三元催化转化器的负担。

（五）三元催化转化器的检修

1. 三元催化转化器机械损伤

通过外部检视可以判断三元催化转化器是否受到过机械损伤和发生过过热状态，具体方法如下：

观察三元催化转化器表面有无损伤。如其表面有刮擦、凹痕或裂纹等，则说明三元催化转化器受到过损伤；如三元催化转化器外壳上有严重的褪色斑点或有青色与紫色的斑痕，或在其防护罩的中央有明显的暗灰色斑点，则说明三元催化转化器曾经因某种原因而发生过过热状态，需对它作进一步检查。

轻轻敲击并晃动三元催化转化器，同时听其内部是否有物体移动的声音，如有，则说明催化剂载体已破碎，需要更换三元催化转化器。

2. 三元催化转化器性能的检查

由于在三元催化转化器上作时氧化反应会产生大量热，所以可以通过测量三元催化转化器进、出口的温度差来检查三元催化转化器的性能，具体方法如下：

① 发动机在正常温度下以 2 500 r/min 的转速运转。

② 用数字式温度计(接触式或非接触式)测量三元催化转化器进、出口的温度，并进行比较。如果三元催化转化器出口的温度比进口的温度高 20%～25%(至少 10%)，则三元催化转化器的性能正常；如果三元催化转化器出口的温度达不到上述标准，则三元催化转化器性能不良，应予以更换；如果三元催化转化器出口的温度超过上述范围，则说明尾气中有大量的一氧化碳和碳氢化合物，需对发动机作进一步检查。

说明：如果车上有主、副两个三元催化转化器，则主三元催化转化器(在副三元催化转化器之后)出口的温度应比进口的温度高 10%～20%。

（六）氧传感器的检修

氧传感器损坏，输出电压不变化或者缓慢变化，发动机可能出现怠速不稳定、油耗上升和排放超标等现象。检修氧传感器主要是检查传感器加热元件和信号电压变化频率是否正常。下面以桑塔纳 2000 GSi 和丰田轿车为例加以说明，其中丰田轿车的氧传感器为氧化锆式，桑塔纳轿车的氧传感器为氧化钛式。

1. 桑塔纳 2000 GSi 型轿车氧传感器的检修

如图 5.29 所示，桑塔纳 2000 GSi 型轿车的氧传感器设有加热器 Z19，它由汽油泵继电器供电。氧传感器连接器插头与插座上各端子的位置如图 5.30 所示。

图 5.31 为氧传感器控制电路，加热器电路为电源线→氧传感器 4 孔插接器 T4/1 端子→氧传感器加热器电热丝→氧传感器 4 孔插接器 T4/2 端子→I、O 导线→控制单元 T80/27 端子→控制单元 J220 内部电路→搭铁，控制单元 J220 控制氧传感器加热器搭铁回路。

（1）情况检查

连接专用诊断仪 V.A.G1551，选择功能 08"读测量数据块"显示组 03，在区域 3 中冷却液温度必须大于 80 ℃才可检查氧传感器工作情况。按"C"键，输入 07，按"Q"键确认。区域 2 显示氧传感器信号电压，如果氧传感器电压读数波动缓慢，检测氧传感器加热器；如果氧传感器电压读数维持在 0.45～0.50 V 不变，说明信号线开路；如果氧传感器电压读数维持在 0.0～0.3 V（混合气太稀），表明控制已经达到最大浓度极限，但氧传感器仍记录"混合气太稀"；如果氧传感器电压读数维持在 0.7～1.0 V（混合气太浓），表明控制已经达到最稀浓度极限，但氧传感器仍记录"混合气太浓"。

（2）加热器检测

加热元件的电阻值在常温条件下为 1～5 Ω，温度上升很少时，阻值就会显著增大。因此，

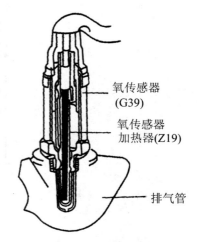

图 5.29 氧传感器(G39)的结构

在室温下,可用万用表进行检测。检测时,拔下氧传感器 G39 线束插头,检测插头上端子 1、2 之间的阻值,常温下应为 1～5 Ω。如常温下阻值为无穷大,说明加热元件断路,应更换氧传感器。

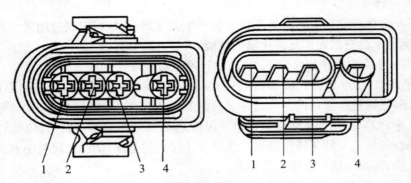

图 5.30　氧传感器连接器插头与插座
1-加热元件正极;2-加热元件负极;3-信号电压负极;4-信号电压正极

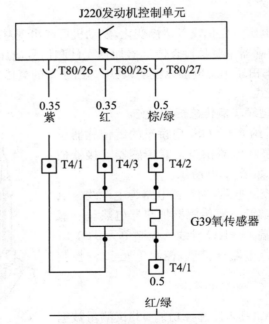

图 5.31　氧传感器连接电路

(3) 电源电压的检测

氧传感器加热元件的电压为整车电源电压,当点火开关接通使燃油泵继电器触点接通时,加热元件的电源即被接通。检测加热元件的电压时,拔下氧传感器插头,启动发动机,检测连接器插座上端子 1、2 之间的电压,应不低于 11 V。如电压为零,说明 30 A 熔断器断路或燃油泵继电器触点接触不良,分别检修即可。

(4) 氧传感器信号电压的检测

检测氧传感器信号电压时,插头与插座连接,将数字式万用表连接到氧传感器端子 3、4 连接的导线上,接通点火开关时,电压应为 0.45～0.55 V;当供给发动机浓混合气时,信号电压应为 0.7～1.0 V;当供给发动机稀混合气(拔下空气流量传感器至发动机之间的真空管)时,信号电压应为 0.1～0.3 V,否则说明氧传感器失效,应予更换。

在对氧传感器的反馈电压进行检测时,最好使用指针型的电压表,以便直观地反映出反馈电压的变化情况。此外,电压表应是低量程(通常为 2 V)和高阻抗(阻抗太低会损坏氧传感器)的。

检测氧传感器的信号电压可将一只发光二极管和一只 300 Ω/0.25 W 电阻串联连接在传感器 3、4 端子连接的导线之间进行测试。二极管正极连接到端子 3 导线上,二极管负极经 300 Ω 电阻连接到连接器端子 4 导线上。发动机怠速或部分负荷运转时,发光二极管应当闪亮。如电源电压正常,二极管不闪亮,说明传感器故障,应予更换。发光二极管闪亮频率每分钟应不低于 10 次。如二极管不闪或闪亮频率过低,说明氧传感器加热元件失效、氧传感器壳体上的透气孔堵塞、氧传感器热负荷过重或长期使用含铅汽油导致氧传感器失效,需要更换传感器。

2. 丰田车系氧传感器的检修

(1) 氧传感器加热器电阻的检测

如图 5.32 所示,点火开关置于"OFF",拔下氧传感器的导线插接器,用万用表欧姆挡测量氧传感器接线端中加热器端子与搭铁端子间的电阻,其电阻值应符合标准值(一般为 4～40 Ω,具体数值参见具体车型说明书)如不符合标准,应更换氧传感器。测量后,接好氧传感器线束插接器以便作进一步的检测。

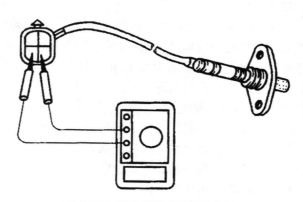

图 5.32 测量氧传感器加热电阻

(2) 氧传感器反馈电压的检测

先拔下氧传感器线束插接器插头,对照被测车型的电路图,从氧传感器反馈电压输出端引出一条细导线,然后插好插接器,在发动机运转时从引出线上测量反馈电压。丰田汽车公司生产的小轿车,可从故障诊断插座内的 OX1 或 OX2 插孔内直接测得氧传感器反馈电压(丰田 V 型六缸发动机两侧排气管上各有一个氧传感器,分别和故障检测插座内的 OX1 和 OX2 插孔连接)。

丰田 V 型六缸发动机氧传感器反馈电压的检测步骤如下:

① 将发动机热车至正常工作温度(或启动后以 2 500 r/min 的转速连续运转 2 min)。

② 把电压表的负极测笔接故障诊断插座内的 E1 插孔或蓄电池负极,正极测笔接故障检测插座内的 OX1 或 OX2 插孔或接氧传感器线束插头上的引出线(图 5.33)。

③ 让发动机以 2 500 r/min 左右的转速保持运转,同时检查电压表指针能否在 0～1 之间来回摆动,记下 10 s 内电压表指针摆动次数。在正常情况下.随着反馈控制的进行,氧传感器的反

馈电压将在 0.4 V 上下不断变化，10 s 内反馈电压的变化次数应不少于 8 次。

④ 若电压表指针在 10 s 内的摆动次数等于或多于 8 次，则说明氧传感器及反馈控制系统工作正常。

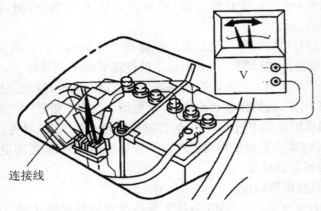

图 5.33 测量反馈电压

⑤ 电压表指针若在 10 s 内的摆动次数少于 8 次，则说明氧传感器或反馈控制系统工作不正常，可能是氧传感器表面有积炭而使灵敏度降低，此时应让发动机以 2 500 r/min 的转速运转约 2 min，以清除氧传感器表面的积炭。

⑥ 若电压表指针变化依旧缓慢，则为氧传感器损坏或 ECU 反馈控制电路有故障。

可按下述方法检查氧传感器是否损坏：拔下氧传感器的线束插头，使氧传感器不再与 ECU 连接。将电压表的正极测笔直接与氧传感器反馈电压输出端连接（图 5.34）。然后，在发动机正常运转时脱开接在进气管上的曲轴箱强制通风管或其他真空软管，人为地形成稀混合气，此时电压表读数应下降到 0.1～0.3 V。接上脱开的曲轴箱通风管或真空软管，再拔下冷却液温度传感器接头，且用一个 4～8 kΩ 的电阻代替冷却液温度传感器（或堵住空气滤清器的进气口），人为地形成浓混合气，此时，电压表读数应上升到 0.8～1.0 V。也可以用突然踩下或松开加速踏板的方法来改变混合气浓度。在突然踩下加速踏板时，混合气变浓，反馈电压应上升；突然松开加速踏板时，混合气变稀，反馈电压应下降。

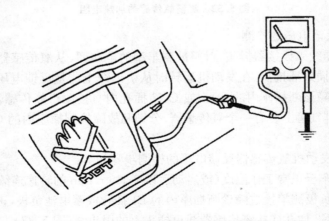

图 5.34 拔掉线束插头后测量反馈电压

如果在混合气浓度变化时，氧传感器输出电压不能相应地改变，说明氧传感器有故障。此时可拆去一根大真空软管,使发动机高速运转,以清除氧传感器上的铅或积炭,然后再测试。如果氧传感器反馈电压能按上述规律变化,说明氧传感器良好。否则,须更换氧传感器。

氧传感器的检测程序见图 5.35。

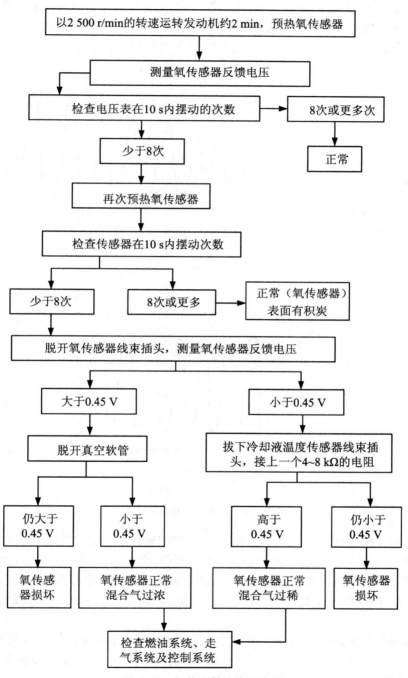

图 5.35 氧传感器的检测流程

3. 氧传感器波形分析

(1) 氧化锆式氧传感器

如果排放或行驶性能出现异常,可首先用示波器检测氧传感器的信号波形,其波形如图 5.36 所示。图 5.36(a)所示的是从开环控制到闭环控制的氧传感器信号波形。发动机启动后,传感器输出电压达到 450 mV,开始进入浓、稀转换的闭环控制状态,带加热器的氧传感器从冷车到进入闭环状态需 23 s。图 5.36(b)所示的是良好的氧传感器信号波形。

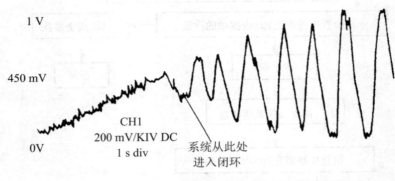

(a) 从开环控制到闭环控制的信号波形

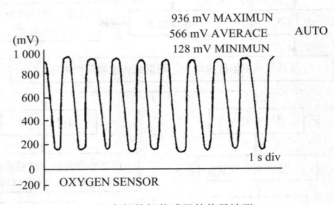

(b) 良好的氧传感器的信号波形

图 5.36 氧传感器的检测流程

用急加速的方法可测试氧传感器是否良好,良好的氧传感器信号最高电压应大于 850 mV,最低电压应在 75～175 mV,从浓到稀的允许响应时间应少于 100 ms。测试方法如下:发动机运转至正常温度,怠速运转;在 2 s 内将节气门从怠速状态变化到完全打开(发动机转速一般不超过 4 000 r/min),再立即放开加速踏板使节气门全关,连续 5～6 s 动作,即可得到图 5.37 所示波形。

上升波形是急加速造成的,下降波形是急减速造成的,图中最大幅值应达到 800 mV 以上,最小幅值应小于 200 mV,响应时间少于 100 ms,峰值电压值为 600 mV 或至少大于 450 mV 平均值,则该传感器良好。

有的车上有主、副两个氧传感器,它们分别提供了催化净化之前和催化净化之后的氧含量输出电压。主氧传感器用作混合比控制的反馈信号,副氧传感器用于测试催化净化的效率,图 5.38 所示的是正常和不正常的催化净化器前后主、副氧传感器波形,当催化净化效率降低,副氧传感器信号的幅值会增大。

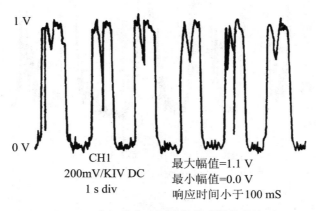

图 5.37　急加速方法测试氧传感器信号波形

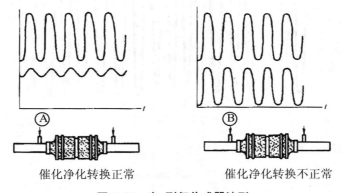

图 5.38　主、副氧传感器波形

（2）氧化钛式氧传感器

氧化钛式氧传感器信号波形如图 5.39 所示，传感器信号在 0～5 V 间变化，与氧化锆式氧传感器的输出电压信号相反，混合气浓时信号电压低，混合气稀时信号电压高。

项目实施

 实施要求

①每组准备万用表、示波器、故障诊断仪、汽车解码器等工、量具各一套；
②每组准备一台带有排气净化与排气控制系统的教学台架或教学整车；
③每组准备好工具箱及对应的维修手册。

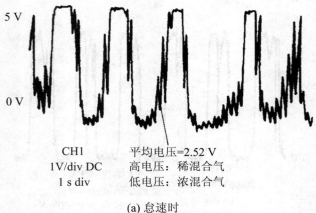

(a) 怠速时

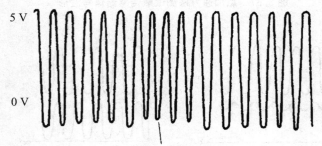

(b) 转速为 2 500 r/min

图 5.39　氧传感器的检测流程

① 排除曲轴箱强制通风装置相关故障；
② 排除燃油蒸发控制系统相关故障；
③ 排除废气再循环控制系统相关故障；
④ 排除二次空气喷射系统相关故障；
⑤ 排除进气增压控制系统相关故障；
⑥ 排除三元催化转化器相关故障。

按表 5.1 所示标准对学习成果进行评价。

表 5.1 评价与考核标准

评价与考核项目		评价与考核标准	配分
知识点	组成	能描述进气控制系统各类形式	5
	工作原理	能描述各类型进气控制系统的工作原理	5
技能点	仪器使用	能使用万用表、故障诊断仪对各类型排气净化与排气控制系统进行检测	15
	故障一排除	能排除曲轴箱强制通风装置相关故障	10
	故障二排除	能排除燃油蒸发控制系统相关故障	10
	故障三排除	能排除废气再循环控制系统相关故障	10
	故障四排除	能排除二次空气喷射系统相关故障	10
	故障五排除	能排除进气增压控制系统相关故障	10
	故障六排除	能排除三元催化转化器相关故障	10
情感点	纪律与劳动	不迟到、不早退、实训主动、积极、认真	5
	道德与敬业	具备良好的道德准则、道德情操与道德品质；能认真对待实训、明确职责、勤奋努力	5
	协作与创新	能与同学和谐相处、互补互助、协调合作，充分发挥自己的个性，圆满完成实训任务；能够综合运用自己的知识、信息、技能和方法，对遇到的问题能提出新方法、新观点	5
		合　计	100

注：出现安全事故或不按规范操作，损坏仪器、设备，此任务成绩计 0 分。

拓展知识

一、汽车发动机尾气故障诊断分析

汽车发动机可燃混合气在燃烧过程中会产生 HC、CO、NO_x 等有害气体和 CO_2、H_2O 等无害气体。由于尾气成分与发动机的工况有最直接的联系，所以通过对汽车尾气的检测可初步分析发动机的工况性能的好坏，可以检测包括燃烧情况、点火能量、进气效果、供油情况、机械情况等诸多方面。更为重要的是，当发动机各系统出现故障时，尾气中某种成分必然偏离正常值，通过检测发动机不同工况下尾气中不同气体成分的含量，可判断发动机故障所在的部位。尾气分析主要内容有混合气空燃比、点火正时及催化器转化效率等，主要分析的参数有 CO、HC、CO_2 和 O_2，还有空燃比（A/F）或相对空燃比 λ。

（一）发动机各部分技术状况与尾气成分间的关系

与发动机的进排气门、汽缸衬热的密封性，活塞、活塞环、缸套的磨损与密封性等状况有关的尾气成分有 HC、CO。相关的检测项目为汽缸压力、汽缸漏气率和进气真空度。

发动机的空气流量、温度、节气门位置、转速传感器信号及 ECU 等是影响喷油压力和喷油时间的因素；喷油器、进气温度、进气管内壁状况等是影响喷油雾化质量的因素，与之有关的尾气成分有 HC、CO。相关的检测项目有燃油压力、空燃比、相关电路信号、空气流量计信号（L型）、进气压力传感器信号（D型）、转速信号、温度信号、负荷信号、氧传感器信号等。

点火线圈初级绕组电流、点火初级电路电阻、电容器等是影响点火能量的因素；断电器、离心及真空提前装置、点火模块、与点火有关的传感器信号等是影响点火正时的因素；火花塞、高压线、分电器等是影响点火率的因素，与之有关的尾气成分有 HC。相关的检测项目有点火波形、漏电试验、导通试验。

曲轴箱强制通风装置、燃油箱蒸发控制装置的工作状况与 HC 的生成有关；二次空气喷射、进气预热的工作状况与 HC、CO 有关；催化转化器的工作温度、转化效率、使用寿命则影响 HC、CO、NO_x 的生成。

（二）尾气成分异常的原因分析

HC 的读数高，说明燃油没有燃烧充分。汽缸压力不足、发动机温度过低、油箱中油气蒸发、混合气从燃烧室向曲轴箱泄漏、混合气过浓或过稀、点火正时不准确、点火间歇性不跳火、温度传感器不良、喷油嘴漏油或堵塞、油压过高或过低等因素都将导致 HC 读数过高。

CO 的读数是零或接近零，则说明混合气充分燃烧。CO 的含量过高，表明燃油供给过多、空气供给过少，燃油供给系统和空气供给系统有故障，故障原因有：燃油油压过低、喷油嘴堵塞、真空泄漏以及 EGR 阀泄漏等。

CO_2 是可燃混合气燃烧的产物，其高低反映出混合气燃烧质量的好坏，即燃烧效率。可燃混合气燃烧越完全，CO_2 的读数就越高，混合气充分燃烧时尾气中 CO_2 的含量达到峰值（13%～16%）。当发动机混合气出现过浓或过稀时，CO_2 的含量都将降低。当排气管尾部的 CO_2 低于12%时，要根据其他排放物的浓度来确定发动机混合气的浓或稀。燃油滤芯太脏、燃油油压低、喷油嘴堵塞、真空泄漏、EGR 阀泄漏等将造成混合气过稀；而空气滤清器阻塞、燃油压力过高，都可能导致混合气过浓。

O_2 的含量是反映混合气空燃比的最好指标，是最有用的诊断数据之一。可燃混合气燃烧越完全，CO_2 的读数就越高，与此相应，燃烧正常时，只有少量未参与燃烧的 O_2 通过汽缸，尾气中 O_2 的含量应为 1%～2%。O_2 的读数小于 1% 说明混合气过浓；O_2 的读数大于 2% 表示混合气太稀。

利用功率平衡试验和尾气分析仪的读数，可以知道每个缸的工作状况，如果每个缸 CO、CO_2 的读数都下降，HC、O_2 的读数都上升，且上升和下降的量都一样，表明各缸都工作正常。如果只有一个缸的变化很小，而其他缸都一样，则表明这个缸点火或燃烧不正常。另外，当四缸发动机中有一缸不工作时，其浓度将上升到 4.75%～7.25%；若有两缸不工作，则会上升到 9.5%～12.5%。

（三）实例分析

一辆北京现代索纳塔 2.0，冷机启动困难，随着温度的升高发动机出现抖动现象，行驶时加速无力。读取故障代码和数据流，一切正常。但用尾气分析仪检查，CO 为 0.23%，HC 浓度高达 0.11%，CO_2 为 13.2%，O_2 为 2.35%。HC、O_2 的数值偏高一般是由点火不良或混合气过稀失火而引起的。对点火系统部件进行全面检查,未发现异常,于是,重点检查供油系统。首先检测燃油压力,检测结果正常;逐缸进行断油试验,将1、4缸断油时,发动机转速无明显下降,推断1、4缸喷油器可能处于堵塞状态。换上两个新的喷油器,发动机工作恢复正常,冷机启动迅速、热机工作稳定、加速有力,尾气中 HC 下降至 0.015%。

本例是由于喷油器堵塞,使实际喷入1、4缸的燃油量偏少,从而造成两缸混合气过稀而失火,致使发动机工作失常。

(四) 小结

对于装有催化转化器的汽车,如果催化剂工作正常,会使 CO 和 HC 减少。因此,将取样探头插到催化转化器之前测量未经转换的排气中或在 EGR 阀的排气口检测,必要时,使空气泵和二次空气喷射系统停止工作。读取数据前,不要让发动机怠速运转时间过长,在发动机暖机后,才能使用尾气分析仪进行尾气检测,在进行变工况测试时,要稳住加速踏板后再读取数据。

目前,在许多汽车维修企业中,尾气分析仪只是作为车辆年检前调整尾气、测试简单参数的普通设备,没有发挥出它在汽车故障诊断中的作用,由此造成了资金的浪费和设备的闲置。因此,加强尾气分析在汽车故障诊断中的应用研究很有必要。

二、排放数据分析在发动机故障诊断中的应用

目前,在发动机故障诊断中普遍采用的仪器设备是车载式故障自诊断系统、示波器和各种解码器,这些仪器采集的都是原始数据流,要准确分析故障源,有时仅靠这些数据是远远不够的,还需要能反映发动机缸内燃烧状况的数据,即发动机的排放情况。排放情况综合反映了发动机各系统的工作状况,通过发动机排放分析仪采集排放数据并对数据进行分析,是诊断发动机故障源的快速有效方法。本文以试验结果和理论分析为依据,以发动机启动困难的故障诊断为例,介绍排放分析法在故障诊断中的应用。

(一) 汽油发动机启动困难的原因

汽油发动机启动困难是指发动机无法从静止状态进入稳定怠速工况的现象,其基本原因主要来自5个方面。

1. 启动电路

发动机启动时,因蓄电池容量低、导线接头松动、点火开关故障、启动继电器故障、启动机电磁开关故障、启动机故障等原因造成启动工况下发动机达不到最低的启动转速要求而导致的启动困难,主要表现为启动机不转、启动机运转无力等现象。

2. 点火系统

启动工况下,因点火开关、点火线圈、点火控制器、高压线、火花塞、ECU 点火控制电路中的部件有故障等会造成火花塞电极间无火花、火花弱或跳火时刻不正确。

3. 汽油供给系统

启动工况下,因电动汽油泵及其电路有故障、滤清器堵塞、系统内部或外部泄漏、油压调节器损坏、供油压力低、喷油器堵塞或泄漏等会造成喷油器不喷油或喷油不止。

4. 电控系统

电控系统中的传感器如节气门位置传感器、曲轴转速传感器、凸轮轴转速传感器、空气流量

传感器、空气和水温传感器等不工作或提供的信号偏差较大,ECU本身损坏,执行部件如节气门、怠速控制阀或电机、喷油器、PVC阀、点火低压电路的大功率三极管等有故障也会引起喷油和点火不正常。

5. 汽缸内的压力和温度

因气门关闭不严、汽缸磨损严重、空气滤清器严重堵塞等,引起的汽缸内压力和温度过低。

在诊断发动机启动困难故障时,通常都是先进行外部的基本检查,在检查无异常的情况下,再调阅故障码。如有故障码,则按故障码指示的内容进行排查,无故障码或按故障码指示的内容排查完毕。如果故障现象依旧时,还要按喷油器和火花塞工作是否正常来判断是哪个系统有故障,再逐步检查排除系统内的部件故障。这种方法的缺点是拆卸和检查的过程长,工效低,同时易造成人为故障,甚至会损坏某些原本技术状况良好的部件。

(二) 排放数据分析法诊断启动困难故障的理论依据

汽油在缸内的燃烧过程中,会产生CO、HC、NO_x等有害气体,其中CO是不完全燃烧的产物,混合气中空气不足是影响CO生成的主要因素,启动工况下要求极浓的混合气,所以也是排放成分中浓度最大的。排放中的HC化合物有许多种,主要是未燃燃料、不完全燃烧或裂解的碳氢化合物、少量氧化反应的中间产物等,其生成机理也较为复杂,现代研究表明:空燃比、汽缸壁和狭窄缝隙的熄火作用是生成HC的主要因素,只有空燃比在18(过量空气系数为1.2)左右时,HC的含量才最小,汽缸内混合气浓度过稀、过浓、废气稀释过多、汽缸内温度过低等,都可能引起火焰传播速度降低,甚至出现断火的情况,造成HC含量增加。NO_x是由空气中的氮在高温下氧化形成的,NO_x的生成量与多余的氧气、高温高压以及反应时间有关,当空气系数略大于1时,汽油的燃烧速度快,且集中在上止点附近,有较长的反应时间、较高的温度和富氧环境,所以此时的NO_x较高。

CO、HC、NO_x这3个指标反映了汽缸内混合气燃烧的实际情况,在启动工况下,汽缸温度低,ECU实行开环控制,所以HC含量的变化量反映了喷油器的实际工作状态,而CO和NO_x含量的变化量,则反映了点火和燃烧情况。

(三) 试验概况

1. 试验车辆、故障设置与检测仪器

试验在2006年产的桑塔纳3000实车上进行,发动机为2.0 L,80 kW的电控汽油机,累计行程156 000 km,完成二级维护作业后,行驶4 000 km左右,车辆技术性能良好。

人为故障设置如下:从仪表板左侧的继电器保险丝支架内,拆下S42保险丝,使喷油器不工作;用1只80 kPa的油压调节器替代原车的调节器,使供油压力最大不超过80 kPa;拆除所有高压线,使火花塞电极间无火花。

使用博世BEA060汽车排放气体分析仪,检测单一故障模式下的尾气排放,用外接启动电源代替原车蓄电池,读取启动过程的30 s内的排放值,作为检测结果。

2. 试验结果分析

正常启动和单一故障模式下的启动试验结果如表5.2所示。

表 5.2 各工况下的排放成分

工况	CO	CO_2	HC(ppm)	NO_x(ppm)	喷油压力(kPa)
正常	7.56%	8.3%	3 260	4	285
喷油器不工作	0.03%	0.1%	7	3	285
火花塞不跳火	0.03%	0.1%	530	2	285
油压过低	0.02%	0.1%	260	3	80

正常工况下进入汽缸的是极浓混合气,因为启动的瞬间缸内温度较低,尚不具备生成 NO_x 的条件,基本上没有 NO_x;温度低,汽缸内不完全燃烧情况严重,尾气排放中的 CO、HC 含量很高。

在喷油器不工作的故障模式下,汽缸内无燃油喷入,尾气排放中 CO、HC、NO_x 来自缸内的残余废气,检测结果基本与大气成分相同。

在火花塞不跳火的故障模式下,汽缸内无燃烧现象,尾气排放的成分为混合气,HC 含量很高,但基本上无 CO、CO_2 生成,此时的 CO、CO_2 主要来自缸内的残余废气。

在供油压力较低的故障模式下,喷入汽缸内的燃油量少,混合气稀,燃烧中产生的 HC 较少,CO、CO_2 均有生成,但含量也很低。

3. 排放数据与故障诊断

由以上的试验可以看出,在诊断发动机启动困难时,可以根据尾气排放中的气体成分来区分故障范围。

如检测结果与周围环境空气成分相比,无变化或变化很小时,在启动机运转有力的情况下,可判断为喷油器及其控制电路有故障。

如检测结果中,HC 含量超过 0.05%,CO 低于 0.03%,CO_2 低于 0.1% 时,可判断为火花塞不跳火,应重点检查点火电路。

如检测结果中,HC 含量低于 0.03%,CO 低于 0.02%,CO_2 低于 0.1% 时,可判断为混合气过稀,其验证的方法为:用钳子将油压调节器的回油管夹紧,以提高供油压力,如故障现象消失,说明供油压力低,应重点对燃油供给系统进行检查。

4. 应用情况

将本试验的结论分别用于桑塔纳 2000、捷达、丰田凯美瑞进行验证,其判断结果均正确,说明该方法具有使用的普遍性。

三、氧传感器对排放及三元催化器转化效率的影响研究

电控单元(ECU)、传感器和执行器的广泛应用使现代汽车走进了电子精确控制的时代。ECU 接收空气流量传感器,转速传感器和氧传感器的信号从而对喷油脉宽进行控制。氧传感器是电控发动机空燃比控制系统的核心部件,它安装在排气管上,其功能是用来检测排气中的氧含量,并向 ECU 反馈相应的电压信号,ECU 根据相对应的工况和氧传感器所反馈的实际空燃比相对于理论空燃比的偏离程度,来控制基本喷油量的增加或减少。

三元催化器以铂、铬等金属作为催化剂,使排放物中的 NO_x、CO、HC 等与 O_2 发生化学反应,生成中性的 N_2、CO_2 和 H_2O。氧传感器和三元催化转换器的配合使用是排放控制的重要内容。本文作者旨在研究氧传感器出现故障时,对排放及三元催化器催化转换效率的影响。

（一）试验条件

试验所使用的氧传感器为二氧化锆型二线无加热器式氧传感器。正常输出信号电压为 0～1 V。试验在一台三缸 DAEWOOM-TEC 发动机上进行，其排量为 0.796 L，标定功率为 37.5 kW(6 000 r/min)，最大扭矩为 68.6 N·m(3 800～4 600 r/min)。

氧传感器常见的故障有氧传感器老化、氧传感器中毒、氧传感器破裂、氧传感器内部加热元件损坏、导线断开以及氧传感器信号不正确等，其中传感元件老化和铅、硅、磷中毒是氧传感器失效的主要原因。氧传感器的失效会产生一个不变化的信号或者根本没有信号输出，这时就会出现故障码，随后发动机故障灯就亮了。为模拟氧传感器失效的故障，采用以下两种方法：第一，断开氧传感器，即没有信号输入发动机控制电脑，用以模拟氧传感器完全损坏或氧传感器连接电路断开故障；第二，堵住氧传感器采集排气的通孔，用以模拟因使用时间过长及燃油质量不佳使氧传感器采集排气通孔被胶质、灰尘堵塞的故障。试验分别在怠速工况和中速中负荷工况下进行。通过在某一工况下记录燃油量减少 30 g 所经历的时间，进而计算出油耗和比油耗。通过观察五气分析仪，NO_x 排放停止上升时，打印排放数据。

（二）氧传感器失效故障的模拟试验

1. 怠速工况通断对比试验

首先对发动机进行暖机(使氧传感器达到其工作温度 400 ℃)，使冷却水温度、机油温度等各项指标达到正常值。在怠速工况(转速 955 r/min)，氧传感器正常工作情况下，记录发动机油耗和排放等数据；模拟电喷发动机现实故障，在发动机以怠速工况正常运转时，突然切断氧传感器信号，记录此时的发动机相应数据。试验采集数据见表 5.3。

表 5.3　怠速氧传感器通断试验数据

状　态	喷油脉宽(ms)	过量空气系数 λ	油耗(kg·h^{-1})	CO	HC(ppm)	NO_x(ppm)
原机	4.64	1.033	0.58	0.15%	326	22
切断氧传感器信号	4.64	1.031	0.58	0.24%	331	43

表 5.3 所示为怠速氧传感器通断试验数据。为过量空气系数 λ 等于燃烧 1 kg 燃料所提供的实际空气量与理论上所需空气量的比值。由表 5.3 可见，氧传感器通断前后，发动机油耗、喷油脉宽不变，这是由于在进行电控发动机电控系统程序设计时，为了保证怠速工况运转平稳，怠速工况一般不以氧传感器的反馈信号为控制空燃比的依据，而是向发动机提供一个固定的喷油量。

2. 3 000 r/min 氧传感器通断的负荷特性

（1）氧传感器通断对功率和燃料经济性的影响

图 5.40、图 5.41 分别为氧传感器通断对功率和对喷油脉宽的影响。由图 5.40 和图 5.41 可以看出：在氧传感器断开情况下，发动机的功率和喷油脉宽增加。这是由于在氧传感器断开时 ECU 无法获得废气中氧浓度的信号，无法进行反馈控制。此时发动机进入故障运行模式，电脑按照预先设定的程序，自动增加供油所致。基于同样的原因，氧传感器断开时发动机的耗油量增大(图 5.42)。虽然与此同时功率增大，但其增加幅度没有发动机油耗增加幅度大，因此比油耗增大(图 5.43)。

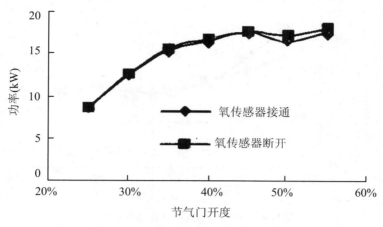

图 5.40　氧传感器通断对功率的影响

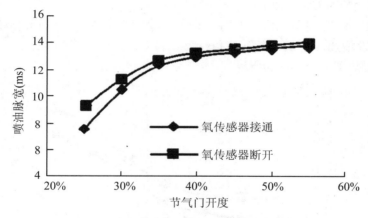

图 5.41　氧传感器通断对喷油脉宽的影响

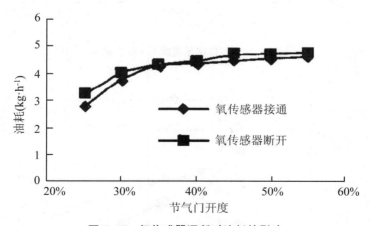

图 5.42　氧传感器通断对油耗的影响

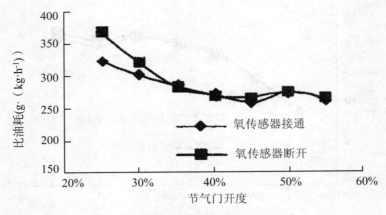

图 5.43 氧传感器通断对比油耗的影响

(2)氧传感器通断对排放影响

① 氧传感器通断对 CO 排放影响。

氧传感器通断对 CO 排放的影响如图 5.44 所示。试验表明,与接通氧传感器相比,断开氧传感器后,CO 排放增加。这是因断开氧传感器后,ECU 按照程序将混合气自动加浓,λ 减小(图 5.45),燃料燃烧不完全度增加所致。

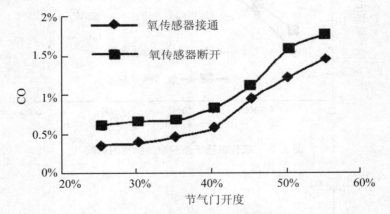

图 5.44 氧传感器通断对 CO 的影响

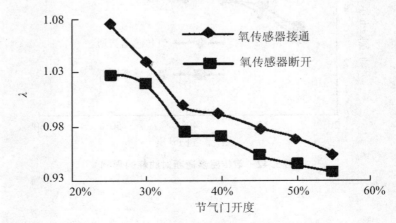

图 5.45 氧传感器通断对 λ 的影响

② 氧传感器通断对 HC 排放影响。

其影响如图 5.46 所示。试验表明,氧传感器断开与正常工作相比,HC 排放高于原机。原因也是因为氧传感器断开时混合气被加浓,燃烧不完全。

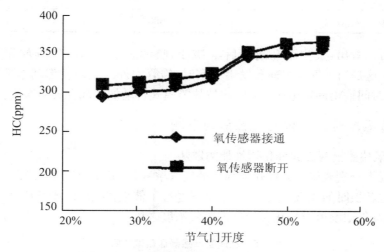

图 5.46　氧传感器通断对 HC 排放的影响

③ 氧传感器通断对 NO_x 排放影响。

其影响如图 5.47 所示。试验表明:氧传感器断开时,NO_x 排放降低。这是由于 NO_x 在低氧浓度时排放降低。

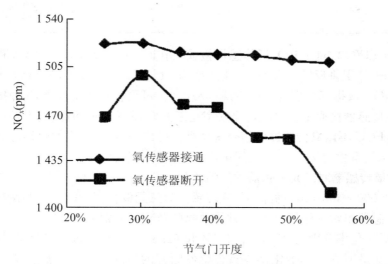

图 5.47　氧传感器通断对 NO_x 排放的影响

(三) 氧传感器采集排气通孔堵塞的模拟试验

在 2 800 r/min,40% 负荷下,三元催化后对氧传感器正常工作和氧传感器排气采集通孔堵塞时的排放进行对比,试验结果列于表 5.4。

表 5.4　氧传感器堵孔故障对排放的影响

状态	喷油脉宽(ms)	过量空气系数 λ	CO	HC(ppm)	NO_x(ppm)
原机	14.8	0.861	5.11%	371	697
堵孔	18.8	0.707	10.83%	619	110

由表 5.4 可以看出：发生堵孔故障后，λ 减小，喷油脉宽增加，CO 排放和 HC 排放增加，NO_x 排放减少。这是当排气采集通孔发生堵塞时，锆管内外的氧浓度都基本不变，信号电压以固定值输出，长时间输出固定电压，ECU 将按故障模式自动加浓混合气的缘故。

（四）氧传感器对三元催化器性能的监测

1. 怠速时氧传感器对三元催化器性能的监测

在同一工况下分别测量三元催化器前后的废气浓度，试验结果列于表 5.5。表中"前"指尾气没有经过催化转换时的废气浓度；"后"指尾气经过了催化转换后的废气浓度转化效率等于催化转换前、后的废气浓度差与催化转换前的废气浓度之比。

表 5.5　怠速氧传感器通断试验数据

状态	喷油脉宽(ms)	过量空气系数 λ	油耗(kg·h^{-1})	CO 前	CO 后	HC(ppm) 前	HC(ppm) 后	NO_x(ppm) 前	NO_x(ppm) 后
原机	4.64	1.033	0.58	0.56%	0.15%	851	326	108	22
切断氧传感器信号	4.64	1.031	0.58	0.49%	0.24%	767	331	84	43

由表 5.5 可以看出，对于 CO，氧传感器接通工作时，转化效率为 73.2%；断开氧传感器即氧传感器不向 ECU 提供反馈信号时，转化效率为 51.0%。对于 HC，该指标分别为 61.7% 和 56.8%，对于 NO_x，该指标分别为 79.6% 和 48.8%。可见在怠速工况下，3 种排放物的转化效率都比较高，氧传感器接通工作时的转化效率比断开时要高一些，但差别不是很大。这是因为在怠速工况下，ECU 不以氧传感器的信号来调整空燃比，而是以固定的喷油脉宽进行控制。因而通断时过量空气系数均接近 1，三元催化器处于最佳工作状态。

2. 中速时氧传感器对三元催化器性能的监测

表 5.6 为 3 000 r/min，20% 负荷下，氧传感器对三元催化器性能的监测情况。由表 5.6 可以看出，在氧传感器正常工作情况下，3 种排放物的转化率分别为 59.4%、46.9% 和 83.4%；在断开氧传感器后转化率分别为 31.5%、22.5% 和 52.3%。3 种排放物的转化率分别下降 47%、52% 和 37%，这是因为三元催化器在氧传感器断开的情况下，ECU 加浓混合气，λ 降低（$\lambda=0.811$），不能达到最佳的催化转化效果。当发现三元催化器的转化效率降低较多时（转化率低于 50%），应分别检查三元催化器和氧传感器的工作是否正常。若更换新的氧传感器后，转化效率不增加，说明三元催化器老化、性能不佳；若更换新的氧传感器后，转化效率增加，则说明原氧传感器性能不佳。

表 5.6 中速氧传感器通断试验数据

状态	喷油脉宽 (ms)	过量空气系数 λ	油耗 (kg·h^{-1})	CO 前	CO 后	HC(×10^{-6}) 前	HC(×10^{-6}) 后	NO$_x$(×10^{-6}) 前	NO$_x$(×10^{-6}) 后
原机	6.40	1.027	2.36	0.64%	0.26%	113	60	1781	295
切断氧传感器信号	8.08	0.811	3.00	3.65%	2.50%	213	163	1412	674

（五）结论

在急速工况，空燃比控制系统不以氧传感器信号为反馈信号和进行喷油脉宽修正的依据，ECU 以一个固定的空燃比给发动机工作。

在常用工况，氧传感器断开与正常工作相比，发动机的喷油脉宽和油耗增加，功率略有增加。CO、HC 排放增加明显，NO$_x$ 排放随燃烧的恶化而降低。

在常用工况，氧传感器排气采集孔被堵上以后，发动机进入故障模式工作，CO 和 HC 排放增加，NO$_x$ 排放减少。

三元催化器应当有较高的转化效率。可以用在三元催化器前后分别检测排气污染物浓度的方法，判断三元催化器性能的优劣。在常用工况下，如果三元催化器转化效率低下，可以通过检测更换新的氧传感器后三元催化器转化效率是否变化，来判断故障原因。若更换新的氧传感器后转化效率不增加，说明三元催化器老化、性能不佳；若更换新氧传感器后，转化效率增加，则说明原氧传感器性能不佳。

思考与练习

1. 现代汽车对发动机的排放污染采取了哪些控制与净化措施？
2. 什么叫做废气再循环？试述废气再循环控制系统的工作原理。
3. 氧传感器有哪几种类型？它们各有什么特点？
4. 阐述三元催化转化器的工作原理，并指出影响三元催化转化器转换效率的因素。
5. 汽车电子控制 EGR 系统的具体检修步骤是什么？
6. 写出二次空气喷射系统的组成、功用及工作原理。

项目六

柴油机电控系统的认知

项目要求

本项目主要使学生通过学习柴油机电控系统的基本结构和工作原理,掌握柴油机电控系统的控制功能,其主要控制功能有:怠速控制、进气控制、增压控制、排放控制、启动控制、巡航控制、故障自诊断和失效保护、柴油机与自动变速器的综合控制等,并通过学习学会使用万用表、故障诊断仪等对柴油机电控系统各零部件进行检修。

 知识要求

① 了解柴油机电控系统的发展与特点;
② 熟悉柴油机电控系统的结构和工作原理;
③ 掌握柴油机电控系统的的控制功能;
④ 掌握柴油机电控系统的传感器的结构原理。

 能力要求

① 能正确使用各种工、量具;
② 能用万用表、故障诊断仪等对电控柴油机传感器、执行器进行检修;
③ 能正确对高、低压油路进行检修。

相关知识

一、概述

自20世纪70年代以来,以微机为控制单元的电控技术在汽车发动机上被广泛应用并逐步形成现代汽车发动机电控系统,柴油机也随之开始了电子控制的进程。和汽油机电控技术一样,柴油机电控技术也是在电子控制技术平台上发展起来的。随着石油价格的不断上涨和人们对环境保护的日益重视,节能与排气净化逐渐成为现代汽车急需解决的问题。因此,节能环保的电控柴油轿车日益受到广大消费者的青睐和国内外各大汽车厂商的重视。

（一）柴油机电控技术的发展

自 1897 年 Rudolf Diesel 发明第一台柴油机以来,在一个多世纪的发展过程中,柴油机技术出现了三次质的飞跃。20 世纪 20 年代中期以德国 Bosch 公司为代表推出的机械喷油系统取代蓄压式供油系统,使柴油机在车辆上的应用成为可能。20 世纪 50 年代初出现的废气涡轮增压技术,使柴油机功率提高了 30%~100% 甚至更多,即使在高原缺氧地区也能提高动力性和加速性。到了 20 世纪 80 年代,柴油机发展到第三阶段,以微机为电控单元的电控技术在柴油机上应用并逐步形成现代汽车柴油机电控系统,使柴油机在动力性、经济性、排放及噪声指标等方面得到了很大的改善。近年来,为满足各国日益严格的排放法规和降低油耗的要求,电控技术在柴油机上的应用发展得十分迅速,现已成为柴油机技术的发展趋势。在柴油机的电控系统中,研究最早并实现产业化的是电控柴油喷射系统,到目前为止已经经历了三代:

① 第一代电控柴油喷射系统:位置控制式;
② 第二代电控柴油喷射系统:时间控制式;
③ 第三代电控柴油喷射系统:共轨式。

在第一代柴油机电控燃油喷射系统中,保留了传统柴油机供给系统的基本组成和结构,只是取消了机械控制部件(调速器等),在原有的喷油泵基础上,增加传感器、电控单元、电子调速器或电/液控制执行元件等组成的控制系统,使控制精度和响应速度得以提高。其优点是柴油机的结构几乎不需改动,生产继承性好,便于对已有柴油机进行改造。但该系统响应慢,喷射压力相对于原有系统没有提高,控制精度小,对发动机的尾气排放改善有限。

相对于第一代电控系统,第二代柴油机电控燃油喷射系统中油泵内部柱塞套的位置已被固定,喷射过程由专门的电磁阀来完成,计算机控制的只是电磁阀,控制方式从位置控制变成了时间控制,其控制自由度和控制精度都是"位置控制"所无法比拟的,但供油压力还需用凸轮驱动,无法独立控制。

针对第二代的时间控制系统的不足,人们进一步推出了第三代共轨式电控燃油喷射系统。第三代系统是将喷油量控制与喷油时间控制融为一体,使燃油的升压机构独立,即燃油压力与发动机转速、负荷无关,具有可以独立控制的蓄压器—共轨系统。共轨式电控燃油喷射系统中高压的产生和喷油控制是各自独立进行的。由此可以根据发动机的负荷以及转速等各种运行工况,在宽广范围内改变喷油压力(最高压力可达 200 MPa),实现预喷射、主喷射以及多段喷射等;可以自由地改变喷油参数和喷油形态;可以高自由度地控制燃油喷射,将柴油机的燃烧效率、排放性能大大提高。共轨式系统是迄今为止柴油机电控喷射技术中,结构最完善、性能最先进、技术难度最大的电控喷射系统。

（二）柴油机电控燃油喷射系统的特点

柴油机电控燃油喷射系统的突出特点是借助计算机的功能实现更为复杂的控制规律,计算机电子控制系统主要有以下特点:

1. 提高发动机的动力性和经济性

传统的柴油机燃料供给系统中喷油量、供油正时都是通过机械装置调整的,工作过程中会产生误差。柴油机采用电控技术后,ECU根据传感器信号精确计算喷油量和供油正时。由于其控制精度高、控制自由度大、控制功能齐全,因而能实现整个运行范围内的参数优化,从而提高发动机的动力性和经济性。

2. 降低氮氧化物和微粒的排放与汽油机不同

由于柴油机混合气的空燃比大,无法使用三元催化转换器对排放物进行有效处理。因此,为了减少NO_x排放量有必要采用废气再循环(EGR)系统,而废气再循环又会增加微粒的排放。柴油机排放的微粒,主要是燃料在燃烧时暴露在局部高温缺氧的环境中,产生热分解而生成的游离碳。解决的办法是利用氧化催化器、NO_x还原催化器及微粒捕捉器进行后处理,而柴油机电控技术是整个后处理系统能够正常和高效工作的保证。

3. 提高发动机运转稳定性

借助传感器的输入信号,计算机可随时检测影响发动机工作可靠性的一些参数,一旦某一项或某些项的参数或状态超出或低于设定值,控制系统就会报警,同时控制执行器进行相应的调节,直到这些参数或状态正常为止。对于一些影响发动机运转可靠性的重要参数,控制系统还可提供双重甚至是多重保护,以免造成重大损失。

4. 改善低温启动性

在常规启动时,驾驶员先使发动机减压以提高转速,再返回压缩状态,启动预热塞使之迅速着火。这一系列操作十分麻烦,如果操作不熟练,很容易因反复启动而导致蓄电池放电。通过控制预热塞通电时间,可以更容易地使柴油机低温启动。

5. 控制涡轮增压

普通的增压器不能够兼顾柴油机的高速工况和低速工况。在柴油机的低速工况下,废气流量和能量相对较小,很难将增压器的转速提高到期望的水平;而在高速工况下,由于废气流量和能量都较高,导致涡轮速度过高,可靠性和寿命下降。为了兼顾高速和低速工况,有必要对增压装置进行精确地控制,采用电子控制技术无疑是最好的选择。

6. 适应性广

只要改变ECU的控制程序和数据,一种喷油泵就能广泛应用在各种柴油机上,而且柴油机燃油喷射控制可与变速器控制、怠速控制等各种控制系统进行组合实现集中控制,有利于缩短柴油机电控系统开发周期,并降低成本,从而扩大柴油机电控系统的应用范围。

7. 控制精度高、响应快

因为输入、输出信号实现了数字化传输,所以计算机控制系统的控制精度远远高于机械控制和模拟电路控制。控制系统从接收到一个信息开始,到处理完毕并输出控制信号所需的时间一般为毫秒级,这个时间要远远小于发动机或其他机械控制机构的响应时间。因此,一旦发动机及其系统的运行参数或状态稍微偏离目标值,微机控制系统就能立即进行跟踪并予以实时调整和控制。正是由于响应快这一特点,使得计算机控制系统能实现机械控制系统所不能实现的一系列功能。

(三)柴油机电控系统的功能

现代汽车柴油机电控系统的控制功能已经从最基本的燃油喷射控制,即供油量控制和供油正时控制,扩展到对包括供油速率控制和喷油压力控制在内的多项目标进行控制的燃油喷射控制；并从单一的燃油喷射控制扩展到包括急速控制、进气控制、增压控制、排放控制、启动控制、巡航控制、故障自诊断和失效保护、柴油机与自动变速器的综合控制等在内的全方位集中控制。

1. 燃油喷射控制

燃油喷射控制主要包括供油量控制、供油正时控制、供油速率和供油规律控制、喷油压力控制等。此外还有柴油机低油压保护及增压器工作状况保护等。

(1) 供油量控制

在启动、急速、正常运行等各种工况下，ECU 根据发动机转速信号、负荷信号（加速踏板位置信号）和内存控制模型来确定基本供油量，再根据冷却液温度信号、进气温度信号、启动开关信号、空调开关信号、反馈信号等对供油量进行修正。

(2) 供油正时控制

供油正时控制也是柴油机电控燃油喷射系统最主要的控制功能之一。在柴油机电控燃油喷射系统中，ECU 根据发动机转速信号、负荷信号和内存的控制模型来确定基本的供油提前角，再根据反馈信号进行修正。

(3) 供油速率和供油规律控制

在柴油机电控燃油喷射系统中，ECU 以柴油机转速信号和负荷信号作为主控制信号，按预设的程序确定最佳的供油速率和供油规律。

(4) 喷油压力控制

在柴油机电控燃油喷射系统中，ECU 以柴油机转速信号和负荷信号作为主控制信号，按预设的程序确定最佳的喷油压力，并对喷油压力进行闭环控制。

(5) 柴油机低油压保护

柴油机机油压力过低时，ECU 根据机油压力传感器信号减少供油量，降低转速并报警；当机油压力降到一定值以下时，则切断燃油供给，强制发动机熄火。

(6) 增压器工作状况保护

装有增压装置的柴油机，增压压力过高会造成中冷器和汽缸内最高压力升高；增压压力过低则会导致进气量不足使排气温度升高。因此，ECU 根据增压压力信号适当调节供油量，并在增压压力过高或过低时报警。

2. 急速控制

柴油机的急速控制主要包括急速转速控制和急速时各缸均匀性控制。

(1) 急速转速控制

急速工况时 ECU 以柴油机转速信号和负荷信号作为主控制信号，按内存程序确定急速时的供油量，并根据冷却液温度信号、进气温度信号、空调开关信号、转速（反馈）信号等，对急速供油量进行修正控制，使急速转速保持稳定。

(2) 各缸均匀性控制

在共轨式第三代柴油机电控燃油喷射系统中，由 ECU 分别对各缸的喷油器进行控制（顺序喷射控制），ECU 可以通过精确测定曲轴转速，根据各缸做功行程中曲轴转速的变化确定各缸供油量的偏差，然后进行补偿调节。

3. 进气控制

柴油机的进气控制主要包括进气节流控制、可变进气涡流控制和可变配气正时控制。

(1) 进气节流控制

ECU 主要根据柴油机转速信号和负荷信号，控制设在进气管中的节气门开度，以满足不同工况对进气流量的不同要求。

(2) 可变进气涡流控制

ECU 以柴油机转速和负荷作为主控制信号，按内存的程序对进气涡流强度进行控制，以满足不同工况对进气涡流强度的不同要求。

(3) 可变配气正时控制

ECU 根据柴油机转速信号和负荷信号，按内存程序对配气正时进行控制，以满足不同工况对配气正时的不同要求。

4. 增压控制

柴油机的增压控制主要包括废气旁通控制和涡流流通面积控制。ECU 根据柴油机转速信号、负荷信号、增压压力信号等，通过控制废气旁通阀的开度或废气喷射器的喷射角度、增压器涡轮废气进口截面大小等措施，实现对废气涡轮增压压力的控制，以改善柴油机的扭矩特性，提高加速性能，降低排放和噪声。

5. 排放控制

为了控制柴油机在部分负荷下 NO_x 的排放，一般装有废气再循环(EGR)系统。ECU 主要根据柴油机转速和负荷信号，按内存程序控制 EGR 阀开度，以调节废气再循环率。

6. 排放后处理系统控制

为了进一步降低柴油机有害气体的排放，除了在燃烧环节尽量降低有害排放物的生成外，还可采取排放后处理措施。柴油机排放后处理系统的基本组成和功能如下：

(1) 氧化催化器

其作用是将没有完全燃烧的 HC、CO 和部分微粒氧化，生成 CO_2 和 H_2O。

(2) NO_x 的还原催化器

柴油机的空燃比较大，NO_x 难以被还原。目前，比较成熟的方法是尿素辅助还原法，即在排气管中喷入一定量的尿素来辅助 NO_x 还原。由于尿素的喷射量与排放的空燃比有关，因此需要加装反馈空燃比的氧传感器。

(3) 微粒过滤器

柴油机微粒净化技术最为有效的方法是使用各种过滤器。过滤器过滤废气中的微粒，当过滤器收集过多的微粒物时，会使发动机排气阻力加大，这时需采用更换过滤器或对收集的微粒采用氧化或燃烧技术的方法进行清洁，使微粒过滤器恢复原状以便重新工作。

7. 启动控制

柴油机启动时，ECU 根据柴油机启动时的冷却液温度决定电加热装置是否通电以及通电持续时间，并在柴油机启动后或在启动温度较高时，自动切断电加热装置电源。此外，启动控制还包括对启动阶段循环供油量(启动时喷油量)和启动时供油正时的控制。

8. 巡航控制

与汽油机电控系统相同，带有巡航控制功能的柴油机电控系统，当通过巡航控制开关选定巡航控制模式后，ECU 即可根据车速信号等自动维持汽车以一定的车速行驶。

9. 故障自诊断和失效保护

柴油机电控系统中也包含故障自诊断和失效保护两个子系统。柴油机电控系统出现故障时，自诊断系统将使仪表盘上的故障指示灯闪亮，并储存故障码。检修时可通过一定的操作程序调取故障码等信息，同时失效保护系统启动相应保护程序，使柴油机能够继续保持运转或强制熄火。

10. 柴油机与自动变速器的综合控制

在装有电控自动变速器的柴油车上，将柴油机控制 ECU 和自动变速器控制 ECU 合为一体，实现柴油机与自动变速器的综合控制，以改善汽车的变速性能。

二、柴油机电控燃油喷射系统的基本组成

不同柴油机电控系统的区别在于控制功能、传感器的数量和类型、执行元件的类型、ECU 控制软件、主要电控元件的结构原理和安装位置，但其基本组成与其他电控系统一样，都是由传感器、ECU 和执行元件三部分组成，如图 6.1 所示。传感器采集转速、温度、压力、流量和加速踏板位置等信号，并将实时检测的数据输入计算机；ECU 是电控系统的核心部件，对来自传感器的信息同储存的参数值进行比较、运算，确定最佳运行参数；执行机构按照最佳参数对喷油压力、喷油量、喷油时间、喷油规律等进行控制，驱动喷油系统，使柴油机工作状态达到最佳。

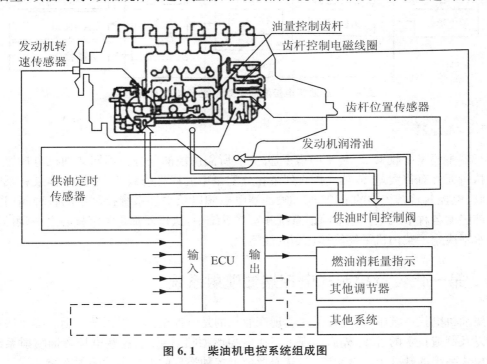

图 6.1 柴油机电控系统组成图

（一）传感器

传感器是柴油机实现电控的关键技术之一，其作用是感知和检测发动机与车辆的运行状态，并将检测结果转换成电信号输送给 ECU。柴油机电控燃油喷射系统所用的传感器多数与汽油机电控系统相同。在柴油机电控系统中常用的传感器有压力传感器、温度传感器、位置传感器、转速传感器、空气流量传感器及氧传感器等。此外，在电控系统中还有开关量采集电路，用于检测空调、离合器、挡位、制动、巡航控制等开关量的状态信息。所有的信息经过电控单元的信号采集模块处理后送到发动机电控单元，作为发动机控制的依据。

（二）柴油机电控单元（ECU）

柴油机电控单元的结构与汽油机电控单元的结构基本相同，主要是控制程序（即软件）有较大差别，如图 6.2 所示。电控单元由微处理器及其外围硬件和一整套的控制软件组成，通常放置在金属盒内，传感器、执行器和电源通过一个多针电器插头与之相连。一个典型的电控单元的硬件电路包括电源模块、信号处理、微电脑、通信接口以及输出电路等部分。

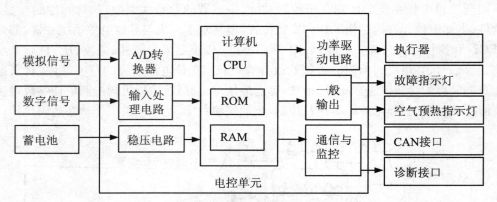

图 6.2　柴油机电控燃油喷射系统 ECU 工作示意图

（三）执行器

执行器主要是接收 ECU 传来的指令，并完成所需调控的任务。不同柴油机电控燃油喷射系统的执行元件有很大差异，如电控直列泵和分配泵中的线性螺线管、电控单体泵和泵喷嘴中的电磁阀、电控共轨系统中的 PCV 阀和喷油器电磁阀以及空气系统控制中的各种阀门控制器等。在前述的各种形式电控燃油喷射系统和空气系统中，执行器都是关键核心之一，可以说，执行器的水平决定了柴油机最终能够达到的性能。

三、第一代位置控制式电控燃油喷射系统

在柴油机电控系统中，研究最早并实现产业化的是电控柴油喷射系统。随着排放法规的日益严格以及制造技术的进步，先后出现了三代电控燃油喷射系统，这些电控燃油喷射系统是在不同机械式系统的基础上发展起来的，从而形成了多种类型的电控燃油喷射系统。

传统的机械控制式柴油机供给系统中，都是由驾驶员或调速器通过改变喷油泵供油量调节机构的位置来调节供油量，即最终喷油量的控制是通过油泵的齿条（齿杆）或滑套的位置来实现的，其控制精度、供油特性、响应性等比较差。

第一代位置控制式柴油机电控系统保留了传统的喷油泵—高压油管—喷油器系统，而且还保留了喷油泵中齿条、齿圈、滑套、柱塞上螺旋槽等控制油量的传动机构，只是对齿条或滑套的运动位置，由原来的机械调速器控制改为电子控制。为了进一步改善发动机的排放，正时机构也实施了电子控制，从而达到了对不同工况下不同供油正时的精确控制。

由于第一代位置控制式电控燃油喷射系统只是在原有的机械调速器的位置实施电控，所以又被称为"电子调速器"。有的电控系统在加装了电子控制执行器的同时，还保留了原有的机械调速器，形成了"机电混合调速器"。位置控制式电控喷油泵主要是在直列泵和分配泵上进行改

进的。

(一)位置控制式直列柱塞泵

直列柱塞泵供油量"位置控制"系统如图 6.3 所示。ECU 根据加速踏板位置传感器信号(即负荷信号)和柴油机转速信号,并参考供油齿条位置、冷却液温度、进气压力等传感器信号,按内存控制程序计算供油量和供油提前角控制参数值,再通过 ECU 中行程或位置伺服电路,使电子调速器内的线性螺线管控制喷油泵供油齿条的行程或位置。而供油齿条的实际位置则由装在电子调速器内的供油齿条位置传感器检测,检测结果反馈给 ECU 中的行程或位置伺服电路,再对齿条位置进行修正,使供油齿杆实际位置与目标位置间的差值趋于零。采用反馈控制,有助于对供油齿杆位置进行高精度的控制和定位,提高循环供油量的控制精度,同时也能用来监测控制系统是否工作正常。

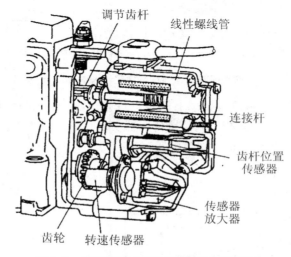

图 6.3 位置控制式直列柱塞泵电子调速器

1. 喷油量的控制

喷油量的控制是由 ECU 控制电子调速器来实现的。位置控制式直列柱塞泵供油量控制装置既有旋转运动的电机,也有直线运动的电机。图 6.3 所示为位置控制式直列柱塞泵电子调速器结构,采用的是直线运动的线性电磁铁作为油量控制装置。线性螺线管安装在原喷油泵供油齿条的一端,螺线管中的铁芯与喷油泵的供油齿条连成一体。当控制电流通过螺线管时,产生一个作用在铁芯上的与螺线管中电流成正比的电磁力,推动油量调节齿杆移动,当推力与回位弹簧力平衡时,齿杆就停留在某一位置上。齿杆位置传感器将信号传给 ECU,ECU 根据齿杆的实际位置和预定位置间的偏差量,发出改变输入螺线管电流的驱动信号来精确控制齿杆的位置,从而改变喷油量。图 6.4 所示为一位置控制式直列柱塞泵电子调速器的工作示意图。直列柱塞泵的供油齿条位置传感器和发动机转速传感器一般安装在电子调速器内。

2. 供油正时的控制

对电控直列柱塞泵供油正时的控制通常是通过供油正时控制阀来实现的。直列柱塞泵供油正时电控系统的组成如图 6.5 所示,工作的液压油来自柴油机润滑系统。正时控制阀安装在喷油泵驱动轴与凸轮轴之间,正时控制阀可使喷油泵凸轮轴相对驱动轴在一定范围内转动。柴油机转速传感器安装在喷油泵驱动轴上,ECU 主要根据柴油机转速和负荷传感器信号确定基

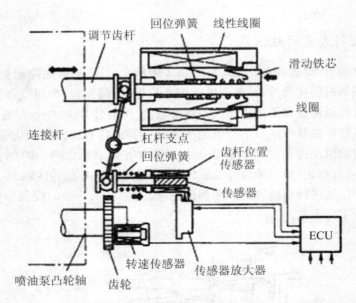

图 6.4 位置控制式直列柱塞泵电子调速器工作原理图

本供油提前角,再根据冷却液温度等传感器信号进行修正,并通过两个正时控制电磁阀来实现对喷油泵供油正时的控制。正时控制阀位置传感器安装在喷油泵凸轮轴上,用来检测凸轮轴的位置和转角,ECU 根据此传感器信号对供油正时进行闭环控制。

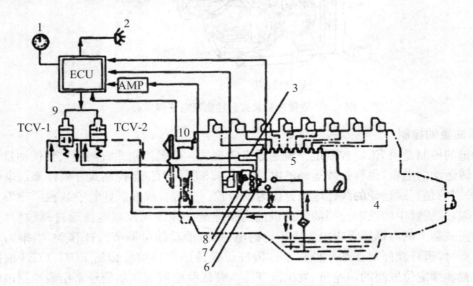

图 6.5 直列柱塞泵供油正时系统组成图

1-转速表;2-故障指示灯;3-供油齿条位置传感器;4-柴油机;5-喷油泵;6-正时传感器;
7-正时控制阀;8-转速传感器;9-正时控制传感器;10-冷却液温度传感器

图 6.6 所示为正时控制阀工作原理图。当需减小供油提前角时,ECU 控制电磁阀使正时控制阀的进油通道关闭而回油通道开启,液压腔内的油压下降,在回位弹簧作用下活塞向右轴向移动,而滑块和滑块销向内径向移动,安装在滑块销上的大小偏心轮转动,使凸轮轴相对驱动盘沿转动相反的方向转过一定角度,从而使喷油泵供油提前角减小,如图 6.6(a)所示。反之,

需要使喷油泵供油提前时,ECU 控制电磁阀使正时控制器的进油通道开启而回油通道关闭,润滑油进入液压腔使油压升高,并推动活塞向左移动,活塞推动滑块和滑块销向外移动,偏心轮转动使凸轮轴相对驱动盘沿转动方向转过一定角度,喷油泵供油提前角增大,如图 6.6(b)所示。喷油泵的供油正时随正时控制阀液压腔内的油压变化而变化,ECU 通过电磁阀控制液压腔内的油压,即可控制供油正时。

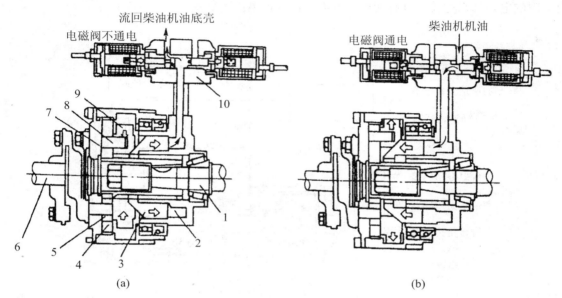

图 6.6 正时控制阀工作原理

1-凸轮轴;2-液压腔;3-液压活塞;4-大偏心轮;5-驱动轴;6-驱动轴;7-驱动盘;8-滑块销;9-滑块;10-电磁阀

(二)位置控制式电控分配泵系统

位置控制式电控分配泵系统就是将 VE 分配泵中的机械调速器换成电子控制的执行机构,利用油量控制滑套的位置反馈来实现对油量的灵活控制。

(三)第一代位置控制式电控燃油喷射系统的控制特点

第一代位置控制式电控燃油喷射系统的控制特点如下:

① 保留了传统的喷油泵—高压油管—喷油器系统,取消了机械调速器,改用电子执行器来完成分配转子与滑套或柱塞和柱塞套之间的相对位置控制。柴油机的结构几乎无需改动,故生产继承性好,便于对现有设备进行升级改造。

② 增加反馈位置的传感器、转速传感器以及燃油温度传感器等,从而实现对油泵的精确控制。

③ 电子控制系统的优点在于,不同转速与负荷下的喷油量可以灵活标定,因此在发动机的整个稳态工况范围,发动机的工作特性可以按照性能最佳的方式来确定,且响应速度快。

第一代位置控制式电控燃油喷射系统的最大优点是对原有系统改动少、成本低。但是由于喷射压力相对原有系统没有提高,因此对发动机的排放性能改善有限,只是对动力性、经济性以及整车的驾驶性能有所改善。即使如此,第一代位置控制式电控燃油喷射系统相对传统机械系统已经改变了整个发动机的控制和匹配模式,在柴油机电子控制的道路上迈出了关键一步。

四、第二代时间控制式电控燃油喷射系统

所谓时间控制,就是用高速电磁阀直接控制高压燃油的适时喷射。与第一代电控系统相比,第二代时间控制式电控燃油喷射系统最大的变化是油泵内柱塞套的位置被固定,喷射过程由专门的电磁阀来完成。具有代表性的第二代电控燃油喷射系统如图 6.7 所示。

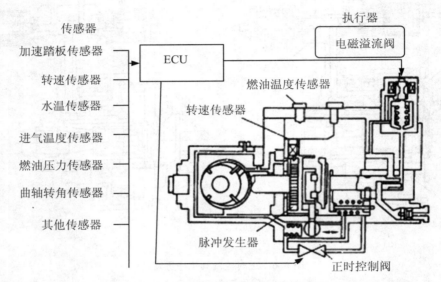

图 6.7 时间控制式电控燃油喷射系统

(一)电控分配泵燃油喷射系统

转子分配泵通常通过调节一个油量控制滑套的位置变化来控制高压腔与低压腔之间回油通道相通的时间就能实现供油量的控制。因此,只要在回油通道中安装一个由 ECU 控制的高速电磁溢流阀来取代滑套控制回油通道的开闭,也就实现了供油量的时间控制。高速电磁溢流阀通常安装在柱塞顶部的高压腔与低压腔之间的回油通道中。时间控制的转子分配泵不仅取消了油量控制滑套,还取消了泵油柱塞上的回油槽(或孔)。

1. 喷油量的控制

时间控制式转子分配泵结构如图 6.8 所示。高速电磁溢流阀安装在泵油柱塞顶部高压油腔的回油通道中。为精确控制电磁阀开启和关闭的时刻,在喷油泵内安装有泵角传感器,用于检测喷油泵驱动轴的位置和转角。传感器信号输送给控制器,再由控制器将泵角传感器输入的转角信号传送给 ECU,以便 ECU 确定柴油机转速。

转子分配泵的喷油量控制原理如图 6.9 所示。控制 ECU 根据各种传感器信号计算供油量后,向控制器发出指令和相关信息。控制器则根据 ECU 的指令和相关信息,参考燃油温度传感器信号对分配给各缸的供油量进行平衡(均匀性控制),并通过驱动(放大电路)直接控制高速电磁溢流阀工作。传统转子分配泵中的柱塞工作过程可分为吸油、泵油和回油过程,而"时间控制"的转子分配泵柱塞只有吸油和泵油两个行程,即没有回油作用。高速电磁溢流阀为常闭式,在柱塞吸油行程中电磁阀处于关闭状态,泵过程开始后高压油腔即产生高压,喷油泵向某缸喷

项目六 柴油机电控系统的认知 | 153

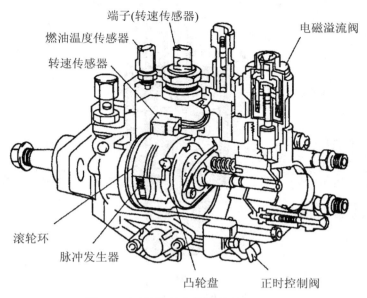

图 6.8 时间控制式转子分配泵结构

油器供油。当控制器发出指令使电阀通电时,电磁阀打开高压腔回油通道,柱塞顶部的高压油腔内油压迅速下降,喷油泵某缸的供油停止。从柱塞泵油行程开始到高速电磁阀开启,这段时间的长短决定了喷泵供油量的多少,柱塞泵油行程开始越早,高速电磁阀开启越晚,供油量越多。柱塞泵行程开始时刻由供油正时确定。电磁阀关闭时间传感器信号用于供油量闭环控制,喷油始点传感器信号用于供油正时闭环控制。

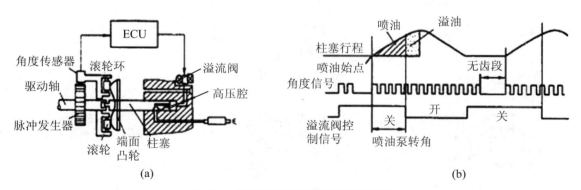

图 6.9 转子分配泵的喷油量控制原理

高速电磁溢流阀结构如图 6.10 所示。溢流阀由一个小电磁阀(导向阀)和一个液压自动阀(主阀)组成。导向阀的开闭由电磁线圈控制,电磁线圈又受 ECU 控制;主阀为液压阀,开闭受燃油压力控制。

电磁溢流阀工作原理如图 6.11 所示。当电磁溢流阀通电时,高压燃油通过主阀上的小孔作用于主阀的背面。由于电磁溢流阀通电过程中线圈产生激磁,导向阀压在阀座上。主阀座面的密封截面小于主阀直径,作用于主阀背面的力大于作用于主阀正面的力,故主阀压向阀座。此时高压燃油不会溢流。当电磁溢流阀中没有电流流过时,导向阀在弹簧力的作用下开启,主阀背面的燃油溢流,主阀正面的燃油压力由于有小孔节流,下降比较慢,这样主阀就自动开启,

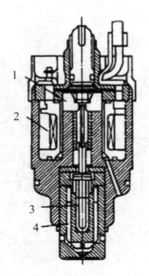

图 6.10 高速电磁溢流阀结构示意图
1-电枢;2-电磁线圈;3-导向;4-主阀

高压腔内燃油迅速卸压,停止喷油。结果,达到了用较小的激磁力产生高压密封(导向阀密封面积小),而在溢流时又有足够大的流通截面积(主阀密封面积大),保证迅速溢流,而且响应灵敏的效果。

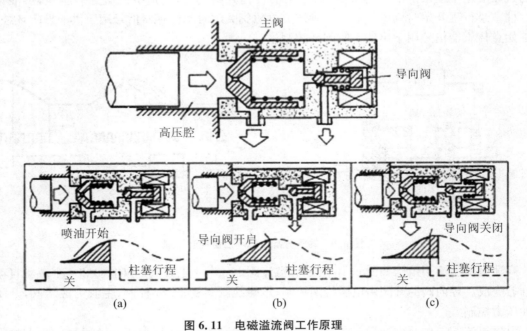

图 6.11 电磁溢流阀工作原理

2. 供油正时的控制

供油正时控制机构与位置控制式电控分配泵一样,即通过正时活塞的移动来改变端面凸轮与滚轮的相对位置来实现对供油提前角的控制,而正时活塞的位置则由加在上面的液压大小决定。ECU 通过控制正时控制电磁阀线圈电流的通断来控制作用在正时活塞上的油压,进而实现对供油提前角的控制,但取消了定时活塞位置传感器,反馈信号来自于曲轴位置信号和喷油泵转角传感器的无齿段信号间的相位差。在油泵驱动轴上装有泵角脉冲发生器,泵角传感器向 ECU 输入燃油何时开始喷射的信号,曲轴位置传感器向 ECU 输入曲轴基准位置的参考信号。ECU 根据这两个信号才能确定供油提前角。

(二)电控泵喷嘴系统

电控泵喷嘴系统将产生高压的柱塞泵与喷油器和控制单元(喷嘴电磁阀)组合在一起,并消除了高压油管。该系统安装在缸盖上,每个缸均有一个。由于无高压油管,消除了高压油管中压力波和燃油压缩的影响,高压容积大大减少,因此可产生 200 MPa 以上的喷油压力。电控泵喷嘴系统用高速强力电磁阀来控制供油正时和喷油量,属于时间控制类型。高速电磁阀受 ECU 控制,即通过控制流过线圈电流的通断时刻及通断时间的长短,进而控制供油提前角与喷油量。

1. 电控泵喷嘴系统的组成

电控泵喷嘴系统由低压部分、高压部分和电控系统等部分组成,如图 6.12 所示。

(1)低压部分

低压部分是指燃油供给部分。燃油供给部分的任务是储存所需要的燃油,并在所有工况下以规定的压力向燃油喷射系统提供燃油。燃油供给部分主要包括:燃油箱、滤清器、输油泵、手动泵、回油阀等。

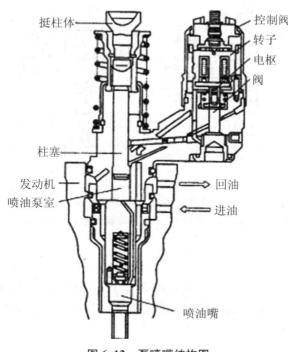

图 6.12　泵喷嘴结构图

(2)高压部分

高压部分是指泵喷嘴。泵喷嘴的功用是在所有工况下,按电控单元计算出的时刻,以精确的数量和要求的压力将燃油喷射到发动机汽缸内。

(3) 电控系统

电控系统分三个系统模块,即传感器、电控单元及执行器。

2. 泵喷嘴

泵喷嘴由以下三部分组成,其结构如图 6.12 所示。

(1) 产生高压的部件

产生高压的主要部件是泵体组件、泵柱塞和回位弹簧。

(2) 高压电磁阀(电磁溢流阀)

高压电磁阀由线圈、电磁阀针阀、衔铁、磁芯和电磁阀弹簧等主要部件组成,其任务是控制喷油器起始时刻和喷油持续时间。

(3) 喷油嘴

喷油嘴将燃油雾化,精确定量并分布到燃烧室中。喷油嘴是利用压紧螺母安装到泵喷嘴体上去的。

3. 泵喷嘴工作原理

泵喷嘴的工作过程可分成四个状态,如图 6.13 所示。

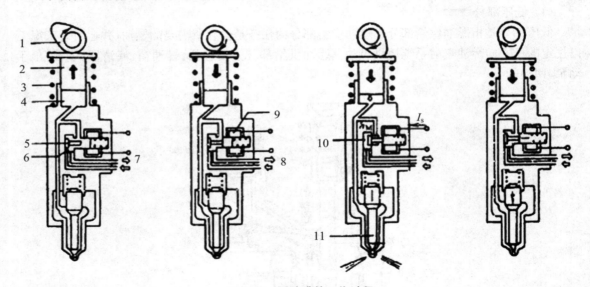

图 6.13 泵喷嘴的工作过程

1-凸轮;2-柱塞;3-回位弹簧;4-高压腔;5-电磁阀针阀;6-电磁阀阀腔;7-进油通道;8-回油通道;9-线圈;10-低压腔;11-针阀

(1) 吸油行程

泵柱塞在回位弹簧的作用下往上运动。始终处于过压状态下的燃油从供油系统的低压部分通过集成于发动机机体中的进油孔和进油通道流入电磁阀阀腔。电磁阀是开启着的,燃油通过一个连接孔流入高压腔(又称泵腔)。

(2) 预备行程

由于驱动凸轮的转动,泵柱塞往下运动。此时,电磁阀是开启着的,燃油由泵柱塞通过回油通道被压回到供油系统的低压部分。

(3) 输油行程和喷油过程

电控单元在一个确定的时刻输出指令使电磁铁的线圈通电,将电磁阀针阀吸入阀座,切断了高压腔和低压腔之间的联系。这个时刻称为喷油起始点。高压腔内的燃油压力因为泵柱塞的运动而上升。喷油嘴开启压力大约为 3×10^7 Pa，一旦腔内压力达到，则喷油嘴阀升起，燃油喷入燃烧室。

（4）残余行程

如果电磁阀线圈断电，电磁阀将在经过一段短暂的滞后时间后开启，高压腔和低压部分之间重新连通。此后压力迅速下降，当压力低于喷油嘴关闭压力时，喷油嘴关闭，喷油过程结束。

（三）第二代时间控制式电控燃油喷射系统的控制特点

第二代时间控制式电控燃油喷射系统的控制特点如下：

① 产生高压的装置与机械式喷油系统、第一代位置控制式系统相同，都需要用凸轮轴来驱动柱塞，用压缩燃油来产生喷射需要的压力。

② 油量控制和调节装置与第一代位置控制式系统已经完全不同。在第一代位置控制系统中，油量调节装置是油量控制套筒，而在第二代时间控制式的电控系统中，控制油量的执行器是电磁阀，直接由电磁阀的动作完成每个喷射过程。

③ 喷射过程更加直接和精确。喷射过程中，电磁阀关闭的时间决定供油正时，电磁阀关闭的持续时间决定喷油量和喷射压力，电磁阀直接调整发动机的工况。

④ 由于仍需要用凸轮型线的驱动来产生喷射所需的高压，其喷射压力严重依赖于凸轮型线的设计，使得喷油压力控制、喷油速率控制和喷油定时控制都没有得到充分的发挥，从而也限制了发动机性能的进一步改善。

五、第三代共轨式电控燃油喷射系统

针对第二代时间控制式电控燃油喷射系统存在的不足，人们进一步研发了第三代共轨式电控燃油喷射系统。所谓共轨式（公共轨道式的简称）电控燃油喷射系统是指该系统中有一条可独立控制的燃油压力公共油轨，高压供油泵向公共油轨中泵油，用电磁阀进行油压调节并根据压力传感器信号对共轨中的油压进行闭环控制。有一定压力的柴油经由公共油轨分别通向各缸喷油器，而喷油器上的电磁阀控制供油正时和喷油量。

在共轨式电控燃油喷射系统中，压力的形成和燃油的喷射过程是独立的，相互之间没有影响。喷油压力的形成取决于发动机的转速和喷油的数量。高压油轨中存储了待喷射的高压燃油，喷油始点和喷油压力通过 ECU 比较电脑中预先存储的基本喷油特性图计算出来。ECU 再触发电磁阀，最终喷油器将一定量的燃油喷入汽缸。

从功能方面分析，共轨式电控燃油喷射系统（简称电控共轨系统）可分为两部分：电控系统和燃油供给系统，如图 6.14 所示。

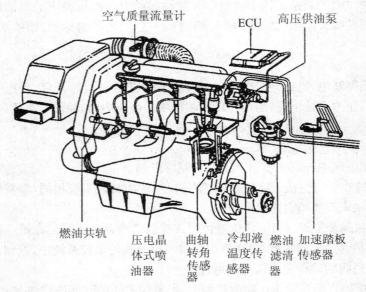

图 6.14 共轨式电控燃油喷射系统

项目实施

① 每组准备汽车(或柴油发动机台架)1台;
② 每组准备常用拆装工具2套;
③ 每组准备万用表2只;
④ 每组准备故障诊断仪2套;
⑤ 每组准备示波器2套。

① 学会对电控柴油机各传感器的检修;
② 学会对电控柴油机各执行器的检修;
③ 学会对电控柴油机高、低压油路的检修。

按表6.1所示标准对学习成果进行评价。

表 6.1　评价与考核标准

评价与考核项目		评价与考核标准	配分
知识点	组成	能描述柴油机电控燃油喷射系统的组成	10
	工作原理	能描述柴油机电控燃油喷射系统的工作原理	15
技能点	仪器使用	能正确使用万用表、故障诊断仪等工、量具	15
	传感器的检修	能使用万用表、故障诊断仪等对各传感器进行检修	15
	执行器的检修	能使用万用表、故障诊断仪等对执行器进行检修	15
	高、低压油路的检修	能使用万用表、故障诊断仪等对高、低压油路零部件进行检修	15
情感点	纪律与劳动	不迟到、不早退,实训主动、积极、认真	5
	道德与敬业	具备良好的道德准则、道德情操与道德品质;能认真对待实训、明确职责、勤奋努力	5
	协作与创新	能与同学和谐相处、互补互助、协调合作,充分发挥自己的个性,圆满完成实训任务;能够综合运用自己的知识、信息、技能和方法,对遇到的问题能提出新方法、新观点	5
合 计			100

注:出现安全事故或不按规范操作,损坏仪器、设备,此任务成绩计 0 分。

拓展知识

一、电控柴油机传感器的检修

（一）训练内容

① 在台架或车辆上对电控柴油机各系统进行认识;
② 在台架或车辆上对电控柴油机的主要传感器进行检测;
③ 完成并填写学习工作单的相关项目;
④ 学习电控柴油机传感器的相关知识。

（二）训练目标

① 了解电控柴油机各系统的组成;
② 熟悉柴油机电控系统基本传感器的结构、原理;
③ 了解电控柴油机的控制内容。

（三）训练设备

① 汽车(或柴油发动机台架)1 台;

② 常用拆装工具 2 套；
③ 万用表 2 只；
④ 故障诊断仪 2 套；
⑤ 示波器 2 套。

(四) 训练步骤

1. 冷却液温度传感器的检测

① 结合图 6.15 所示电路检测线路的通断。方法是用万用表的电阻挡，分别测量端子 1 与端子 A58、端子 2 与端子 A41 之间的电阻值，判断外线路是否存在短路及断路故障。

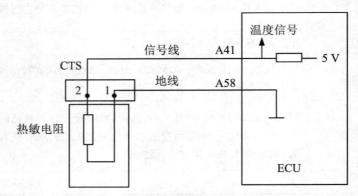

图 6.15 冷却液温度传感器的检测线路

② 拔下线束插头，打开点火开关，测量线束侧端子 1,2 之间的电压应为 5 V。
③ 测量传感器与 ECU 之间的线路是否有虚接或搭铁的现象。

(1) 检查传感器

① 将线束插头插好，打开点火开关，此时测量信号线引脚与地线引脚之间的电压应在 0.2～2.5 V 之间，如无变化检查线束连接情况和传感器；
② 启动发动机，接入故障诊断仪，选取读取数据流项中冷却液温度一项，此时踩下油门，使发动机温度上升，观察冷却液温度是否有变化，如无变化检查线束连接情况和传感器；
③ 取下传感器，将工作部分放入水中进行加热，测量正常情况下冷却液温度传感器两引脚之间的电阻值是否符合表 6.2 的规定值，如不符合应更换传感器。

表 6.2 冷却液温度各温度的电阻值

序号	电阻值(kΩ)		温度(℃)	序号	电阻值(kΩ)		温度(℃)
	最小	最大			最小	最大	
1	8.244	10.661	−10	5	1.080	1.277	40
2	5.227	6.623	0	6	0.555	0.639	60
3	3.390	4.217	10	7	0.304	0.342	80
4	2.262	2.760	20				

(2) 检查故障码

连接故障诊断仪，拔下线束插头，打开点火开关，读取与冷却液温度传感器相关的故障码

（读取之前应先清除故障码）。

（3）检查数据流

连接故障诊断仪，拔下线束插头，打开点火开关，读取与冷却液温度传感器相关的数据流（读取时应踩下油门踏板，查看温度、信号电压的变化情况）。

2. 空气流量计的检测

（1）检查外观

① 检查是否装反；

② 检查护网有无堵塞或破裂；

③ 观察传感器电阻膜片是否脏污、损坏。

（2）检查线路

拔下传感器插头，检查传感器各引脚线路至 ECU 线路通断情况。正常情况下，线束插头端子 1 的电压与电瓶电压一致，端子 2 电压为 0 V，端子 3 与端子 4 电压均应为 5 V。

（3）检查传感器

① 接通点火开关，不启动发动机，测量进气质量信号引脚与地线引脚之间的电压，电压应为 3 V 左右。空气流量计检测线路及插接器各端子代号如图 6.16 所示。

② 启动发动机，测量进气质量信号引脚与地线引脚之间的电压，电压应在 2～3.5 V 之间变化，否则说明传感器损坏。

（4）检查故障码

连接故障诊断仪，拔下线束插头，打开点火开关，读取与冷却液温度传感器相关的故障码（读取之前应先清除故障码）。

（5）检查数据流

连接故障诊断仪，拔下线束插头，打开点火开关，读取与冷却液温度传感器相关的数据流（读取时应踩下油门踏板，查看空气流量的变化情况）。

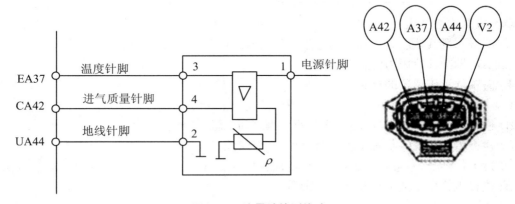

图 6.16　流量计检测线路

（6）检测注意事项

① 装配时确保方向正确；

② 不允许测量电阻及用高压空气吹传感器部分；

③ 插拔线路时确保线路插头不弯折、损坏；

④ 避免油、水进入空气流量计内。

3. 共轨压力传感器的检测

(1) 检查线路

① 按照图 6.17 所示检测传感器引脚与 ECU 引脚之间的通断,传感器各端子代号如图 6.18 所示。

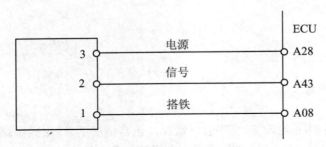

图 6.17 共轨压力传感器线路　　图 6.18 共轨压力传感器各端子代号

② 打开点火开关,在不启动发动机的情况下,测量脚 3 与脚 1 之间应有 5 V 电压。

(2) 检查故障码

连接故障诊断仪,拔下线束插头,打开点火开关,读取与共轨压力传感器相关的故障码(读取之前应先清除故障码)。

(3) 检查数据流

连接故障诊断仪,启动发动机,读取当前的实际共轨压力数据流,同时检测脚 2 输出电压,电压与共轨压力的关系应如表 6.3 所示。

表 6.3 共轨压力传感器压力与电压值对应关系表

实际共轨压力(MPa)	33	40	50	70
电压值(V)	1.24	1.36	1.57	2.06

(4) 检测注意事项

① 不得测量共轨压力传感器的电阻,否则会使内部的电桥过载烧毁;

② 不得拆卸共轨压力传感器。

4. 曲轴位置传感器的检测

(1) 检查外观

① 检查屏蔽线是否完好(屏蔽线与两引脚之间电阻无穷大);

② 检查传感器安装状态是否符合要求(气隙间隙:0.8~1 mm);

③ 拆下传感器,检查永久磁铁部位是否吸附有铁屑;

④ 检查飞轮齿圈上是否存在金属杂质。

(2) 检查线路

参考电路图(图 6.19),用万用表的电阻挡,分别测量传感器 2 个端子与 ECU 2 个对应端子之间的电阻值,以此判断外线路是否存在短路及断路故障。

(3) 检查传感器

关闭点火开关,拔下曲轴位置传感器插头(图 6.20)测量端子 1 与端子 2 间的电阻值(机型不同,差异较大)。GW2.8TC 型柴油机的曲轴位置传感器在 20 ℃情况下,两引脚间的电阻值应在 770~950 Ω 之间。

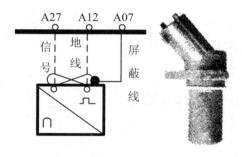
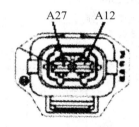

图 6.19 曲轴位置传感器电路　　　　图 6.20 曲轴位置传感器各端子代号

（4）检查故障码

连接故障诊断仪，拔下线束插头，打开点火开关，读取与曲轴位置传感器相关的故障码（读取之前应先清除故障码）。

（5）检查数据流

连接故障诊断仪，拔下线束插头，打开点火开关，读取与曲轴位置传感器相关的数据流（读取时应踩下油门踏板，查看发动机转速的变化情况）。

（6）检测波形

用示波器测量不同转速及转速变化等情况下的曲轴位置传感器输出波形，绘制所测波形，并分析波形。

（7）检测注意事项

① 检测转速传感器时要保证作业环境的清洁度，避免永久磁铁吸附金属；

② 安装转速传感器时应按照维修手册要求操作，以确保传感器与飞轮的间隙。

5. 凸轮轴位置传感器的检测

（1）检查线路

参考图 6.21，用万用表的电阻挡，分别测量端子 1 与端子 A20、端子 2 与端子 A50、端子 3 与端子 A11 之间的电阻值，以此来判断外线路是否存在短路及断路故障。

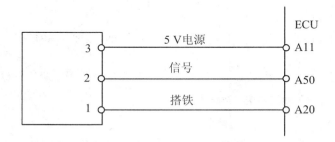
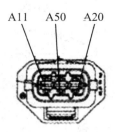

图 6.21　CMPS 与 ECU 的电路连接及 CMPS 插头

（2）检查传感器

关闭点火开关，拔下凸轮轴位置传感器插头，点火开关打在"ON"挡，测量传感器侧插头端子 3 与搭铁间的电压应为 5 V，端子 2 与搭铁间的电压也应为 5 V，端子 1 与搭铁间的电压为 0 V。

（3）检查故障码

连接故障诊断仪，拔下线束插头，打开点火开关，读取与凸轮轴位置传感器相关的故障码

（读取之前应先清除故障码）。

(4) 检测波形

可以用示波器测量凸轮轴位置传感器输出波形，如图 6.22 所示。

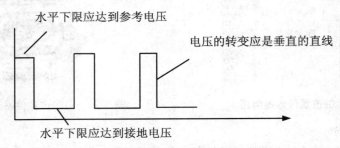

图 6.22 凸轮轴位置传感器输出波形

(5) 检测注意事项

① 如发动机运转时凸轮轴位置传感器失效，发动机不会立即熄火，但发动机熄火后无法再次启动；

② 如果发动机运转时转速传感器失效，发动机会立即熄火，发动机熄火后无法再次启动；

③ 可依据此区别判断为哪种传感器出现故障。

6. 油门踏板位置传感器的检测

(1) 检测线路

① 按照图 6.23 所示测量传感器与 ECU 之间线路的通断；

② 通电状态下，线束插头与端子 1、端子 2 间应有 5 V 电压，与端子 3、端子 5 间电压为 0 V。

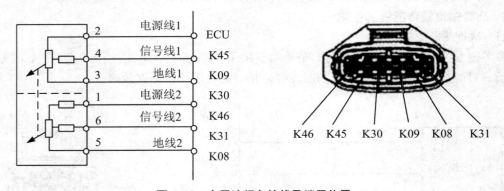

图 6.23 电子油门各接线及端子位置

(2) 检查传感器。

① 连接故障诊断仪，选取读取数据流一项，通电状态下，不踩动踏板，"油门踏板 1 原始值——电压为 0.7 V 左右""油门踏板 2 原始值——电压为 0.35 V 左右"，油门踏板开度应为 0%；

② 踩下踏板观察，随着踏板开度的增大，脚 4 和脚 6 的电压也应随之增大，并且它们的电压呈 2 倍关系；

③ 拆下传感器测量脚 5、脚 6 之间电阻，应为 (1.2 ± 0.4) kΩ，脚 1、脚 5 之间电阻应为 (1.7 ± 0.8) kΩ。

(3) 检查故障码

连接故障诊断仪,拔F线束插头,打开点火开关,读取与油门踏板位置传感器相关的故障码(读取之前应先清除故障码)。

(4) 检查数据流

连接故障诊断仪,拔下线束插头,打开点火开关,读取与油门踏板位置传感器相关的数据流(读取时应踩下油门踏板,查看两个油门踏板信号电压的变化情况以及它们之间的关系)。

(5) 检测维修注意事项

检测时应注意检查油门踏板能否踩到全开位置,是否因车内驾驶座椅下方地毯过厚或位置不当将踏板顶住,无法踩到100%位置。

二、电控柴油机执行器及高、低压油路的检修

(一) 训练内容

① 在台架或车辆上对电控柴油机的主要执行器进行检测;
② 在台架或车辆上对电控柴油机的高、低压油路进行检测;
③ 完成并填写学习工作单的相关项目;
④ 学习电控柴油机执行器的相关知识。

(二) 训练目标

① 熟悉柴油机电控系统基本执行器的结构、原理;
② 了解电控柴油机高、低压系统的组成与检修内容;
③ 了解电控柴油机的控制内容。

(三) 训练设备

① 汽车(或柴油发动机台架)2台;
② 常用拆装工具2套;
③ 万用表2只;
④ 故障诊断仪2套;
⑤ 示波器2套。

(四) 训练步骤

1. 喷油器的检测

(1) 检查线路

结合图6.24所示检测线路的通断。方法是用万用表的电阻挡分别测量一缸端子1与端子A47、端子2与端子A16之间的电阻值,判断外线路是否存在短路及断路故障。

(2) 检查执行器

① 关闭点火开关,分别拔下各喷油器电磁阀插头,测量各电磁阀侧端子1与2间的电阻值,正常情况下,两端子间的电阻值应在 $0.2 \sim 0.4\ \Omega$ 之间;
② 接上电流感应钳,用示波器测量发动机工作时喷油器的峰值电流,应为18 A左右,保持

电流应为 12 A 左右；

③ 启动发动机情况下，喷油器电磁阀端子处应有 5 V 脉冲电压输入，或用试灯（须串连 300 Ω 左右的电阻）连接喷油器电磁阀两个端子，启动时试灯应时亮时灭。

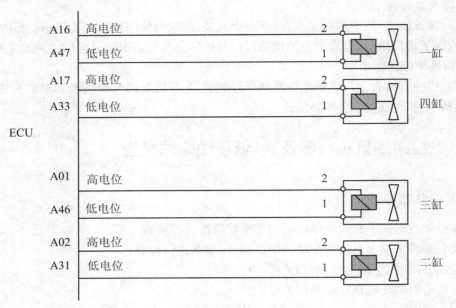

图 6.24　喷油器检测线路

(3) 检查故障码

连接故障诊断仪，拔下线束插头，打开点火开关，读取与喷油器相关的故障码（读取之前应先清除故障码）。

(4) 检查数据流

连接故障诊断仪，拔下线束插头，打开点火开关，读取与喷油量相关的数据流（读取时应踩下油门踏板，查看喷油量的变化情况）。

(5) 匹配 IQA 码

连接故障诊断仪，读取喷油器上各缸的 IQA 码（图 6.25），并与 ECU 内部的 IQA 码进行对照，观察是否一致，不一致则须重新匹配。

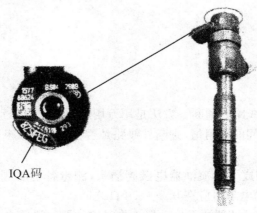

图 6.25　喷油器 IQA 码的位置

（6）检修注意事项

① GW2.8TC 发动机严禁进行手动断缸试验；

② 在拆卸喷油器时，用 13 号的开口扳手固定住喷油器油管接头然后再进行操作，避免喷油器油管接头跟转，影响密封性；

③ 喷油器旧件返回时要按照作业要领包装，避免外界因素影响鉴定结果。

2. 进油计量比例阀的检测

（1）检查线路

① 结合图 6.26 所示检测线路的通断，判断线路是否存在短路及断路故障；

② 测量传感器与 ECU 之间的线路是否有虚接或搭铁的现象。

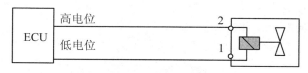

图 6.26　进油计量比例阀的检测电路

（2）检查执行器

① 不通电情况下测量元件针脚之间电阻值，应为 3 Ω 左右；

② 在打开点火开关情况下，应听到元件发出连续不断的蜂鸣声，且将手放到元件上应能够感到振动。

（3）检查故障码

连接故障诊断仪，拔下线束插头，打开点火开关，读取与进油计量比例阀相关的故障码（读取之前应先清除故障码）。

（4）检查数据流

连接故障诊断仪，拔下线束插头，打开点火开关，读取与进油计量比例阀相关的数据流（读取时应踩下油门踏板，查看进油计量比例阀占空比的变化情况）。

（5）检测波形

用示波器测量不同转速及转速变化等情况下的进油计量比例阀的输出波形，绘制所测波形，并分析波形。

3. 高、低压油路检测

（1）排查低压油路工作情况

首先排查低压油路是否堵塞、漏气（可以断开燃油滤清器总成的出油管，按动手油泵，燃油喷出距离为 30 cm 左右为正常，如果燃油喷出的距离远小于 30 cm，则表明低压油路存在堵塞、漏气情况）。

（2）排查高压油泵工作情况

① 检查进油计量比例阀，打开点火开关后进油计量比例阀应发出连续不断的蜂鸣声。如果声音尖锐，表明油路内有空气；如果没有声音，表明该元件内电磁阀损坏。另外还可以通过测量电阻的方法来验证电磁阀的好坏。

② 在不通电情况下，断开高压油路的出油管、回油管，按动手油泵，观察出油情况（此时回油管应有回油，出油管应不出油），如果回油管不回油，表明高压油泵内的回油油道堵塞；如果出油管出油，表明进油计量比例阀卡滞、关闭不严。

思考与练习

1. 柴油机电控系统的控制功能有哪些?
2. 第二代时间控制式电控燃油喷射系统有何特点?
3. 柴油机电控系统由哪几部分组成?各部分又由哪些零部件组成?各有什么作用?
4. 请简述位置控制式直列柱塞泵的供油正时控制。
5. 如何检修油门踏板位置传感器?
6. 如何检修进油计量比例阀?
7. 如何检查高压油路的工作情况?

项目七

电控共轨柴油机系统故障的检修

项目要求

本项目通过学习使用万用表、故障诊断仪及汽车专用示波器等设备对电控共轨柴油发动机系统上的传感器、执行器、高、低压油路进行检测,使学生熟练掌握电控共轨柴油发动机系统的类型、结构及原理等知识点,掌握检测电控共轨柴油发动机系统的主要部件:传感器、执行器、油路等的方法,并能够判断各部件的性能是否良好,制订检修方案。通过对本项目的学习,要求学生达到以下要求:

 知识要求

① 熟悉电控共轨柴油发动机系统基本传感器的结构和原理;
② 熟悉电控共轨柴油发动机系统基本执行器的结构和原理;
③ 了解电控共轨柴油发动机系统的控制内容;
④ 掌握典型电控共轨柴油机油路的组成及原理。

 能力要求

① 能够熟练阅读电控共轨柴油机中英文维修资料;
② 能够正确使用检测设备对电控共轨柴油机的性能进行检测;
③ 能够对电控共轨柴油机主要元件进行检测,并判断其性能好坏;
④ 能够根据元件的检测结果来制定维修方案。

相关知识

一、电控共轨柴油机燃油系统概述

（一）电控共轨柴油机燃油系统的类型

1. 高压共轨系统

高压共轨系统由高压输油泵（压力在 120 MPa 以上）直接产生高压将燃油输送至共轨中，一般采用时间—压力控制方式，通常被称为第一代共轨式电控燃油喷射系统。

2. 中压共轨系统

中压共轨系统由中压输油泵（10～13 MPa）将中压燃油输送到共轨中，采用带有增压作用的喷油器使喷油压力升高到 120～150 MPa。一般采用压力控制方式，又称为第二代共轨式电控燃油喷射系统。

以上均两种均属于电磁阀式共轨系统。

3. 压电式共轨系统

压电式共轨系统则是利用压电晶体作为执行元件，通过控制喷油器针阀的升程（或喷油开始与结束）来实现对燃油喷射的控制。这一类共轨系统通常被称为第三代共轨式电控燃油喷射系统。

（二）电控共轨柴油机燃油系统的主要优点

与传统的柴油机电控系统相比，电子控制共轨系统与发动机匹配时方便灵活多了，其突出的优点可归纳如下：

① 广阔的应用领域（用于轿车和轻型载货车，每缸功率可达 30 kW；用于重型载货车以及机车和船舶用柴油机，每缸功率可达 200 kW）；

② 更高的喷油压力，目前可达 200 MPa，以后会更高；

③ 可以方便地改变喷油的始点和终点；

④ 可以实现预喷射、主喷射和后喷射，可以根据排放等要求实现多段喷射；

⑤ 喷油压力与实际使用工况相适应，在电子控制共轨式燃油系统中，喷油压力的建立与燃油喷射之间无互相依存关系，喷油压力不取决于发动机转速和喷油量；

⑥ 喷油正时和喷油压力在 ECU 中由存储的特性曲线谱（MAP）算出，然后由电磁阀控制装在每个发动机汽缸上的喷油器（喷油单元）予以实现。

（三）电控共轨柴油机系统的基本组成

柴油机电子控制共轨燃油系统从功能方面分析，可以分成控制和燃料供给两大分系统，其基本组成如图 7.1 所示。

1. 控制分系统

控制分系统的功能是根据各个传感器的信息，由 ECU 进行计算，完成各种处理后，求出最佳的喷油时间和最适合的喷油量，并计算出在什么时刻、在多长的时间范围内向喷油器发出开启电磁阀或关闭电磁阀的指令等,从而精确控制发动机的工作过程。

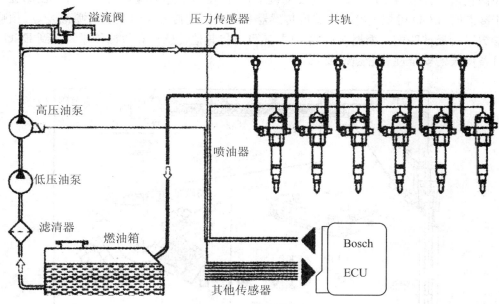

图 7.1 电子控制共轨系统的组成

2. 燃料供给分系统

燃料供给分系统主要由高压泵、共轨和喷油器组成。燃油供给分系统的基本工作原理:高压泵将燃油加压成高压供入共轨内,共轨实际上是一个燃油分配管,储存在共轨内的燃油在适当的时刻通过喷油器喷入发动机汽缸内;电子控制共轨系统中的喷油器是由电磁阀控制的喷油阀,电磁阀的开启和关闭由计算机控制。

二、电控共轨柴油机系统的传感器的工作原理及控制功能

(一)电子控制共轨系统的工作原理

电子控制共轨系统的工作原理如图 7.2 所示。燃油由输油泵经滤清器从油箱中抽出,通过一个电磁阀流入高压泵,然后油流分为两路:一路经过安全阀上的小孔作为冷却及润滑油通过高压泵的凸轮轴流入回油管,然后流回油箱;另一路充入高压泵。在部分共轨系统的高压泵内,燃油压力可上升到 200 MPa,供入共轨。共轨上有一个压力传感器和一个通过切断油路来控制流量的压力调节阀,用这些部件来调节控制单元设定共轨压力。高压燃油从共轨流入喷油器后又分为两路:一路直接喷入燃烧室;另一路在喷油期间与针阀导向部分和控制柱塞处泄漏出的燃油一起流回油箱。

在电子控制共轨系统中,由各种传感器(如发动机转速传感器、节气门开度传感器、各种温度传感器等)实时检测出发动机的实际运行状态,由微型计算机根据预先设计的计算程序进行计算后,定出适合于该运转状态的喷油量、喷油时间、喷油率模型等参数,使发动机始终都能处于最佳工作状态。

曲轴位置传感器用于测定发动机转速,凸轮轴位置传感器用于确定点火顺序。加速踏板传

感器是一种电位计,它将驾驶员对转矩的要求通过电信号通知 ECU。空气流量计检测空气流量。在涡轮增压并带增压压力调节的发动机中,增压压力传感器检测增压压力。在低温和发动机处于冷态时,ECU 可根据冷却水温度传感器和空气温度传感器的数值对喷油始点、预喷油及其他参数进行最佳匹配。根据车辆的不同,还可以将其他传感器和数据传输线接到 ECU 上,以适应日益增长的安全性和舒适性要求。

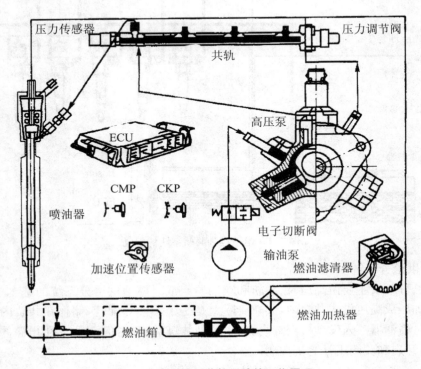

图 7.2 电子控制共轨系统的工作原理

计算机具有自我诊断功能,可对系统的主要零部件进行技术诊断,如果某个零件产生了故障,诊断系统会向驾驶员发出警报,并根据故障情况自动做出处理,或使发动机停止运行,即所谓故障应急功能;或切换控制方法,使车辆继续行驶到安全的地方。

在电子控制共轨系统中,供油压力与发动机的转速、负荷无关,是可以独立控制的,由共轨压力传感器测出燃油压力,并与设定的目标喷油压力进行比较后进行反馈控制。

(二) 电子控制共轨系统的控制功能

1. 调节喷油压力(共轨压力)

利用共轨压力传感器测量共轨内的燃油压力,从而调整高压泵的供油量,控制共轨压力(即喷油压力)。此外,还可以根据发动机转速、喷油量的大小与设定的最佳值(指令值)始终一致地进行反馈控制。

2. 调节喷油量

以发动机的转速及油门开度信息等为基础,由计算机计算出最佳喷油量,通过控制喷油器电磁阀的通电、断电时刻直接控制喷油参数。

3. 调节喷油率

根据发动机运行的需要,设置并控制喷油率:预喷射、后喷射、多段喷射等。

4. 调节喷油时间

根据发动机的转速和负荷量参数,计算出最佳喷油时间,并控制电子控制喷油器在适当的时刻开启,在适当的时刻关闭等,从而准确控制喷油时间。

5. 调节喷射方式

电子控制共轨燃油系统的喷油方式有 3 种:一段喷油法、二段喷油法和多段喷油法。一段喷油法是在一个工作循环中只有一次喷射,即主喷射,应用于早期的电子控制柴油机燃油系统。二段喷油法是指在主喷油之前有一个喷油相当小的预喷过程,即预喷射加主喷射。在主喷射之前进行预喷射(时间间隔约 1 ms)可以使燃烧噪声明显降低,这是一项已经实用化了的技术。但是,由于预喷射会导致 PM 排放增加,因此可以使预喷射段靠近主喷射段,从而降低 PM 排放。多段喷油法是将每一个工作循环中的喷油过程分成若干段来进行,每段喷油均是相互无关、各自独立的,其主要目的是控制燃烧速度。多段喷油一般包括引导喷射、预喷射、主喷射、后喷射和次后喷射等。在多段喷油过程中,电磁阀必须多次完成开启、关闭动作,导致驱动能量和消耗能量耗费比较大。

在主喷射前后的预喷射、后喷射中,由于喷油的间隔相互靠近,因此前段喷射会对后段喷射的喷油量带来影响。解决的办法是利用喷油压力和喷油间隔,修正后续的喷油指令。

在多段喷油构成中,各段喷油的作用如表 7.1 所示。

表 7.1 多段喷射的作用

喷射类型	效 果
引导喷射	通过预混合燃烧,降低颗粒排放
预喷射	缩短主喷射的着火延迟,降低 NO_x 和燃烧噪音
主喷射	主油量喷射
后喷射	促进扩散燃烧,降低颗粒排放
次后喷射	排温升高,通过供给还原剂促进后处理

(三)电控共轨燃油系统传感器及其工作原理

电控共轨燃油系统中主要的传感器及开关包括共轨压力传感器、空气流量传感器、发动机转速传感器(曲轴位置传感器)、凸轮轴位置传感器(汽缸判别传感器)、冷却液温度传感器、进气歧管温度传感器、进气歧管压力传感器(增压传感器)、燃油温度传感器、加速踏板位置传感器、怠速开关、离合器踏板开关以及制动灯开关等。高压共轨燃油系统的主要传感器的布局如图 7.3 所示。

1. 温度传感器

电控共轨柴油发动机机上的温度传感器主要包括:进气温度传感器、燃油温度传感器及大气温度传感器(个别车型采用,在 ECU 内)。上述温度传感器几乎都采用的是负温度系数(NTC)热敏电阻式,其工作原理基本相同,不同的是工作范围有所区别。其中冷却液温度传感器主要用于测量冷却液的温度,用于冷启动、风扇控制、目标怠速计算等,同时还用于修正喷油量、喷油提前角、最大功率保护等;进气温度传感器一般和进气压力传感器或空气流量计集成在一起,用于测量进气温度、修正喷油量和喷油正时、最大功率保护等;机油温度传感器可以使 ECU 根据机油温度进行怠速控制和喷油量控制,以控制发动机冷态时的白烟的排放;还有部分车型上会安装燃油温度传感器,它用于测量燃油温度,根据燃油密度计算喷油量和所需的喷油脉宽,同时用于燃油加热控制等。

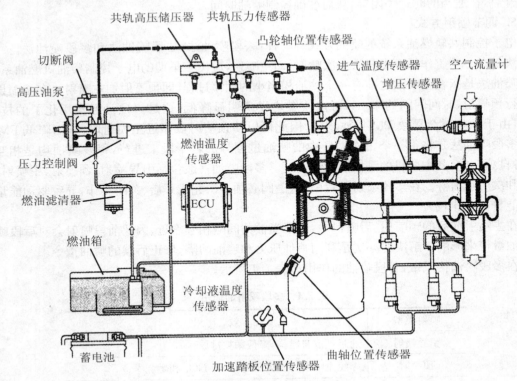

图 7.3 电控共轨系统的主要传感器

2. 位置传感器

位置传感器在柴油机电控系统中应用非常广泛,是不可缺少的关键传感器之一。在柴油机电控系统中,位置传感器主要包括:加速踏板位置传感器、EGR 阀位传感器、冷却液液位传感器以及油水分离器液位传感器等。

下面主要介绍加速踏板位置传感器的工作原理。

加速踏板位置传感器用于各种电子加速踏板式电控共轨柴油机上,其功用是获取加速信号,然后传到电控单元,由电控单元操纵电控喷油泵或喷油器调节喷油量。加速踏板位置传感器是电控柴油机上非常重要的传感器。常见的加速踏板位置传感器有双电位计式、带有冗余的双电位计式以及霍尔效应式等。

(1) 双电位计式加速踏板位置传感器

① 双电位计式加速踏板位置传感器的工作原理

长城哈弗的 GW2.8TC 型柴油机采用了双电位计式加速踏板位置传感器。电位计型油门踏板位置传感器以分压电路原理工作。ECU 供给传感器电路 5 V 电压,电子加速踏板通过转轴与传感器内部的滑动变阻器的电刷连接,加速踏板位置传感器的位置改变时,电刷与接地端的电压发生改变,ECU 将该电压转变成油门踏板的位置信号。加速踏板位置传感器同时输出两组信号给 ECU,保证输出信号的可靠性。随着驾驶员踩下油门踏板深度的增大,传感器的电压信号也会提高,ECU 识别该电压变化后,将脉冲宽度更宽的驱动电压发送给各喷油器电磁阀,使喷入汽缸的燃油量增多。

② 双电位计式加速踏板位置传感器的故障失效模式

加速踏板位置传感器失效对发动机性能会产生影响。当 ECU 判断加速踏板位置传感器出现电子油门信号错误、加速踏板接插件脱落、两路加速踏板信号中任一路出现故障、两路油门信号不一致或者加速踏板开度与刹车踏板逻辑关系错误等故障时,会采取下列措施:点亮故障灯;产生故障码 P0123、P0122、P2135、P0222、P0223、P2299;使油门失效,发动机启动后,维持怠速运行。

(2) 带有冗余的双电位计式加速踏板位置传感器

现在部分加速踏板位置传感器为了提升可靠性,在原有的双电位计式加速踏板位置传感器的基础上,采用冗余设计,使可靠性大大提高。带有冗余的双电位计式加速踏板位置传感器在部分博世系统中采用。

(3) 霍尔效应式加速踏板位置传感器

霍尔效应式加速踏板位置传感器是根据霍尔效应开发而成的。当驾驶员踩下加速踏板时,改变了霍尔元件周围的磁场强度,从而使产生的霍尔电压随踏板位置的改变而改变。

3. 速度传感器

电控柴油机中,需要安装发动机转速传感器、车速传感器等速度传感器,以确定上止点等位置以及各种速度信息。

(1) 发动机转速传感器

发动机转速传感器又称发动机转角传感器或曲轴位置传感器。不管柴油机采用什么供油方式,其发动机转速传感器均是相似的,均用于检测发动机转速和曲轴的位置。ECU 根据此信号计算出喷射始点和喷油量。

电控柴油机曲轴位置传感器广泛采用电磁感应式(可变磁阻式),极少采用霍尔效应式。博世共轨系统广泛采用了电磁感应式的曲轴位置传感器,其多安装在飞轮壳上或齿轮室处,通常有两个接线端子(有 3 个端子的将增加的端子设置为屏蔽线)。博世系统曲轴位置传感器的信号盘可以采用凸齿的形式或者采用凹槽或钻孔的形式,其信号盘有 57 个短齿槽(或孔)(齿间角度为 6°)、一个长齿槽(或孔)(齿间角度为 18°)。当发动机工作时,曲轴每转过一圈,曲轴位置传感器的电磁感应线圈会输出 57 个规则的交流脉冲电压信号和一个畸变的交变电压。电装(Denso)共轨系统也多采用电磁感应式的曲轴位置传感器,一般安装在飞轮壳上或齿轮室处,通常有两个接线端子。

(2) 汽缸判别传感器

汽缸判别传感器又称上止点位置传感器或相位传感器,汽缸判别传感器可以安装在凸轮轴上,也可以安装在高压泵上,若装在凸轮轴上还可称为凸轮轴位置传感器。汽缸判别传感器一般有电磁感应式、霍尔式和光电式 3 种形式,其中电磁式凸轮轴位置传感器较少使用,其原理与曲轴位置传感器完全相同,霍尔式应用较广。在采用霍尔效应式凸轮轴位置传感器的柴油车中,当凸轮轴位置传感器失效(如拔掉 CMPS 插头)时,大部分发动机不能启动,少部分机型仍能启动。总之不能一概而定,应视具体机型而考虑,即使采用了同一个电控系统(如博世的 CRS 2.0),有的车型可以打着火,有的车型则不能,这主要取决于系统的控制策略。

三、电控共轨柴油机结构原理

共轨电喷技术是指在高压油泵、压力传感器和 ECU 组成的闭环系统中,将喷射压力的产生过程和喷射过程完全分开的一种供油方式。它是由高压油泵将高压燃油输送到公共供油管,通过对公共供油管内的油压进行精确控制,这使高压油管压力大小与发动机的转速无关。因而可以大幅度减小发动机转速变化对柴油机供油压力影响,也就减少了传统柴油机的缺陷。ECU控制喷油器的喷油量的大小取决于燃油轨道压力和电磁阀开启时间的长短。该技术不再采用传统的柱塞泵脉动供油原理,而是通过共轨直接或间接地形成恒定的高压燃油,分送到每个喷油器,并借助集成在每个喷油器上的高速电磁阀的启闭,定时、定量地控制喷油器喷射至柴油机燃烧室,从而保证良好的雾化以使柴油机获得最佳的燃烧比、最佳的发火时间、足够的能量和最少的污染排放。

(一) 共轨柴油机燃油系统的组成

共轨柴油机的燃油系统因生产厂家的不同而存在区别,国内应用较成熟的有博世、德尔福、电装等公司开发的共轨燃油系统。

目前,国内车用柴油机广泛采用了博世第二代共轨系统(CRS 2.0),最大供油压力在135～160 MPa 之间(视具体机型而有所区别),第三代共轨系统(压电晶体喷油器,最大供油压力180 MPa)现采用较少。下面以 CRS 2.0 系统为例,说明高、低压油路的组成。

GW2.8TC 电控共轨柴油机采用的是博世 CRS 2.0 燃油系统,其组成如图 7.4 所示。共轨柴油机燃油系统与传统柴油机一样,也由低压油路、高压油路和回油路组成。

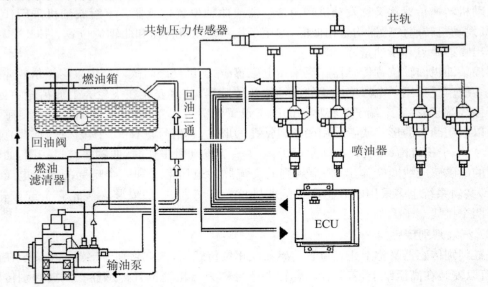

图 7.4　GW2.8TC 柴油机电控共轨式燃油系统

(二) 共轨柴油机燃油系统的主要部件

1. 高压泵

共轨燃油系统因生产厂家的不同而存在差异,高压泵也是如此。目前开发高压泵的公司有博世、电装、德尔福、西门子等公司,其中博世公司的共轨系统在国内比较常见,现以博世公司的高压泵为例说明高压泵的结构原理。

(1) CP1 型高压泵的结构原理

依维柯索菲姆 8140-43 共轨柴油机采用 CP1 型高压油泵,其最高供油压力为 135 MPa。

CP1 型高压泵常采用曲轴正时齿轮通过正时齿形带传动来驱动。CP1 型高压油泵结构如图 7.5 所示,它通过带轮法兰、带轮、齿带由凸轮轴正时皮带轮驱动。

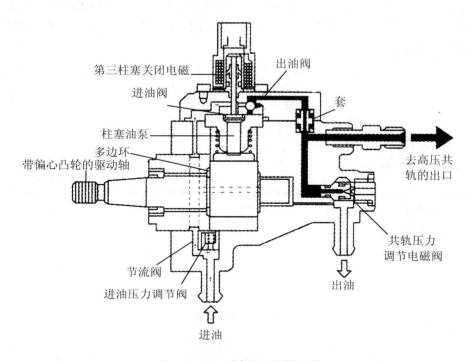

图 7.5　CP1 型高压油泵的结构

CP1 型高压油泵上安装有用来控制高压油路压力的进油计量比例电磁阀和控制低压油路压力的阶跃回油阀。燃油被 3 个呈 120°辐射状安装的泵油柱塞压缩,高压油泵每转 1 圈,供 3 次油,峰值驱动扭矩较低。

由于该高压油泵在每个压油单元中采用了多个压油凸轮,使其峰值转矩降低为传统高压油泵的 1/9,负荷比较均匀,降低了运行噪声。该系统中高压共轨腔中的压力控制是通过对共轨腔中燃油的释放来实现的。为了减小功率损耗,在喷油量较小的情况下,关闭 3 缸径向柱塞泵中的一个压油单元,以减少供油量。

CP1 型高压泵在工作时,输油泵将燃油从油箱吸出,经过带有油水分离器的燃油滤清器到达高压泵的进油口。输油泵使燃油经节流阀的节流孔,进入高压泵的润滑和冷却回路。凸轮轴使 3 个柱塞按照凸轮的外形上下运动。

当供油油压超过安全阀的开启压力(0.5~1.5 bar)时,高压泵的柱塞正向下运动(吸油行程),输油泵使燃油经高压泵进油阀进入柱塞腔。在高压泵柱塞越过下止点后,进油阀关闭。柱塞腔内的燃油被密封,压缩后当压力升高到共轨的油压,出油阀被打开,被压缩的燃油进入高压循环。柱塞继续供油,直到到达上止点(供油行程),压力减少,导致出油阀关闭。

(2) CP1H 型高压泵的结构原理

哈弗 GW2.8TC 的柴油机是长城 2.8 L 增压柴油机,它的高压泵型号为 CP1H。CP1H 型高压油泵主要提供高压油的功能,主体结构与 CP1 基本相同,不同之处在于取消了第三柱塞关闭电磁阀,加装了外啮合式齿轮式输油泵,将调节回油的共轨压力调节电磁阀改为调节进油的进油计量比例阀。此电磁阀受 ECU 控制,可定量、定时地提供燃油到共轨。

2. 共轨组件

共轨管将高压泵提供的高压燃油分配到各喷油器中,起蓄压器的作用,共轨管如图 7.6 所示。它的容积应考虑高压油泵的供油压力波动和每个喷油器由喷油过程引起的压力振荡,使共轨管中的压力波动控制在 5 MPa 之下。但其容积又不能太大,以保证共轨管有足够的压力响应速度来快速跟踪柴油机工况的变化。

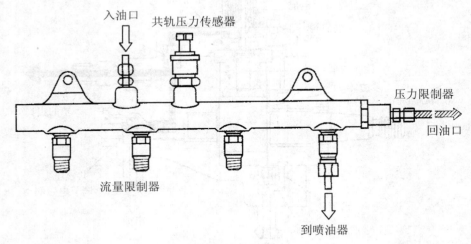

图 7.6 共轨组件

共轨管上通常还安装有共轨压力传感器、液流缓冲器(流量限制器)和压力限制器。压力传感器向 ECU 提供共轨管的压力信号;液流缓冲器保证在喷油器出现燃油泄漏故障时切断向喷油器的供油,并可减小共轨管和高压油管中的压力波动;压力限制器保证在共轨管出现压力异常时,将迅速释放高压油管中的压力。

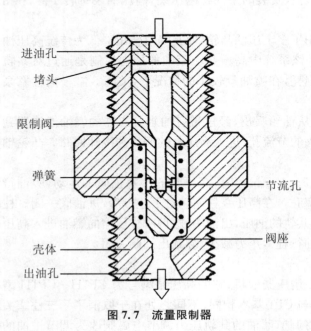

图 7.7 流量限制器

(1) 流量限制器

流量限制器一般安装在输油泵出口或共轨上(图 7.6)。

流量限制器在非常情况下,可防止喷油器常开后持续喷油,即一旦某喷油器常开并持续喷油,导致共轨输出的油量超过限值,流量限制器则会关闭该喷油器的供油通道。

流量限制器的原理如图 7.7 所示。由于弹簧和节流孔的作用,使限制阀向下移动的量随喷油速率增加而增大。喷油器异常泄漏会使喷油速率和喷油量超过正常上限,则限制阀完全关闭,停止给喷油器供油。

(2) 限压阀

限压阀一般安装在输油泵内或共轨上(图 7.6)。限压阀的功用是限制共轨中的最高压力。限压阀的原理如图 7.8 所示,具体来讲弹簧的预紧力由规定的共轨最高压力确定,当阀左侧承受的共轨压力超过右侧的弹簧力时,阀右移离开阀座,共轨中的燃油经限压阀流回油箱或输油泵进油侧,使共轨压力下降。

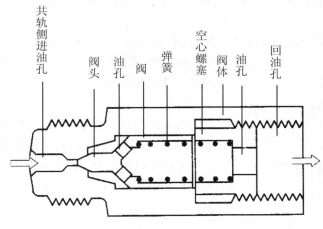

图 7.8 限压阀

(3) 调压阀

调压阀一般安装在输油泵共轨上,它的作用是根据 ECU 的指令实现对共轨压力的闭环控制。调压阀的原理如图 7.9 所示。

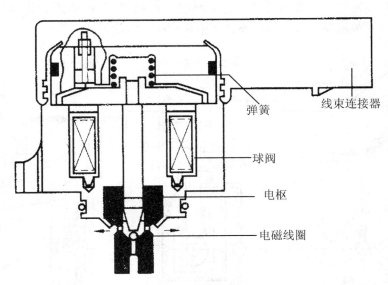

图 7.9 调压阀

调压阀与限压阀的主要区别:限压阀限制的最高压力取决于弹簧力,只能在其限制的最高压力附近调节压力且响应速度较慢;调压阀则可以在宽广的范围内按照 ECU 的指令调节油压,且响应速度快。

3. 燃油滤清器

由于不适当的过滤可能导致泵元件、出油阀以及喷油器元件的损伤,为此,需要通过一个特制的燃油滤清器来满足特殊喷射系统的要求,否则不能保证无故障运行以及使设备具有较长的使用寿命。柴油可能因黏结的形式(乳液)或游离的形式(如由于温度变化而造成的水分凝结)而含水分,如果这些水分进入喷射系统,可能导致腐蚀性损伤。燃油滤清器下部安装了燃油含水率传感器,水位到达一定高度时,报警灯亮,提示驾驶员放水。燃油滤清器上盖有手动输油泵(燃油系统放气用)并可以根据需要安装燃油温度传感器及燃油加热器。

4. 喷油器

在电控共轨柴油机系统中,对喷油时刻和喷油量的调整是通过电子触发的喷油器来实现的,与普通柴油机系统一致。喷油器由孔式喷油器、液压伺服系统和电磁阀组成,燃油来自于高压油路,经通道流向喷油器,同时经节流孔流向控制腔,控制腔与回油管路相连,途经一个受电磁阀控制开闭的泄油孔。

喷油时刻和喷油量的调整是 ECU 根据当前发动机的状态,通过电磁线圈与燃油压力共同作用的喷油器实现的。同时,ECU 根据发动机的运行状况,实时对喷油器的加电时刻和时间进行修正。喷油器由孔式喷油器、液压伺服系统和电磁阀组成,电磁阀的开启和关闭的时间决定了喷油正时,该电磁阀开启时间的长短是决定喷油量大小的主要因素。

四、典型电控共轨喷射系统

(一)日本电装公司的 ECD-U2 系统

日本电装公司的 ECD-U2 系统属于高压共轨式电控喷射系统,结构如图 7.10 所示。它主要由高压输油泵、喷油压力调节阀(PCV)、共轨油管、喷油器、电控单元 ECU 以及多种传感器等组成,可以实现对喷油量、喷油正时、喷油速率和喷油压力的控制。

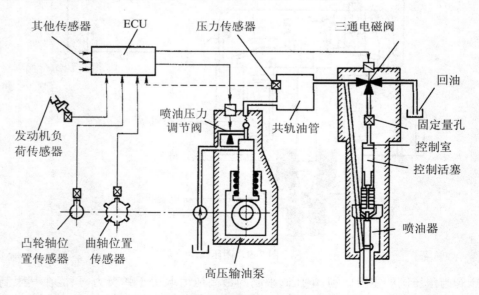

图 7.10 日本电装公司的 ECD-U2 系统布置示意图

发动机工作时,高压输油泵将燃油压力提高到约 120 MPa 后输入共轨油管,高压输油泵的出口端装有一个用来调节共轨油压的喷油压力的调节阀(PCV)。ECU 根据柴油机的转速、负荷等控制压力调节阀的开度,从而增加或减少高压输油泵的供油量,实现对共轨油压的控制,以保证供油压力稳定在目标值。ECU 还根据共轨压力传感器信号对共轨油压进行闭环控制。

喷油器的顶部装有一个三通电磁阀(TWV),用来控制喷油器内控制室的进、回油通道,由 ECU 根据各传感器信号控制该电磁阀工作。电磁阀不通电时,控制室进油通道开启、回油通道关闭,共轨中的高压油经电磁阀进入控制室;尽管喷油器下部的油腔始终与共轨油管保持相等的高压,但喷油针阀的承压锥面比控制活塞上部承压面小,针阀还受到复位弹簧弹力作用,所以电磁阀断电使高压油进入控制室时,喷油器不喷油。当 ECU 接通电磁阀电路时,电磁阀使控制室进油通道关闭、回油通道开启,从而使控制室油压迅速下降,喷油器油腔内的高压油将喷油针阀顶起,开始喷油,直到电磁阀再次断电使高压油进入控制室,喷油器喷油结束。

由此可见,ECD-U2 系统的 ECU 通过控制喷油压力调节阀(PCV)使喷油器的喷油压力保持不变,再通过控制电控三通阀工作实现对喷油量和喷油正时的控制。电磁阀通电开始时刻决定了喷油的开始时刻,其通电时间决定了喷油量。电磁阀还可控制实现三角形喷射、预喷射和靴形喷射三种喷油方式。由于需要高压的输油泵,所以系统中许多零部件要在高压下工作。

(二)美国 BKM 公司的 Servojet 系统

美国 BKM 公司的 Servojet 系统属于蓄压式中压共轨式电控喷射系统,如图 7.11 所示。该系统中的低压输油泵为电动叶片泵,中压输油泵为轴向柱塞泵,以 2~10 MPa 的压力向共轨供油。电控共轨油道压力调节器由一个受电磁阀控制的比例旁通调压阀构成,可使共轨油压随加在电磁阀上的频率恒定的电流脉冲的占空比成比例变化,从而实现对共轨油压的电控。

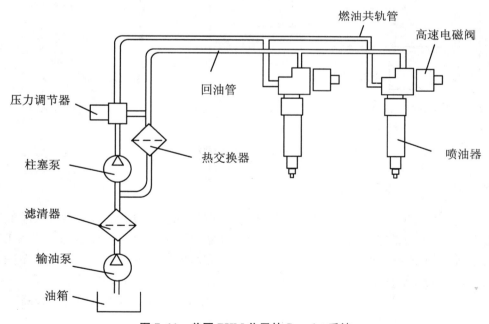

图 7.11 美国 BKM 公司的 Servojet 系统

(三)美国 Caterpillar 公司的 HEUI 系统

美国 Caterpillar 公司的 HEUI 系统属于中压共轨式电控喷射系统,如图 7.12 所示。

在 HEUI 系统的共轨中要使用柴油机润滑油,因此系统中有润滑油和燃油两套油路。该系统通过机油泵将机油压力提高到 300 kPa,经机油滤清器和冷却器送到高压机油泵以及柴油机润滑系统。高压机油泵是一个由柴油机齿轮驱动的斜盘式轴向柱塞泵,它再将机油泵入高压机油共轨。共轨中的机油压力由压力传感器将信号反馈给 ECU,ECU 控制共轨压力控制阀进行压力调节。共轨中油压按柴油机最佳性能所要求的目标值控制在 4~23 MPa 之间。最后机油从液压式喷油器直接回到柴油机气门罩框下边,再流回到油底壳,不需要机油回油管道。输油泵把燃油经燃油滤清器输送到液压式喷油器。燃油系统输油压力为 200 kPa,由普通调压阀调节压力。电控液压式喷油器由电磁阀、增压柱塞和柱塞套三部分组成。由于增压柱塞增压面积比为 7,所以燃油加压后可实现高压喷射,喷射压力可达 150 MPa。

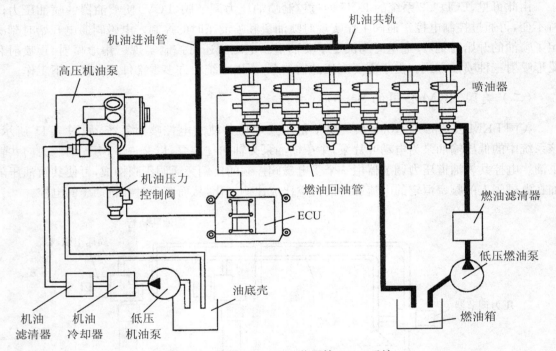

图 7.12　美国 Caterpillar 公司的 HEUI 系统

(四) 德国博世公司的 CR 系统

德国博世公司的 CR 系统属于高压共轨式电控喷射系统,它与 ECD-U2 系统很相似。但该系统的高压供油泵为带有电控压力调节器的径向柱塞泵,可实现部分停缸控制,这与 ECD-U2 系统不同。因此 CR 系统可降低低压时的功率消耗,共轨内压力可在 15~140 MPa 范围内自由调节,能实现低的喷油速率、预喷射和多次喷射。电磁阀的响应时间很短,开启时间和关闭时间之和小于 0.5 ms。与 ECD-U2 系统相同,整个喷射系统处于高压,对密封的要求较高。

项目实施

① 每组准备万用表、故障诊断仪、示波器等工、量具各一套;
② 每组准备一台电控共轨式柴油发动机台架或教学整车;
③ 每组准备好工具箱及配套的维修资料。

① 排除喷油器电磁阀相关故障;
② 排除曲轴位置传感器相关故障;
③ 排除凸轮轴位置传感器相关故障;
④ 排除共轨压力传感器相关故障。

 考核评价

按表 7.2 所示标准进行评价学习成果。

表 7.2　评价与考核标准

评价与考核项目		评价与考核标准	配分
知识点	组成	能描述电控共轨系统的组成	10
	工作原理	能描述电控共轨系统的工作原理	20
技能点	仪器使用	能使用万用表、故障诊断仪对电控共轨系统进行检测	15
	故障一排除	能排除喷油器电磁阀相关故障	10
	故障二排除	能排除曲轴位置传感器相关故障	10
	故障三排除	能排除凸轮轴位置传感器相关故障	10
	故障四排除	能排除共轨压力传感器相关故障	10
情感点	纪律与劳动	不迟到、不早退,实训主动、积极、认真	5
	道德与敬业	具备良好的道德准则、道德情操与道德品质;能认真对待实训、明确职责、勤奋努力	5
	协作与创新	能与同学和谐相处、互补互助、协调合作,充分发挥自己的个性,圆满完成实训任务;能够综合运用自己的知识、信息、技能和方法,对遇到的问题能提出新方法、新观点	5
合　计			100

注:出现安全事故或不按规范操作,损坏仪器、设备,此任务成绩计 0 分。

拓展知识

一、故障一

1. 故障现象

一辆长城风骏皮卡,配置 GW2.8TC 型电控共轨柴油发动机,客户反映无法启动,急需维修。经试车发现照明和语音系统正常,启动无任何着车迹象。

2. 故障分析

对于电子控制共轨柴油发动机来讲,造成发动机无法启动的原因很多,可能是单一故障导致的,也可能是综合故障导致的,要根据故障现象,分析造成的原因,实施检修。比较常见的造成发动机启动困难或无法启动的故障主要有以下几种:

① 发动机防盗系统故障;
② 启动时,蓄电池电压过低造成发动机电控系统不能正常工作;
③ 发动机电控单元 ECU 及供电、搭铁电路故障;
④ 发动机相位不同步;
⑤ 重要的传感器、执行器及电路故障,如曲轴位置传感器、凸轮轴位置传感器、共轨压力传感器、燃油计量比例电磁阀、喷油器电磁阀等故障,发动机不能迅速地建立所需油压,进入了停机保护状态;
⑥ 其他方面的故障,如机械故障等。

3. 故障诊断与排除

电控共轨柴油发动机无法启动故障的检修流程及内容见表 7.3。

表 7.3 电控共轨柴油发动机无法启动故障检修流程

检测项目	检测方法
蓄电池的电压	用万用表测量启动时蓄电池的电压,测量值应为 12 V 左右
检查防盗系统	防盗功能工作正常检查
ECU 供电电压	点火开关"ON",如果发动机故障灯亮且 3 s 左右后熄灭,表示发动机电控单元自检正常
喷油器电磁阀	① 测量喷油器电磁阀的阻值(正常值为 0.3~0.6 Ω); ② 在线束侧测量电压值(1 号端子的电压值应为 5 V 左右;2 号端子的电压值应为 5 V 左右)

续表

检测项目	检测方法
曲轴位置传感器	① 拔下曲轴位置传感器插头,打开点火开关,在线束侧测量电压(1号端子电压值应为1.8 V左右;2号端子电压值为1.7 V左右); ② 在传感器侧插头测量电阻(1号与2号端子间的电阻标准值为770～950 Ω); ③ 用塑料规检查传感器与信号轮之间的间隙值(标准值为0.8～1 mm); ④ 拆下传感器,检查永久磁铁部位,看是否吸附有铁屑等金属杂质; ⑤ 用万用表测量信号端子的输出电压,若发现有时候信号电压一直不变,说明不正常; ⑥ 分析波形,看曲轴位置传感器输出的信号波形是否异常
凸轮轴位置传感器	① 拔下凸轮轴位置传感器插头,打开点火开关,在线束侧测量电压(3号端子电压值应为5 V,2号端子电压值为4.8 V左右,1号端子电压值应为0); ② 用万用表测量2号端子(信号)的输出电压,和标准值进行比较
共轨压力	① 打开点火开关,测量共轨压力传感器的信号电压(应为0.5 V左右); ② 启动发动机,测量共轨压力传感器的信号电压(应达到或超过1.1 V,其对应的共轨压力为25 MPa); ③ 急速时,测量共轨压力传感器的信号电压(应为1.3 V左右,其对应的共轨压力为40 MPa)
机械系统	① 检查燃油/机油路; ② 检查进/排气路; ③ 检查滤清器是否阻塞等
故障修复	根据上表检测的故障问题,拆除旧件,更换新件,并用故障诊断仪做好相关参数的设置和匹配

二、故障二

1. 故障现象

一辆长城风骏皮卡,配置GW2.8TC型电控共轨柴油发动机。客户反映车辆在起步及超车时,动力比以前差很多。经试车发现,该车辆起步提速无力,深踩加速踏板,发动机转速一直维持在2 000转左右,高速或加速时明显感到功率不足。

2. 故障分析

对于电子控制共轨柴油机来讲,导致发动机输出功率、扭矩不足的原因主要有三种:
(1) 发动机热保护系统失效

常见的故障原因有水温度过高导致热保护;进气温度过高导致热保护;燃油温度传感器、驱动线路故障;进气温度传感器、驱动线路故障;水温传感器、驱动线路故障。

(2) 发动机电控系统进入失效

常见的故障原因有轨压传感器损坏或线路故障；Meun 驱动故障；阀损坏或线路故障；诊断仪显示油门无法达到全开等；高原修正；油轨压力传感器信号飘移；高压油泵闭环控制类故障；增压压力传感器损坏或线路故障。

(3) 机械系统故障

常见的故障原因有进排气路阻塞，冒烟限制起作用；增压后管路泄漏，冒烟限制起作用；增压器损坏(如旁通阀常开)；进排气门调整错误；油路阻塞或泄漏；低压油路有空气或压力不足；机械阻力过大；喷油器雾化不良、卡滞等；其他机械原因。

3. 故障诊断与排除

电控共轨柴油发动机输出功率、扭矩不足检修内容及流程见表 7.4。

表 7.4　电控共轨柴油发动机功率、扭矩不足故障检修

序号	检测项目	检测内容
1	发动机热保护系统	① 检查发动机冷却系统； ② 检查发动机供油系统； ③ 检查发动机气路； ④ 检查水温传感器本身或信号线路是否损坏； ⑤ 检查气温传感器本身或信号线路是否损坏
2	发动机热电控系统	① 诊断仪显示轨压位于 700～760 bar，并随转速升高而升高，则可能是燃油计量阀、驱动线路损坏； ② 诊断仪显示轨压固定于 777 bar，则为轨压传感器或线路损坏； ③ 发动机最高转速被限制在 1 600～1 700 r/min； ④ 回油管温度明显升高； ⑤ 油轨压力信号漂移，检查物理特性，更换； ⑥ 高压油泵闭环控制类故障，首先检查高压油路是否异常，如是则更换高压泵
3	发动机机械系统	① 检查高压、低压燃油管路； ② 检查进排气系统； ③ 检查喷油器； ④ 参照机械维修经验进行
4	故障修复	根据上表检测的故障问题，拆除旧件，更换新件，并用故障诊断仪做好相关参数的设置和匹配

三、故障三

1. 故障现象

一辆长城风骏皮卡，配置 GW2.8TC 型电控共轨柴油发动机。客户反映车辆启动后发动机

抖动,正常行驶时,车辆稳定性变差。经试车发现,该车辆启动后处于怠速工况时,车辆抖动明显,发动机转速表指针一直在 800~1 200 r/min 之间波动。

2. 故障分析

对于电子控制共轨柴油机来讲,导致发动机怠速波动,运行不稳定的原因主要有四种:

(1) 信号同步间歇错误

诊断仪显示同步信号出现偶发故障。

(2) 喷油器驱动故障

诊断仪显示喷油器驱动线路出现偶发故障(开路、短路等)。

(3) 油门信号波动

诊断仪显示松开油门后仍有开度信号;诊断仪显示固定油门位置后油门信号波动。

(4) 机械系统故障

具体有进气管路、进排气门泄漏;低压油路阻塞、油路进气;缺机油等导致阻力过大油器积炭、磨损等。

3. 故障诊断与排除

对于电控共轨柴油发动机怠速波动、运行不稳定的故障现象,根据实践中故障点出现的概率,可以参照下面的检修内容及流程组织实施:

① 检查曲轴、凸轮轴位置传感器信号线路;检查曲轴、凸轮轴位置传感器间隙;检查曲轴、凸轮信号盘。

② 检查喷油器驱动。

③ 检查油门信号线路是否进水或磨损导致油门开度信号飘移;根据需要看是否应更换油门。

④ 参照机械维修经验检查机械系统是否有故障。

四、故障四

1. 故障现象

一辆长城风骏皮卡,配置 GW2.8TC 型电控共轨柴油发动机。客户反映车辆运行过程中,排气管冒黑烟,发动机比较沉闷。经试车发现,该车辆启动后处于怠速工况时,发动机怠速有波动,排气管有少许蓝烟排出,当启步加速时,便有大量黑烟冒出。

2. 故障分析

导致柴油车排气管冒黑烟主要故障有:

① 喷油器性能不良,如喷油器雾化不良、滴油等;

② 油轨压力不稳;

③ 机械系统故障,如气门漏气、进排气门调整错误等。

诊断仪显示怠速油量增大;诊断仪显示怠速转速波动。

3. 故障诊断与排除

对于柴油车排气管冒黑烟的车辆检修时可以参照下面的流程来组织实施:

① 启动发动机,接入故障诊断仪,通过 02 通道查询油轨压力相关故障码,然后根据机械维修经验进行判断,如用断缸法等判断故障元件,予以检修更换;

② 通过 08 数据通道读取油轨压力信号,看信号是否有漂移,如有,则需要更换油轨压力传

感器；

③ 通过 03 数据通道对压缩系统进行测试,看结果是否良好,如诊断仪显示压缩测试结果不好,则可以参照机械维修经验进行相应调整和更换元件。

思考与练习

1. 试述柴油发动机电控共轨系统的基本组成及工作原理。
2. 柴油发动机电控共轨系统的温度传感器有哪些类型及其主要作用是什么?
3. 柴油发动机电控共轨系统的压力传感器有哪些类型及其主要作用是什么?
4. 试述电子控制分配式喷油泵的结构和工作原理。
5. 部分共轨柴油发动机安装限压阀的作用是什么?
6. 共轨式柴油发动机常见的故障有哪些?
7. 试述导致共轨式柴油发动机功率不足的原因。

项目八

电控汽油机系统故障的检修

项目要求

电控汽油发动机系统比较复杂,要进行故障诊断,首先要全面地掌握整个系统的结构、电气线路和控制原理;其次要能熟练使用诊断设备,同时要按照原则办事;最后还要掌握科学的诊断和维修方法。

 知识要求

① 熟悉电控汽油发动机故障诊断的基本方法和诊断程序;
② 了解电控汽油发动机故障诊断设备的基本工作原理;
③ 熟悉类似电控汽油发动机启动困难、动力不足等故障的基本原因;
④ 熟悉类似电控汽油发动机怠速不稳、易熄火等故障的基本原因;
⑤ 熟悉类似电控汽油发动机间歇性不点火、耗油量大等故障的基本原因。

 能力要求

① 能正确使用常用工具和专用工具;
② 能正确使用各种检测设备,能快速准确排除发动机不能启动故障,能正确记录相关数据,并准确叙述诊断分析思路;
③ 能参考维修手册,制订发动机怠速不稳、易熄火故障的检修计划并予以实施;
④ 能参考维修手册,制订发动机间歇性不点火故障的检修计划并予以实施;
⑤ 能够正确使用故障诊断仪、万用表、示波器等对发动机电控系统各部件进行性能检测;
⑥ 能正确分析检测结果,并找出故障原因。

相关知识

一、电控发动机故障自诊断系统

（一）故障自诊断原理

在汽车发动机集中电子控制的 ECU 中设置了判别各输入信号的监控程序和有关诊断标准的参数，用于电子控制系统的故障自诊断。工作中，自诊断系统不断地检测发动机各传感器输入的电信号、执行器的反馈信号。当某信号缺失或信号值超出了设定范围时，自诊断系统就会对该电路作出有故障的判断，并根据不同的情况作出如下反应：

1. 故障警告

如果该故障影响行车安全、造成发动机及其他系统与部件损坏或引发其他较严重的故障，则仪表板上的发动机故障警告灯亮起或闪亮，以提醒驾驶员停车检修。

2. 故障码储存

自诊断系统将其所监测到的故障以故障代码的形式储存起来，在汽车维修时，可以用某种方式取得故障码，以便于准确、迅速查找和排除故障。

3. 故障运行

为使发动机不因一些传感器的信号消失或异常而停止工作，自动地使系统在设定的参数下工作，以维持发动机基本的运行，以便将汽车开到附近的汽修厂维修。例如，当发动机温度传感器信号不正常或消失时，系统则以启动时 20 ℃，运行时 80 ℃ 的标准参数进行控制，以使发动机能够启动和"带病坚持工作"；当爆燃传感器及其线路因断路或短路而无信号输入时，系统则自动使点火提前角减小 3~8°，以避免因点火控制系统失去对爆燃的控制而使发动机产生爆燃；当空气流量传感器信号不正常时，则系统将点火时间和喷油时间固定为启动、怠速和行走 3 个设定值，以维持发动机的基本运行。

4. 安全保障

当发动机电子控制系统出现影响汽车行车安全或导致某部件损坏的故障时，自诊断系统会立即停止发动机的工作，以确保安全。例如，当点火系统出现故障，系统接收不到电子点火器的反馈信号 IGF 时，就会立刻停止喷油，以避免有未燃烧的混合气排出，从而导致大量的 HC 进入三元催化转化器，造成转化器发生过量的氧化反应而被烧坏。

对 ECU 的诊断是通过其内部的监控电路来实现的。在监控电路中设有监视计时器，用于定时对微处理器进行复位。当微处理器发生故障时，例行程序就不能正常运行，导致监视计时器不能复位而造成溢出，自诊断系统据此即可判断微处理器出现了故障。为避免因 ECU 出现故障而使汽车立刻停驶，在 ECU 盒内设置了应急的后备电路。当微处理器本身出现故障时，后备电路就会根据监控电路的信号立即投入工作，使发动机电子控制系统按设定的基本控制程序工作。日产公司的 ECCS 系统后备电路的运行控制参数如表 8.1 所示。

表 8.1　ECU 故障的后备运行控制参数

控制项目＼发动机工况	启　动	急　速	一般工况
喷油持续时间(ms)	12.0	2.3	4.1
喷油频率	每转一次		
点火提前角(°)	10	10	20
闭合时间(ms)	5.12		

（二）故障自诊断系统的基本组成

ECU 中的 CPU 是自诊断系统的核心，其他组成部件主要有 ROM、RAM、故障诊断插座和后备系统等，自诊断系统的基本组成如图 8.1 所示。

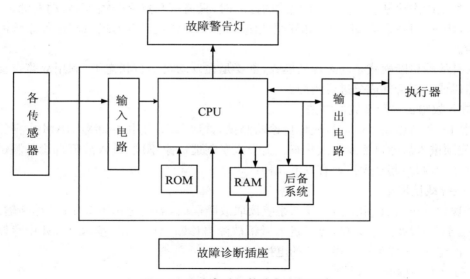

图 8.1　汽车发动机故障自诊断系统

1. ROM

ROM 用于储存监控程序、诊断标准及故障运行时的预定参数等，工作时，供 CPU 提取和查询。如果 ROM 出现了故障，微处理器只能根据 RAM 的记忆参数计算出控制参数，并输出相应的控制信号。这时，发动机控制系统的反应会很慢。

2. RAM

RAM 储存故障码，同时也储存发动机电子控制系统学习修正（自适应）参数。为了在点火开关关断时仍然保留储存的信息，ECU 必须有一个与蓄电池直接连接的电源端子。

3. 故障诊断插座

将故障诊断插座的有关端子短接，可使 RAM 中储存的故障码通过故障警告灯闪示。故障诊断插座通常还有若干个用于检查电子控制系统电路故障、检测系统部件参数的检查端子。现代汽车通常设置可与专用诊断设备连接的故障诊断与检测参数传输接口。

4. 后备系统

后备系统是为了在 ECU 和曲轴位置传感器等出现故障后,维持发动机的基本运行而设置的备用电路。后备电路投入工作时,将点亮故障警告灯,以提醒司机,同时根据点火开关、节气门位置传感器等信号,提供基本的喷油、点火等控制信号。

(三) 故障自诊断的操作

故障自诊断的操作是通过读取 ECU 内存故障自诊断代码进行故障分析和诊断。

当汽车电控系统出现故障时,故障自诊断系统便通过仪表板上的故障指示灯(发动机电控系统的故障指示灯为"CHECK ENGINE"灯)提醒驾驶员。至于故障的类型和故障部位,则需要通过启动故障自诊断系统读取故障码,再由故障码表查找出该故障码所代表的故障。读取故障码的方法有故障诊断仪法和人工读码法两种。

1. 故障自诊断模式的类型

在现代汽车故障自诊断系统中,对于电控系统故障的诊断主要采用两种不同的诊断模式。

第一种是静态诊断,在进行这种模式的诊断时,只需打开点火开关,不启动发动机,在发动机静态时,将 ECU 中所存储的故障码读取出来,利用 ECU 内已存有的汽车电控系统的故障码进行诊断。

第二种故障诊断模式是动态诊断模式,主要是在发动机运行状态下,利用故障自诊断系统读取故障码或对混合气成分进行监测。

2. 进入故障自诊断系统的方法

在利用故障自诊断系统进行故障自诊断测试,读取 ECU 随机存储器 RAM 中存储的故障码时,首先须进入故障自诊断测试状态。由于汽车制造厂家不同,进入故障自诊断测试状态的方法也有区别,归纳起来大体上有以下几种:

(1) 接导线读取法

有些现代汽车,在利用故障自诊断系统读取故障码时,需要把诊断盒中的"诊断输入端子"和"搭铁端子"用导线进行跨接,方可进入微机故障自诊断测试状态,读取 RAM 中存储的故障码,如 20 世纪 90 年代丰田公司生产的电控汽车。

(2) 打开专用诊断开关读取法

在一些车辆上,设置有按钮式诊断开关,或在 ECU 控制装置上设置有旋钮式诊断模式选择开关。按压或旋转这些专用诊断开关,即可进入故障自诊断测试状态,进行故障码的读取,如日产汽车等。

(3) 打开兼顾诊断开关功能的共用开关读取法

在一些汽车电控系统中,空调控制面板上的相关控制开关可兼做故障诊断开关。一般是将空调控制面板上的"WARM(加温)"和"OFF(关机)"两个按键同时按下一段时间,即可使故障自诊断系统进入故障自诊断状态,读取微机随机存储器中存储的故障码,如林肯轿车、凯迪拉克轿车等。

(4) 利用点火开关的约定操作程序读取法

美国克莱斯勒汽车公司生产的轿车电子控制系统就采用这种方法,即在规定时间内,将点火开关进行"ON-OFF-ON-OFF-ON"循环一次,便可使微机进入故障自诊断系统。

(5) 利用加速踏板的约定操作程序读取法

如宝马 3 系列、5 系列、7 系列、8 系列和 M5 系列车型装备的 DME 3.1 发动机电控系统即采用这种方法,即在规定时间内,将加速踏板连续踩下 5 次,便可使故障自诊断系统进入故障自诊断状态。

3. 故障自诊断系统故障码的显示方法

归纳起来,一般常见的故障码显示方法有以下几种:

(1) 利用仪表板上故障指示灯的闪烁规律显示故障码

大部分现代汽车采用这种方法进行显示。当系统进入故障自诊断测试状态读取故障码时,故障自诊断系统便控制仪表板上的故障指示灯以闪烁次数和点亮时间长短来表示故障码。这种显示方式有 1 位数码、2 位数码、4 位数码和 5 位数码四种。

利用故障指示灯显示 2 位数故障码的方式是应用最广的一种,如丰田、通用、克莱斯勒等汽车公司生产的汽车大都采用此种显示方式。

不同的故障自诊断系统,两位数故障码显示的方法略有不同,一般有以下三种表示方法:

① 仪表板上的故障指示灯以点亮时间较长的闪烁信号,区分一个故障码的十位数码,其闪烁的次数代表故障码的十位数码;故障指示灯将关闭一小会儿,然后再以点亮时间较短的闪烁信号,接着显示该故障码的个位数码,其闪烁次数代表故障码的个位数码;一个故障码的两位数码全部显示完毕后,仪表板上的故障指示灯关闭,待较长一段时间后,再进行下一个故障码的显示。图 8.2(a)所示为以这种方式显示的故障码"23"和"12"。

② 故障指示灯点亮时间不变,由灯的关闭时间长短来区分一个故障码的个位与十位以及不同的故障码。位与位之间有一个较短的关闭时间,码与码之间有一个较长的关闭时间,如图 8.2(b)所示。

③ 故障指示灯点亮时间不变,在故障码的位与位之间关闭一小会儿,在码与码之间点亮略长一段时间,如图 8.2(c)所示。

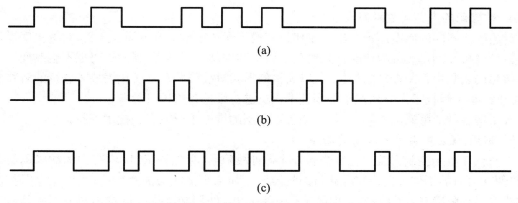

图 8.2 用故障灯显示故障码"23"和"12"的三种方法

(2) 发光二极管(LED)显示法

在有些汽车的故障自诊断系统中,故障码可由一个或多个发光二极管进行显示,这些发光二极管通常安装在 ECU 控制装置上。采用不同数量的发光二极管时,其显示方法和意义也不相同。

如利用两个发光二极管显示故障码:两个发光二极管选用不同的颜色,红色发光二极管的闪烁次数为故障码的十位数码,绿色发光二极管的闪烁次数为故障码的个位数码,如图 8.3 所示。

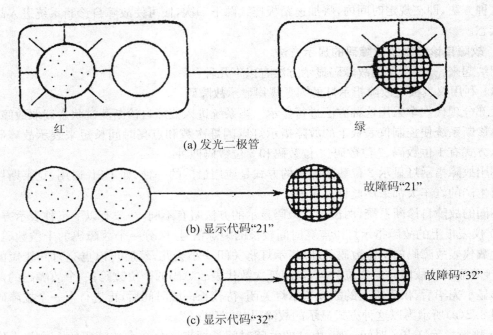

图 8.3 采用两个发光二极管显示故障码

（3）利用车上的数字式仪表进行数字显示

在许多高级轿车上，已采用较先进的数字方式显示故障码的方法。进行读取故障码操作时，ECU 内存中的故障码将以数字的形式显示在组合仪表显示器的某一部位（一般是显示在数字式显示屏上）。

4. 故障码的内容与故障码表

故障码在不同的制造厂家和出厂年代生产的不同的车型上有不同的含义，它由程序设计人员在设计微机控制单元的程序时预先约定。微机的控制程序不变，其故障码也不会改变。

故障码表是由各制造厂家提供的，以表格的形式对故障码及其所代表故障进行的解释和描述，可供汽车工程技术人员和汽车维修技术人员进行维护和修理时参考。

要了解各种故障码的内容，必须查阅各种车型的维修手册或有关技术资料。

5. 车用 ECU 内存中故障码的清除

在对汽车电子控制系统进行维修和排除各种故障后，存储在 ECU 内存中的故障码必须清除，以便在之后的工作中记录和存储新的故障码。如果不清除旧的故障码，当汽车电子控制系统中再次出现故障时，ECU 把新、旧故障码一并输出，使用和维修人员将不知道哪些是汽车微机控制系统真正存在的故障，哪些是以前已经排除了的故障。

清除故障码可以通过切断汽车 ECU（主要指微机部分）的电源来实现。具体做法：把电子控制系统的熔断器拔掉约 10 s 或更长时间；有时也可以直接把蓄电池负极搭铁线拆下约 10 s 或更长时间。但在有些车型上，其他电子装置的信息也可能有需电源维持，如果断开蓄电池负极搭铁，可能会造成这部分有用信息丢失，如电子石英钟和音响等装置。因此，在清除故障码时，必须按照维修手册中所指示的方法进行。

(四)自诊断系统的标准化与专用诊断设备

1. 自诊断系统的标准化

1993年以前的汽车电控装置的自诊断系统一般都各成体系,用于连接专用的故障诊断设备的自诊断输出接口也不统一。因此,专用的故障诊断仪适用的车型单一,给汽车的故障诊断与维修带来不便。这种针对性很强的自诊断系统被称之为第一代随车自诊断系统(OBD-Ⅰ)。美国汽车工程师协会(SAE)提出了新一代车载自诊断系统(OBD-Ⅱ)标准,并于1993年开始试行。OBD-Ⅱ采用统一的诊断模式和统一的16端子插座,使诊断设备硬件具备通用性,给电控汽车故障诊断带来了很大的便利,因此得到了世界各大汽车公司响应,自1996年以来OBD-Ⅱ已得到了全面采用。

2. 专用故障诊断设备

较早出现的故障码阅读器可以直接显示或打印故障码,有的还可以把故障码转换为相应的文字信息(解码)。通用性较强的故障码阅读器,可以通过换上不同的卡来适应不同的车系或同一车系不同年代生产的汽车。现在应用于汽车电子控制系统故障自诊断的专用设备通常是由微处理器控制的,有台式和手持便携式两种,可适应多种车型,能检测汽车上不同的电子控制系统。这种具有多功能的检测设备可通过设备上的按键来选择所要检测的系统和所要进行的项目。比如德国大众 V. A. S5051 诊断仪(图8.4),它具有"车辆自诊断""测试仪表""引导性故障查询"和"管理"四种工作模式。用户可以通过诊断系统总线连接 V. A. S5051 与车辆系统,车辆系统可在诊断系统对话框显示屏中进行选择,从显示屏中可启动车辆系统涉及的所有可能的诊断功能。V. A. S5051 具体的功能包括:识别车辆以及它的标准/选装装备;对安装在车辆上的电子系统执行自动系统测试;根据测试计划和所选择的故障特征,执行"引导性故障查询";根据修理人员自己的知识,直接选择测试方式;根据功能测试的自动步骤,产生新的测试计划。

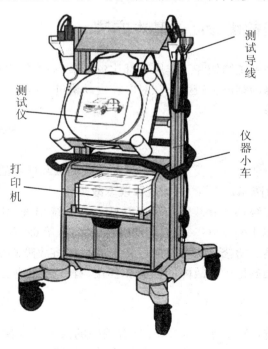

图 8.4 V. A. S5051

二、电控发动机故障诊断的基本流程

故障诊断要按一定的程序进行,切勿杂乱无序、顾此失彼,使本来很小的故障,由于操作不当而变成更大的故障。电控发动机故障检测,一般按照咨询、基本诊断、故障码诊断、症状诊断、定点诊断、修复验证的过程进行,采用逐一排除的方法,将故障范围一步步缩小,最终找出故障部位。发动机故障诊断的基本流程如下:

1. 咨询

向用户询问故障出现时的条件、症状和检修经历等,查阅相关资料。

2. 基本诊断

检查电路连接是否松脱;启动后是否有异响;各部件工作是否正常;点火正时是否正确;急速是否正常。

3. 读取并验证故障和故障码

按规定条件试车,验证故障和故障码,确定故障码指示的故障是否依然存在。

4. 故障码诊断

有故障码根据故障码诊断。

5. 无故障码诊断

根据故障症状诊断,按照故障现象设计诊断流程进行诊断。

6. 定点诊断

按照缩小的故障区域进行定点检修。

7. 修复验证

验证故障是否排除。

三、电控发动机故障诊断的基本方法

由于电控发动机控制系统结构和工作原理都比较复杂,一些控制系统有多种结构类型且差异较大,因此,其故障检修的难度也较大。在对电控发动机进行故障诊断过程中,针对不同类型的故障应采取不同的方法。

(一) 故障码诊断

读取故障码的基本方法可分为使用随车自诊断系统调取和使用故障诊断仪调取。

1. 利用仪表盘上"故障指示灯"的闪烁规律读取故障码

现代汽车电子控制系统都具有故障自诊断功能。当系统出现故障时,ECU会使仪表盘上"故障指示灯"即"CHECK ENGING"(检查发动机警告)灯点亮(图8.5),并有规律地闪烁,同时将故障码信息存入存储器。检修人员可以通过特定的程序将故障码从ECU中调出,根据故障码所显示的内容,迅速、准确地确定故障的性质和部位,有针对性地去检查有关部位、元件和线路,进而将故障排除。

2. OBD-Ⅱ系统

第二代随车诊断系统(OBD-Ⅱ)的汽车,具有统一的故障诊断座和统一的故障代码,只需用一台仪器即可调取各汽车制造公司生产的各型汽车故障码。

图 8.5 故障指示灯

(二) 无故障码的诊断

无故障码故障指车辆在使用中有明显的故障现象,但故障灯不亮,按规定程序调取故障码时,显示正常码。无故障码故障的基本诊断步骤如表 8.2 所示。

表 8.2 无故障码故障基本诊断步骤

步 骤	检查内容	正 常	不正常时的处理方法
1	发动机不工作时检查蓄电池电压	不低于 12V	充电或更换蓄电池
2	发动机曲轴能否转动	能转动	机械故障
3	启动发动机检查能否启动	能启动	直接转到步骤 7 进行检查
4	检查空气滤清器滤芯是否过脏	滤芯良好	清洁或更换滤芯
5	检查发动机怠速运转情况	怠速运转良好	检查怠速
6	检查发动机点火正时	点火正时准确	调整
7	检查燃油系统压力	压力正常	检查排除燃油系统故障
8	检查火花塞和高压线跳火情况	火花正常	检查排除点火系统故障
9	上述检查是否已查明故障原因	查明故障原因	进一步检查、分析

实际中,无故障码故障的基本诊断流程应从故障现象入手,根据控制系统的工作原理和结构,推断相关信号数据参数,再用数据分析的方法对相关数据参数进行观察和全面分析。在进行数据分析时,常常需要知道所修车系统的基本结构、基本的控制参数及其在不同工况下的正确读值,并经过认真的分析,才有可能得出准确的判断。

(三) 间歇性故障诊断

在利用故障码诊断法进行故障诊断时,有时读不出故障码,但故障确实存在,且没有明显的故障征兆。这类在外界因素(如温度、受潮、振动等)影响下有时存在、有时又自动消失的故障称为间歇性故障。对于此类故障,故障征兆模拟法是一种行之有效的诊断方法。

故障征兆模拟法,不仅要对故障进行验证,而且还应找出发生故障的具体部位或零部件。为此,在模拟实验前必须把可能发生故障的电路范围尽可能缩小,然后再进行故障征兆模拟实验,判断被测试的电路是否正常,同时也验证了故障征兆。

1. 振动法

当振动可能是故障的主要原因时,可使用振动法。振动法主要检查连接器(线束接插件)、配线、零件与传感器。在检查过程中,观察故障征兆是否再现。

(1) 连接器

在垂直和水平方向轻轻摇动各个连接器。

(2) 配线

在垂直和水平方向轻轻摇动配线和连接器的接头。振动支架和穿过开口的连接器都是应仔细检查的部位。

(3) 零部件和传感器

用手指轻轻拍打装有传感器的零件,检查是否失灵。在检查时要注意不要用力拍打继电器,否则可能会使继电器开路,产生新的故障。

2. 加热法

当怀疑某一部位是因为受热而引发故障时,可用电吹风或类似工具加热可能引起故障的零件或传感器,检查是否出现故障。在使用加热法时应注意以下几点:

① 加热温度不能高于60 ℃(温度限制在不致损坏电子器件的范围内);

② 不可直接加热ECU中的零件。

3. 水淋法

当故障可能是雨天或在高湿度环境下引起时,可使用水淋法。用水喷在车辆上,检查是否出现故障。但应注意:

① 不可将水直接喷淋在发动机电控零部件上,正确的方法是应将水喷淋在散热器前面,间接改变温度和湿度;

② 不可将水直接喷射到电子器件上。

4. 电器全部接通法

当怀疑故障可能是用电负荷过大引起时,可使用此方法。接通所有电气负载,包括加热器、鼓风机、前照灯、后窗除雾器、空调以及音响等,检查是否出现故障。

5. 道路试验法

只在特定的行驶状态下出现的故障使用此方法。

(四) 仪器诊断

在故障诊断过程中要充分发挥诊断仪器的作用,通过各种数据、波形等检查电控系统的故障点。

1. 故障诊断仪

在发动机运行或路试时监测并记录数据流,通过实测数据与标准数据或其他正常数据的对比,分析故障点。例如,卡罗拉轿车怠速时,转速为700 r/min左右,点火提前角在10°左右,喷油量在2.0 L左右,轻踩加速踏板转速上升,点火提前角明显增大,喷油量有轻微变化。通过故障诊断仪可以监测以上数据变化情况,从而分析数据是否正常。

对发动机控制系统进行动态测试,并监测相关数据的变化。同样对卡罗拉轿车喷油器进行性能测试,可以分别关闭各缸喷油器。如关闭某缸喷油器,此时发动机转速会上升,并出现较强的振动,如无上述变化则说明这缸喷油器或点火系统工作不良。

如对威驰轿车怠速控制阀进行性能测试,可通过控制怠速控制阀的占空比为50%或5%来测试,当占空比为5%时发动机怠速应急剧降低甚至熄火,若无上述现象则说明怠速控制阀或其控制线路存在故障。

2. 示波器

通过示波器测试各种传感器、执行元件等输入输出电路的电压波形。如卡罗拉轿车测试主氧传感器波形，在正常怠速时其信号电压不断地在 0.1~0.9 V 范围内变化，每 10 s 变化 8 次，副氧传感器波形变化次数明显较少。如主氧传感器波形变化少或无变化则说明主氧传感器存在故障或混合气浓度有问题，需做进一步检查。副氧传感器波形变化频率接近主氧传感器则说明三元催化转化器已失效。

如测试凯越轿车空气流量计信号为一定频率的方波信号，轻微抖动节气门其频率随之变化，如方波信号或频率不变则说明空气流量计存在故障。

3. 尾气分析仪

通过尾气分析仪测量尾气中 CO、HC、NO_x、O_2 的含量。如怠速时 CO、HC 偏高较多，O_2 含量很低，则说明混合气过浓；如 CO、HC、O_2 均偏高，则说明发动机燃烧不良。

检查中根据实际情况还可以充分利用信号模拟器、发动机综合性能分析仪等设备进行检测与诊断。

四、数据流分析在汽车故障检测诊断中的应用

数据流分析就是利用故障诊断仪读取 ECU 中的数据，分析数据之间的关系，确定故障原因和故障区域。在故障码诊断和电控发动机动态诊断中都要利用数据流分析找到故障部位。数据流中的参数有两种形式，即数值参数和状态参数。数值参数是指有一定单位、一定变化范围的参数，例如，发动机控制系统中各部件的工作电压、压力、温度、时间、速度等；状态参数是指那些只有两种工作状态的参数，如开关的接通与断开、电磁阀的关闭与打开等。

数据流中的参数可以按汽车和发动机的各个系统进行分类，不同类型参数的分析方法不同。我们可以将数据流分为基本参数、燃油输出参数、节气门位置和怠速控制参数、发动机冷却液温度和进气温度参数、大气压力和进气量参数、电气和点火参数、排放控制参数、传动系统和电控自动变速器参数及其他综合参数。下面逐一说明这些类型参数的分析方法。不同车型，其数据流参数的名称、内容和数值大小都不完全相同，具体维修时要参考维修手册。

（一）基本参数

基本参数指那些反映发动机基本状态，同时会影响汽车及发动机的不同电控装置的参数，如发动机转速、汽车车速、氧传感器的工作状态、开环及闭环控制系统的工作、发动机负荷和输出指令系统状态等参数。

1. 发动机转速

该参数是由 ECU 根据发动机点火信号或曲轴位置传感器信号计算而得的，它反映了发动机的实际转速，其变化范围为 0 至发动机的最高转速。该参数本身并无分析的价值，一般作为对其他参数进行分析时的参考基准。

2. 发动机启动转速

该参数是发动机启动时由启动机带动的发动机转速，启动转速范围为 0~800 r/min。该参数有助于分析发动机的启动性能，判断启动系统的工作性能和启动困难的故障原因。

3. 氧传感器工作状态

该参数显示 ECU 根据检测到的氧传感器信号或 ECU 根据氧传感器信号计算而得的结

果,它反映了氧传感器的工作状态。该参数的表达方式依车型不同而不同,有些车型是以状态参数的形式显示出来,其变化为浓或稀;有些车型是以数值参数的形式显示出来,显示氧传感器的信号电压,单位为mV。在发动机热车后以中速(1 500~2 000 r/min)运转时,氧传感器的信号电压在100~900 mV之间来回变化,每10 s内的变化次数应大于8次。

在进行数据流分析时,改变发动机工作状态或某些系统的工作状态,观察氧传感器信号的变化,可以判断发动机或某系统的工作状态和氧传感器电路的状态。前氧传感器参数可以用于分析氧传感器的性能、混合气浓度状况、混合气燃烧状态、发动机燃油控制状态、EGR系统工作状态以及EVAP系统工作状态等;后氧传感器参数用于分析三元催化转化器的工作效率和二次空气喷射系统工作状态,这是故障分析中最重要的数据之一。双排气管的汽车一般安装左、右氧传感器,可以读取左氧传感器工作状态和右氧传感器工作状态两种参数。

4. 开环或闭环

这是一种状态参数,它表示发动机燃油控制方式是开环还是闭环。在发动机冷车运转中,应显示为开环状态;当发动机达到正常工作温度后,发动机根据氧传感器信号控制供油,应显示为闭环状态。有些故障会使发动机回到开环控制状态。在进行数据流分析时,改变发动机工作状态或某些系统的工作状态,观察燃油控制方式,可以判断发动机或某系统的工作状态。有些车型在怠速运转一段时间后也会回到开环状态,这常常是氧传感器在怠速时温度太低所致。对此,可以踩下油门踏板,让发动机快怠速运转来加热氧传感器,如果该参数一直显示为开环状态,快怠速运转后仍不能回到闭环状态,说明氧传感器或发动机有故障。

5. 车速

车速参数是由ECU根据检测到的车速传感器信号计算出的汽车车速数值。车速参数的显示单位有m/h和km/h两种,可以通过调整检测仪来改变。车速参数是微机控制自动变速器的主要参数,也是进行巡航控制的重要参数,有些带自动变速器的汽车没有车速传感器,此时检测仪上显示的车速为0。该参数一般作为对自动变速器的其他控制参数进行分析的参考依据。

(二)燃油输出参数

燃油输出参数表示电控燃油喷射系统控制状态以及ECU向喷油器等执行器送出的控制信号。该类参数主要有喷油脉冲宽度、目标空燃比、燃油短期校正系数、燃油长期校正系数、燃油校正学习、燃油校正块不同步脉冲、提功率加浓、溢流清除、减速调稀、减速断油、加速加浓以及启动开关等。

1. 喷油脉冲宽度

喷油脉冲宽度是发动机ECU根据传感器信号计算启动的控制喷油器每次喷油的时间,数值单位为ms。热车怠速正常运行时,脉宽一般为1.5~2.9 ms。喷油脉宽决定了喷油量,它与发动机的工况和传感器的信号有关。在进行数据流分析时,观察喷油脉冲宽度随发动机的工况和传感器的信号开关闭而变化的情况可以检查传感器、ECU、喷油器的工作状态。

2. 目标空燃比

该参数是发动机在闭环控制时根据传感器信号计算得出的应提供的理论空燃比而不是发动机实际空燃比,发动机依照此参数的大小来控制喷油器的喷油量。该参数的数值一般在14.7左右,低于此值表示微机要提供较浓的混合气,高于此值表示微机要提供较稀的混合气。有些车型以状态参数的方式显示这一参数,其显示内容为浓或稀。目标空燃比应与发动机工况和氧传感器信号一致。如果目标空燃比与发动机工况不符,说明 ECU 或 ECU 某些输入信号有故障;如果目标空燃比与氧传感器信号不符,说明燃油喷射系统、进气系统、点火系统等有故障。

(三)节气门位置和怠速控制参数

节气门位置和怠速控制参数反映节气门位置、各种怠速控制装置的工作状况以及发动机向怠速控制装置和节气门控制装置发出的指令。主要有节气门开度、怠速空气控制、怠速开关、目标怠速转速、怠速控制阀位置、怠速电机步进角等。

1. 节气门开度

该参数是一个数值参数,其数值单位根据车型不同有电压(0~5.1 V)、角度(0~90°)、百分数(0~100%)。该参数表示发动机检测到的节气门位置传感器信号值,或根据该信号计算出的节气门开度的大小。节气门开度数值应随节气门位置变化而变化,具体参考维修手册。一般节气门全关时的信号电压应低于 0.5 V,节气门角度为 0°,节气门的开度为 0%;节气门全开时的信号电压为 4.5 V 左右,节气门角度为 82°以上,节气门开度为 95%以上。在进行数值分析时,转动节气门,检查节气门开度数值的大小和变化,判断节气门位置传感器电路的故障和节气门的状态。

2. 怠速空气控制

该参数是一个数值参数,它表示 ECU 对怠速控制阀的控制指令。根据不同的车型,该参数有百分数表示法和步数表示法两种,其数值范围分别为 0~100%和 0~255。数值小,表示怠速控制阀的开度小,经怠速控制阀进入发动机的进气量较小;数值大,表示怠速控制阀开度大,经怠速控制阀进入发动机的进气量多。但要注意,该数值并非怠速阀的实际开度。该参数应与发动机工况、发动机实际怠速、怠速阀的实际开度一致。如果该参数与发动机工况不符,说明 ECU 或 ECU 输入信号故障;如果该参数与发动机实际怠速不符,说明怠速控制系统有故障;如果该参数与怠速阀的实际开度不符,说明怠速控阀电路有故障。

3. 怠速开关

这是一个状态参数,其显示内容为"ON"或"OFF",它表示发动机接收到的节气门位置传感器中怠速开关状态的信号。在怠速范围内,怠速开关闭合,该参数应显示"ON";在节气门打开进入非怠速状态后,该参数应显示"OFF"。该参数用于检查怠速触点状态和发动机负荷状态。

(四)发动机冷却液温度、启动温度和进气温度参数

1. 发动冷却液温度

这是一个数值参数,其单位可以通过诊断仪选择为℃或℉,变化范围为 -40~199 ℃。该参数是发动机根据检测到的冷却液温度传感器信号计算得出的冷却液温度数值。其数值应在发动机冷车启动至热车的过程中逐渐升高,在发动机完全热车后应为 85~105 ℃。当传感器或线路断路时,参数显示为很小(-40 ℃);当传感器或线路短路搭铁时,参数显示为很大(大于 185 ℃)。有些车型的发动机冷却液温度参数直接显示的是冷却液温度传感器的信号电压,该信号电压和冷却液温度之间的关系依控制电路设计的不同而不同,通常成反比例关系,即冷却液温度低时电压高,冷却液温度高时电压低,但也有可能成正比例关系。在冷却液温度传感器正常工作时,该参数值的范围为 0~5 V。分析发动机冷却液温度可以检查冷却液温度传感器电路及发动机冷却系统是否正常。

2. 启动温度

某些车型的 ECU 会将点火开关刚接通那一瞬间的冷却液温度传感器信号存在存储器内，并一直保存至下一次启动，这就是发动机启动温度。在进行数值分析时，将启动温度和发动机冷却液温度进行比较，以判断冷却液温度传感器是否正常。在发动机冷车启动时，启动温度和发动机冷却液是等温的；随着发动机温度长升高，发动机冷却液温度也逐渐升高，而启动温度仍保持不变。若启动后两个数值始终保持相同，则说明冷却液温度传感器电路有故障。

3. 进气温度

这是一个数值参数，其单位为℃或℉，变化范围为 $-50 \sim 185$ ℃。该参数表示发动机根据检测到的进气温度传感器信号计算得出的进气温度。在冷车启动之前，该参数的数值应与环境温度基本相同；在冷车启动之后，随着发动机温度升高，该参数的数值应逐渐升高。若该参数为 -50 ℃，则表明进气温度传感器或线路断路；若该参数显示为 185 ℃，则表明进气温度传感器故障或线路短路。在进行数值分析时，应检查该数值是否与用温度计测量的实际进气温度相符，以判断进气温度传感器电路是否良好。

（五）大气压力、进气压力和进气流量参数

大气压力、进气压力和进气流量参数分别指示汽车周围的大气压力、发动机进气歧管中的压力和进气流量的大小。

1. 大气压力

这是一个数值参数，它表示发动机 ECU 检测到的大气压力传感器或进气压力传感器的信号电压的大小，或表示 ECU 根据这一信号计算得出的大气压力的数值。该参数的单位有 V、kPa 和 cmHg（1 cmHg＝133 Pa）三种，其变化范围为 $0 \sim 5.12$ V、$10 \sim 125$ kPa 或 $0 \sim 100$ cmHg。有些车型显示两个大气压力参数，其单位分别为 V 和 kPa 或 cmHg，分别代表大气压力传感器信号电压的大小及发动机根据这一信号计算得出的大气压力的数值。大气压力数值和海拔高度有关，在海平面附近为 100 kPa 左右，高原地区大气压力较低，在海拔 4 000 m 附近为 60 kPa 左右。在数值分析中，分析该参数可以判断大气压力传感器电路工作状态。

2. 进气压力

这是一个重要参数，它表示发动机 ECU 检测到的进气压力传感器信号电压，或表示 ECU 根据这一信号电压计算出的进气压力数值。该参数的单位有 V、kPa 和 cmHg 三种，其变化范围分别为 $0 \sim 5.1$ V、$0 \sim 205$ kPa 和 $0 \sim 150$ cmHg。进气压力传感器所测量的压力是发动机节气门后方的进气歧管内的绝对压力，该压力的大小取决于节气门的开度和发动机的转速，在相同转速下，节气门开度越小，进气歧管的压力就越低（即真空度越大）；发动机转速越高，该压力就越低。涡轮增压发动机的进气歧管压力在增压器起作用时大于 102 kPa（大气压力）。在发动机熄火状态下，进气歧管压力应等于大气压力，该参数的数值应为 $100 \sim 102$ kPa。分析该参数可以判断进气压力传感器电路状态和进气系统的工作状态。

3. 进气流量

这是一个数值参数，它表示发动机 ECU 检测到的进气流量计的信号电压、频率、周期，或表示 ECU 根据这一信号电压计算出的进气流量数值。对于模拟信号的流量计（如翼板式空气流量计、部分热线式空气流量计及热膜式空气流量计），则显示信号电压的大小，该参数的数值单位为 V，其变化范围为 $0 \sim 5$ V。在大部分车型中，该参数的大小随进气流量的增大而减小，5 V 表示无进气量，0 V 表示最大进气量。也有部分车型该参数的大小随进气流量增大而增大。对

于数字信号的流量计(如卡门涡流式进气流量计、光电式进气流量计、部分热线式空气流量计及热膜式空气流量计),显示信号的频率或周期,数值单位为 Hz 或 ms,其变化范围为 0~1 600 Hz 或 0~625 ms。信号频率随进气流量的增大而增大,在怠速时,一般为 25~50 Hz,发动机 2 000 r/min 时为 70~100 Hz。有些车型显示进气流量数值,单位为 g/s。分析该参数可以判断进气流量计电路状态和进气系统的工作状态。

(六) 电气和点火参数

电气和点火参数表示汽车电气系统的状态和点火系统的状态。

1. 蓄电池电压

这是一个数值参数,它反映了 ECU 所检测到的汽车蓄电池电压,单位为 V,其数值变化范围为 0~25 V。发动机微机控制系统中没有专门检测蓄电池电压的传感器,ECU 是根据其内部电路对输入 ECU 的电源电压进行检测后获得这一数值的。在发动机运转时该参数数值通常接近正常的充电电压,怠速时为 13.5~14.5 V。在数值分析时,可将该参数的数值与蓄电池的电压进行比较,若电压过低,说明 ECU 的电源线路有故障。

蓄电池电压直接影响 ECU 的控制功能。若 ECU 发现电压下降到极限以下,它将发出指令让发动机以快怠速运转,以增加充电量,这样会对怠速控制、燃油控制和点火正时参数产生影响。在大部分车型中,如果 ECU 发现蓄电池电压过高,它会切断由 ECU 控制的所有电磁阀的电流,以防止 ECU 因电流过大而损坏。

2. 5 V 基准电压

这是数值参数,它表示 ECU 向某些传感器输出的基准工作电压的数值,单位为 V,变化范围为 0~5.1 V。大部分汽车 ECU 的基准电压在 5.0 V 左右,该电压是衡量 ECU 工作是否正常的一个基本参数,若该电压异常,则表示 ECU 有故障。

3. 点火提前角

这是一个数值参数,它表示由 ECU 根据各传感器信号而计算确定的点火提前角(包含基本点火提前角),变化范围为 −90~90°。在发动机运转过程中,该参数的数值取决于反映发动机工况的传感器的信号,通常在 10~60° 之间变化。在进行数值分析时,应检查该参数是否与发动机工况和实际点火提前角一致,通常在发动机怠速运转时该参数在 15° 左右,发动机加速或中高速运转时,该参数增大。如果在发动机不同工况下该参数保持不变,则说明 ECU 或某些传感器有故障。如果该参数与用正时灯检测的发动机实际点火提前角数值不符,说明曲轴位置传感器安装位置不正确,应按规定进行检查和调整。

4. 启动信号

这是一个状态参数,显示为 "YES" 和 "NO"。该参数表示 ECU 检测到的点火开关的位置或启动机回路启动时的接通状态,在点火开关转至启动位置,启动机回路接通运转时,该参数应显示为 "YES",其他情况下为 "NO"。发动机 ECU 根据这一信号来判断发动机是否处于启动状态,并由此来进行启动工况的喷油和点火控制。在进行数值分析时,应检查该参数是否与发动机工况一致,如果在发动机启动时显示为 "NO",说明启动系统至 ECU 的信号电路有故障,这会导致发动机启动困难等故障。

5. 点火控制

这是一个状态参数,显示为 "YES" 或 "NO"。该参数表示发动机 ECU 是否在控制点火提前角。通常在发动机启动过程中,点火提前角由点火器控制,此时该参数显示为 "NO";启动后,发动机 ECU 控制点火提前角，此时该参数显示为"YES"。在进行数值分析时，应检查该参数是否与发动机工况一致，如果在发动机运转中该参数显示为"NO"，说明控制系统中某些传感器有故障，使发动机 ECU 无法计算点火提前角。

6. 爆燃

这是一个状态参数，显示为"YES"或"NO"。该参数表示 ECU 根据爆燃传感器信号判断发动机是否爆燃。当参数显示为"YES"时，说明 ECU 检测到爆燃信号；显示"NO"时，表明没有检测到爆燃信号。在进行数值分析时，可在发动机运转中急加速，此时该参数应先显示"YES"，后又显示为"NO"。如果在急加速时该参数没有显示为"YES"或在等速运转时也显示为"YES"，说明爆燃传感器电路有故障。

7. 爆燃计数

这是一个数值参数，变化范围为 0～255。它表示 ECU 根据爆燃传感器信号计算出的爆燃次数和持续时间，该数值并非爆燃的实际次数和时间，它只是一个与爆燃次数及持续时间成正比的相对数值。数值大于 0 表示已发生爆燃，数值低表示爆燃次数少或持续时间短，数值高表示爆燃次数多或持续时间长。在进行数值分析时，可以由此参数判断发动机爆燃状态和爆燃传感器电路的状态。

8. 爆燃推迟

这是一个数值参数，单位为度(°)，变化范围为 0～99°。它表示 ECU 在接到爆燃传感器送来的爆燃信号后推迟点火提前角的大小。该参数的数值不代表点火提前角的实际数值，仅表示点火提前角相对于当前工况下最佳点火提前角向后推迟的角度。在进行数值分析时，可以由此参数判断发动机是否在进行爆燃控制。

9. 电气负荷开关

这是一个状态参数，显示为"ON"或"OFF"。该参数表示 ECU 根据大用电设备开关信号判断的汽车电气系统负荷状态。当使用前照灯、制动灯、后窗除霜器、空调等功率较大的用电设备时，该参数显示为"ON"；当所有附属用电设备关闭时，该参数显示为"OFF"。发动机控制系统利用这一参数监测电气负荷状态，如果在急速时接通大用电设备，ECU 会控制提高发动机急速，以增加交流发电机的发电量。在进行数值分析时，可以由此参数判断电气负荷的状态，有助于对急速工况的检查。

（七）排放控制参数

排放控制参数显示发动机排放控制系统的各个传感器、执行器和 ECU 之间的输入和输出信号，主要包括燃油蒸气排放控制系统、废气再循环系统和二次空气喷射系统等。

1. 炭罐指令

这是一个状态参数，显示为"ON"或"OFF"。它表示 ECU 根据某些传感器信号计算确定的活性炭罐电磁阀的控制信号。ECU 在冷车运转时让电磁阀关闭，切断发动机进气歧管至活性炭罐电磁阀的真空通路，停止活性炭罐的净化回收工作，此时该参数显示为"OFF"；发动机在热车并以高于急速转速运转时，ECU 让电磁阀打开，导通炭罐至发动机进气歧管的真空通路，此时该参数显示为"ON"。但是该参数仅仅反映 ECU 的控制指令，并不能反映电磁阀是否正常动作。在数值分析时，可以由此参数判断燃油蒸气排放控制系统的状态，如果该参数与发动机工况不符，说明燃油蒸气排放控制系统或某些传感器电路有故障。

2. 废气再循环指令

这是一个状态参数,显示为"ON"或"OFF"。该参数表示 ECU 根据某些传感器信号计算确定的废气再循环控制指令。该参数显示为"ON"时,表示 ECU 输出控制废气再循环电磁阀通电打开,开始废气循环;该参数显示为"OFF"时,表示 ECU 控制电磁阀断电关闭,废气不循环。该参数在发动机处于怠速或大负荷时显示为"OFF",在发动机中等负荷时显示为"ON"。该参数仅仅反映 ECU 的输出控制信号状态,并不反映废气再循环控制电磁阀是否正常动作。在数值分析时,可以由此参数判断废气再循环系统的状态,如果该参数与发动机工况不符,说明废气再循环系统或某些传感器电路有故障。

3. 废气再循环温度

这是一个数值参数,其变化范围为 0~5.12 V 或 −50~320 ℃。该参数表示 ECU 检测到的安装在废气再循环通路上的废气再循环温度传感器信号。该信号以温度变化的形式间接地反映废气再循环的流量,当废气再循环流量大时,再循环废气温度高;废气再循环流量小或再循环停止时,再循环废气温度低。在数值分析时,可以将该参数的变化和废气再循环指令对照,当废气再循环指令为"ON"时,废气再循环温度数值应上升,否则说明废气再循环系统不工作或废气再循环温度传感器电路有故障。

4. 二次空气喷射指令

这是一个状态参数,显示为"NORM"或"DIV"。该参数表示发动机 ECU 根据某些传感器信号计算输出的二次空气喷射系统指令。该参数显示为"NORM"时,表示 ECU 控制电磁阀,使电磁阀移动空气喷射阀的阀门,让空气喷向排气门或排气歧管;该参数为"DIV"时,表示 ECU 控制电磁阀移动空气喷射阀的阀门,使空气喷向外界或三元催化转化器。在数值分析时,可以由此判断二次空气喷射系统的状态。

(八)传动系统、电控自动变速器参数及其他综合参数

传动系统和电控自动变速器参数表示 ECU 向变速器所有执行器发出的指令及来自变速器和传动系统所有传感器的信号,主要有锁止离合器、停车空挡开关、脉冲发生器、车速和超速挡开关等。其他综合参数有动力转向压力开关参数、发动机负荷参数和空调参数等。

项目实施

① 每组准备一台完好的发动机台架或实车;
② 每组准备好万用表、诊断仪、油压表、维修手册和常用工具等;
③ 每组准备好学习工作单;
④ 教师在发动机上设置一个不能启动故障。

 **实施步骤**

① 启动发动机,观察发动机的故障现象,填写学习工作单;
② 按照学习工作单所示基础性检查项目进行检查,并填写工作单相应内容;
③ 连接诊断仪,读取故障码,并填写学习工作单相应内容;
④ 按照学习工作单要求检测 ECU 电源保险、油泵保险、油泵继电器、油泵线束接头、油泵搭铁线、转速传感器、喷油器保险等项目,并填写学习工作单相应内容;
⑤ 对检测结果进行综合分析,确定故障元件部位,排除故障,填写学习工作单;
⑥ 重新启动发动机,使用诊断仪读取/清除故障码,验证故障排除结果,填写学习工作单;
⑦ 根据故障现象和检测过程总结故障诊断与排除思路,填写学习工作单。

 **考核评价**

按表 8.3 所示标准对学习成果进行评价。

表 8.3 评价与考核标准

评价与考核项目		评价与考核标准	配分
知识点	组成	能描述电控汽油发动机正常启动的基本条件	10
	工作原理	能描述电控汽油发动机点火和喷油的基本原理	15
技能点	仪器使用	能使用万用表、故障诊断仪对汽油发动机电控系统进行检测	15
	故障一排除	能排除电控发动机启动系统的故障	15
	故障二排除	能排除电控点火系统的故障	15
	故障三排除	能排除电控燃油喷射系统的故障	15
情感点	纪律与劳动	不迟到、不早退、实训主动、积极、认真	5
	道德与敬业	具备良好的道德准则、道德情操与道德品质;能认真对待实训、明确职责、勤奋努力	5
	协作与创新	能与同学和谐相处、互补互助、协调合作,充分发挥自己的个性,圆满完成实训任务;能够综合运用自己的知识、信息、技能和方法,对遇到的问题能提出新方法、新观点	5
合 计			100

注:出现安全事故或不按规范操作,损坏仪器、设备,此任务成绩计 0 分。

拓展知识

一、电控发动机维修注意事项

在对电控发动机进行故障诊断时,须注意下列事项:

(一)进气系统检修时的注意事项

① 进气软管不能有破裂,安装各种卡箍要紧固可靠。如果传感器与进气歧管之间漏气,就会影响空气流量计或进气压力传感器的信号,使发动机怠速不稳、易熄火、动力性和加速性变差。

② 发动机上的真空管不能破裂、扭结、插错。插错真空管会造成发动机怠速不稳,或造成发动机在运转时无规律地出现工作不良。

(二)燃油系统检修时的注意事项

① 拆卸油管前,应首先释放燃油系统内的油压,以防止高压燃油喷出引起事故。
拆卸方法:在拆卸前,首先拔去燃油泵继电器或断开保险,再启动发动机,直至发动机自动停止运转。

② 高压油管接头与螺母或接头螺栓连接时应使用新垫片(垫片为一次性使用物品)。

③ 拆装喷油器时要小心仔细,不可损坏,O形密封胶圈不可以重复使用。

④ 在燃油系统维修后,不能立即启动发动机,应仔细检查确认有无漏油处。

⑤ 要注意电控发动机使用的汽油品质。

(三)电控系统检修时的注意事项

① 在拆卸或安装各类传感器、信号开关及连接器前,应首先将点火开关关闭。不允许在发动机运转时或在点火开关接通的情况下,随意断开蓄电池和电控电路中的任何一根连线。

② 拆卸和安装发动机 ECU 的连接前,应首先将点火开关关闭,然后拆下蓄电池负极上的搭铁线。这是因为,有的发动机 ECU 上只有从点火开关来的火线,而有的发动机 ECU 上不仅有从点火开关来的火线,还有从蓄电池来的火线。

要注意:带有安全气囊的汽车,应在拆下搭铁线 2～3 min 后,再进行诊断、检修工作。

③ 特别注意:安装蓄电池时,正、负极不可接反。在车身上实施电弧焊作业时,应先断开蓄电池负极线,以防止产生的感应脉冲电压损坏电子元件。

④ ECU 不能靠近强磁场。

⑤ 不能用启动电源帮助启动,因为那样会造成启动瞬间输出电流过大,损坏发动机 ECU 与其他部件上的电子元器件。用其他蓄电池辅助启动时,应先将点火开关关闭,然后才能跨接。

⑥ 在检测传感器输出信号和测试发动机控制的信号时,不可使用一般灯泡做测试灯,更不允许采用测试低压电路常用的方法——搭铁试火的方法——来测试电源电路是否断路。

⑦ 万用表有指针型和液晶显示两种,在检测控制系统电阻时必须使用内阻为 10 MΩ 以上

的液晶显示数字式万用表。

⑧ 安装发动机 ECU 时，应注意防止高压静电的产生。人体产生的静电电压较高，可能会损坏发动机 ECU。

⑨ 不可用水冲洗发动机。

二、电控发动机常见故障的诊断

故障诊断的基础是熟悉整个控制系统的组成与工作原理，熟悉每个组成元件的结构、工作原理及参数的变化对发动机性能的影响。同时，还要掌握故障诊断的思路与方法，从故障的现象入手，分析每一步检测的结果，最后检查出故障的具体部位。诊断时要紧紧抓住汽油发动机能否正常工作的三个要素：密封性能的好坏、空燃比的好坏以及点火性能的好坏。每个元件、部件或子系统发生故障，都是通过上述三个要素对发动机产生影响的。根据发动机的故障性质与现象特征，可以将发动机的常见故障分为发动机不能启动、发动机动力不足、发动机耗油量过大、发动机怠速过高、发动机怠速不良、发动机进气管回火、发动机排气管放炮以及发动机冷启动困难等。

不同的故障，引发的原因和部位也不尽相同，故障部位一般有空气流量计、节气门体、冷却液温度传感器、汽油泵、汽油滤清器、汽油压力调节器、喷油器、火花塞、高压线、点火线圈、点火放大器、氧传感器、ECU、怠速空气调节器以及 EGR 阀等。

（一）发动机不能启动

1. 故障现象

曲轴转动正常，有启动转速，但发动机长时间不能启动。

2. 故障主要原因及处理方法

电子控制系统引起发动机不能启动的基本原因是无高压火、点火正时严重失准以及不喷油。引起无高压火的故障部位一般为火花塞、点火放大器与点火线圈、曲轴位置（或凸轮轴位置）传感器、ECU 以及上述元件的线路。引起点火正时严重失准的原因一般为曲轴位置（或凸轮轴位置）传感器及其电路。引起不喷油的故障部位一般为喷油器及其电路、汽油泵及其电路、汽油压力调节器或丧失点火信号等。处理的方法一般为更换新部件。

3. 故障诊断流程

故障诊断流程如图 8.6 所示。

4. 解释说明

点火放大器与点火线圈在很多车型上是合在一起的，故放在一起检查。在电子控制系统都正常的情况下，故障往往发生在机械部分，如汽缸压力过低、分电器或分缸线装配错位等将造成发动机无法启动。

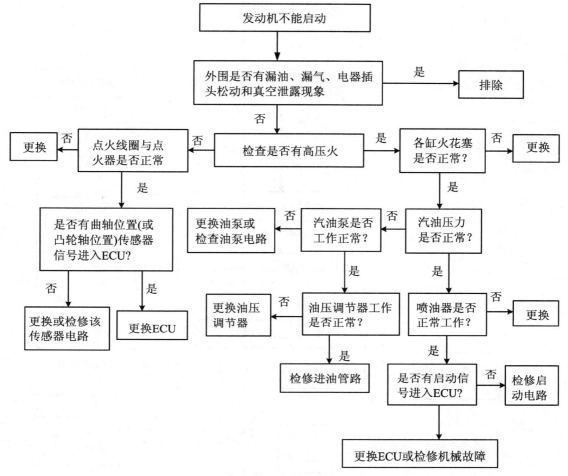

图 8.6　发动机不能启动故障诊断流程

（二）发动机动力不足

1. 故障现象

车辆加速时速度增加缓慢，有踩空油门的感觉。

2. 故障主要原因及处理方法

电子控制系统引起发动机动力不足的基本原因是高压火弱、点火正时失准以及喷油量少等。引起高压火弱的故障部位一般是火花塞、高压线、点火器、点火线圈和 ECU 等。引起点火正时失准的故障部位一般是分电器、爆震传感器和 ECU 等。引起喷油量少的故障部位一般是喷油器、空气流量计（或进气管绝对压力传感器）、节气门位置传感器、汽油泵、汽油滤清器、油压调节器和 ECU 等。一般采取的方法是更换有故障的零部件。

3. 故障诊断流程

故障诊断流程如图 8.7 所示。

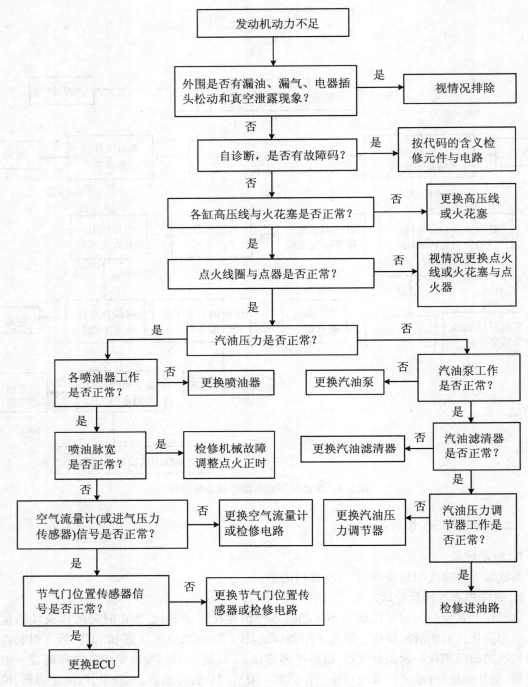

图 8.7　发动机动力不足诊断流程

（三）发动机耗油量大

1. 故障现象

发动机油耗明显偏高，有时伴有发动机性能不良和冒黑烟等现象。

2. 故障主要原因及处理方法

电子控制系统引起发动机耗油量大一般是由汽油泵、汽油滤清器、油压调节器、空气流量计（或进气管绝对压力传感器）、发动机冷却液温度传感器和 ECU 等故障引起的。

3. 故障诊断流程

故障诊断流程如图 8.8 所示。

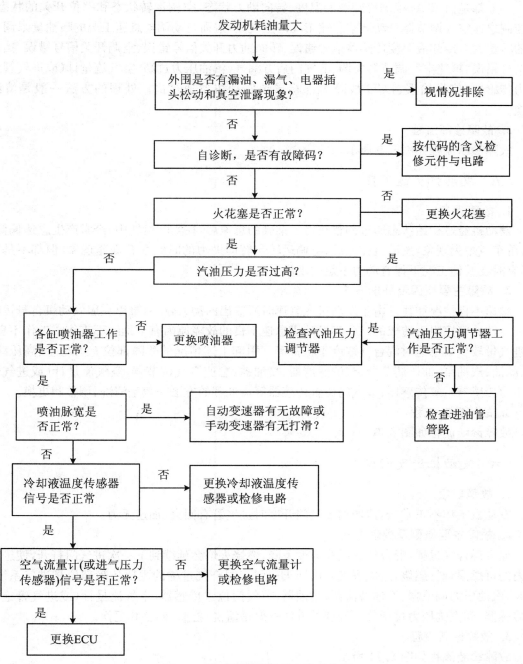

图 8.8　发动机耗油量过大诊断流程

（四）发动机怠速过高

1. 故障现象

发动机热车后怠速仍然偏高，调整怠速不起作用。

2. 故障主要原因及处理方法

一般都是由 ECU 根据冷却液的温度、转向助力状态、空调运转状态和挡位开关的状态，通过控制怠速空气调节器自动调整怠速工况的空气量，进而自动调整怠速工况的喷油量来调节怠速的转速的。冷却液温度传感器信号错误、转向助力开关信号错误、空调开关信号错误、挡位开关信号错误、怠速空气调节器失调、节气门后方漏气、汽油压力过高、空气流量计（或进气管绝对压力传感器）信号错误、ECU 故障等都将导致发动机怠速过高。处理的方法一般是清洗和更换。

3. 故障诊断流程

故障诊断流程如图 8.9 所示。

（五）发动机怠速不良

1. 故障现象

发动机经过初始状态通过调整获得了准确的怠速后，在实际运转中，经常产生怠速偏低、抖动、游车或熄火现象，发动机在低温、空调运转与转向助力的时候都有提速现象，但都不是很稳定，有时在其他工况下伴有动力不足的现象。

2. 故障主要原因及处理方法

怠速不良情况往往是由于发动机在怠速时所输出的动力较小，难以克服发动机自身运转与附件运转的摩擦阻力造成的。引起发动机怠速不良的故障原因有个别缸不工作或工作不良、怠速进气量较少或怠速时混合气浓度不正常等。引起上述情况的故障部位有火花塞、高压线、漏气、漏油、汽油泵、油压调节器、汽油滤清器、喷油器、怠速空气调节器、空气流量计（或进气管绝对压力传感器）、氧传感器、节气门位置传感器等。处理的方法一般是清洗、调整和更换。

3. 故障诊断流程

故障诊断流程如图 8.10 所示。

（六）发动机进气回火

1. 故障现象

发动机工作不正常，迅速增加节气门开度时进气管有回火，加速无力。

2. 故障主要原因及处理方法

如果混合气过稀，混合气的燃烧速度下降，燃烧火焰会延续到下一次进气门打开，使进气歧管内的可燃混合气燃烧，造成进气管内回火。引起混合气过稀的主要故障部位是进气系统、汽油泵、汽油压力调节器、汽油滤清器、喷油器、节气门位置传感器、空气流量计（或进气管绝对压力传感器）和汽缸压力过低等。处理的方法一般是清洗、检修、调整和更换。

3. 故障诊断流程

故障诊断流程如图 8.11 所示。

项目八 电控汽油机系统故障的检修

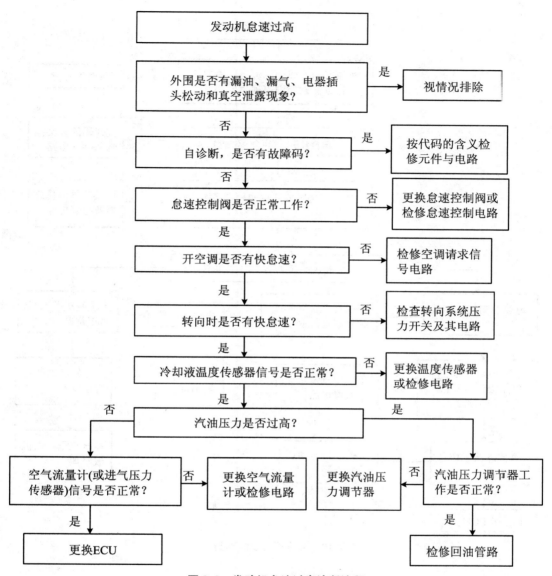

图 8.9 发动机怠速过高诊断流程

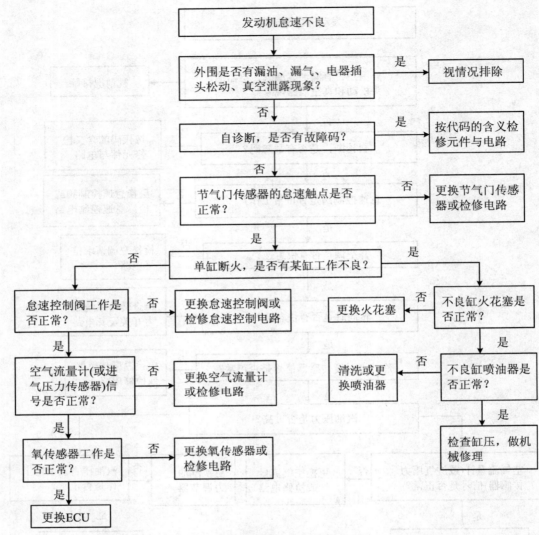

图 8.10　怠速不良故障诊断流程

项目八　电控汽油机系统故障的检修 215

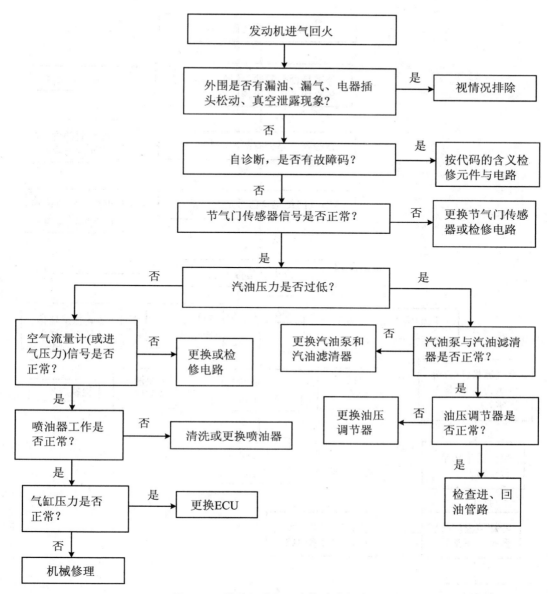

图 8.11　发动机进气回火故障诊断流程

（七）发动机排气管放炮

1. 故障现象

发动机工作不正常，排气管放炮，同时伴随有冒黑烟现象，发动机动力下降，油耗增加。

2. 故障主要原因及处理方法

当可燃混合气的浓度过高或点火过迟时，混合气在做功冲程末未燃烧彻底，进入排气管后继续燃烧，并产生放炮声。引起混合气过浓的部位有喷油器、油压调节器、空气流量计（或进气管绝对压力传感器）、节气门位置传感器等。处理方法一般为检修、调整和更换。

3. 故障诊断流程

故障诊断流程如图 8.12 所示。

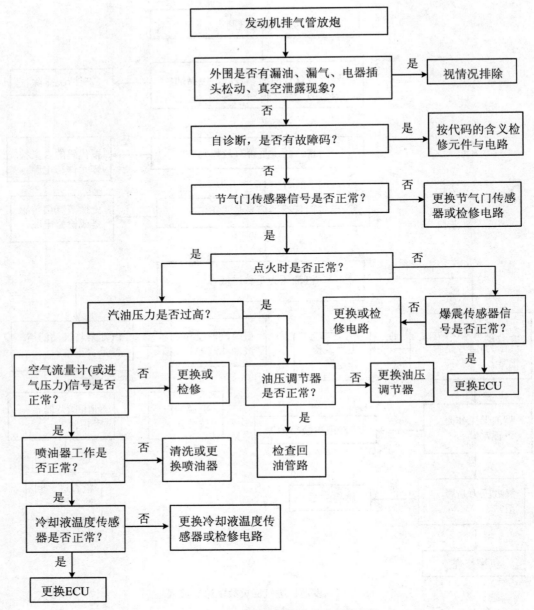

图 8.12 发动机排气管放炮诊断流程

（八）发动机冷启动困难

1. 故障现象

发动机在热车时启动正常，而冷态时需要经过较多次、长时间地转动启动机，但启动后发动机运转正常。

2. 故障主要原因及处理方法

造成冷启动困难的基本原因是混合气浓度不够、火花塞跳火弱、汽缸压力偏低、混合气雾化不良等。引起混合气浓度低的故障部位有冷却液温度传感器、进气系统、喷油器、油压调节器、冷启动喷油器及其温控开关(部分车型装备)、启动控制电路(向 ECU 输送启动信号)等。引起火花塞跳火弱的故障部位有火花塞、高压线、点火线圈与点火器等。引起汽缸压力低的原因是机械故障。引起混合气雾化不良的主要原因是喷油器故障。处理方法一般是检修、清洗和更换。

3. 故障诊断流程

故障诊断流程如图 8.13 所示。

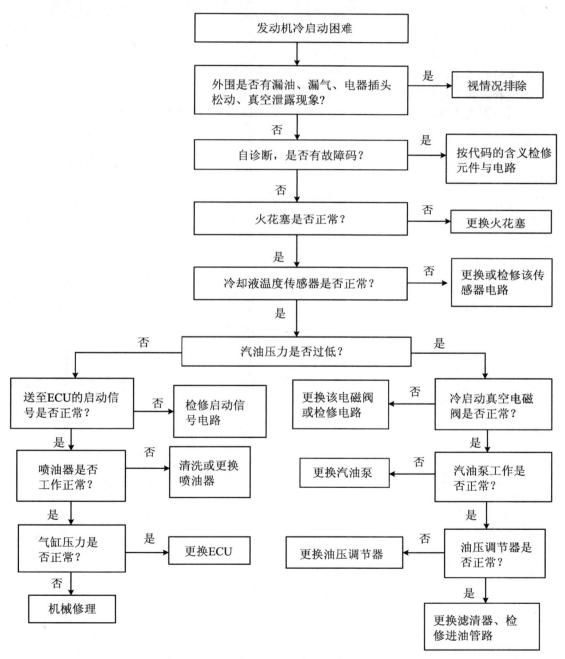

图 8.13　发动机冷启动困难诊断流程

4. 解释说明

启动时的喷油量是 ECU 中程序设定的，并根据冷却液温度传感器信号进行修正，所以只需要检查冷却液温度传感器、汽油供给系统中的元件和执行器，并检修将启动信号送至 ECU 的电路。

思考与练习

1. 汽油机电控系统故障诊断的一般程序是什么？
2. 发动机电子控制系统故障自诊断具有哪些功能？
3. 一辆大众桑塔纳轿车启动困难，试简述其诊断步骤。
4. 一辆大众桑塔纳轿车怠速发抖，如何用诊断仪对其进行检查？

项目九

高速 CAN-BUS 故障的检修

项目要求

在现代车载网络系统中,CAN-BUS 通信协议的使用是最广泛的。CAN 总线可分为高速与低速两种,高速 CAN-BUS 主要应用在一些要求高实时性的系统中,如驱动系统、电子系统等。高速 CAN-BUS 系统的故障一般为数据通信失效、数据通信错误以及节点无通信等。在本项目中,学生分组后在老师的指导下,经过信息收集、制订检修计划、实施任务等环节,利用万用表、示波器等工、量具和 CAN-BUS 网络教学台架或 CAN-BUS 教学车,完成高速 CAN-BUS 网络系统的理论知识学习和检修任务,从而真正掌握高速 CAN-BUS 网络检修的专业知识和职业技能。

 知识要求

① 了解 CAN-BUS 总线系统的分类、组成、应用状况及作用;
② 熟悉 CAN-BUS 总线系统的数据通信原理和数据结构;
③ 掌握 CAN-BUS 总线系统的故障特点与故障类型。

 能力要求

① 能用故障诊断仪对系统进行读故障码、数据流以及动作测试;
② 能用万用表对高速 CAN-BUS 数据总线进行测量并分析;
③ 能用示波器测量高速 CAN-BUS 总线数据波形并进行分析;
④ 能排除高速 CAN-BUS 网络的故障,恢复其正常功能。

相关知识

一、CAN 数据总线系统的分类

CAN-BUS 目前的 ISO 标准有两种,分别为 ISO 11898 与 ISO 11519-2。ISO 11898 通信速率为 125 kb/s～1 Mb/s,是 CAN 高速通信标准,ISO 11519-2 通信标准的速率最高可达 125 kb/s,是 CAN 低速通信标准。这两种标准的通信数据格式是一样的,不同处在于通信速率和故障保护上,高速 CAN 的两条网线只要其中一条网线出现断路或短路,则整个网络失效;而低速 CAN 的两条网线中的一条出现问题时,还可用另一条完好的网线进行数据传递(即单线功能)。

高速 CAN-BUS 主要应用在一些有高实时性要求的系统中,如驱动系统、电子控制系统等。低速 CAN-BUS 主要应用在一些对实时性要求不高的系统中,如舒适系统、灯光系统等。

二、CAN 数据总线组成结构

在 CAN 数据总线包括每个连接上的节点内部都安装的一个 CAN 控制器、一个 CAN 收发器以及两条数据传递线形成的总线链路和数据传输终端,其组成结构见图 9.1。

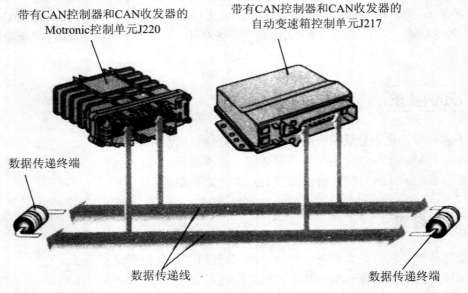

图 9.1 CAN-BUS 的组成结构

(一) CAN 控制器

CAN 控制器可以接收控制单元微处理器中的数据,处理数据并传送给 CAN 收发器;同时也接收 CAN 收发器的数据,处理数据并传送给微处理器。控制功能包括数据发送、时间控制、数据接收控制和数据格式转换等,CAN 控制器的结构见图 9.2。

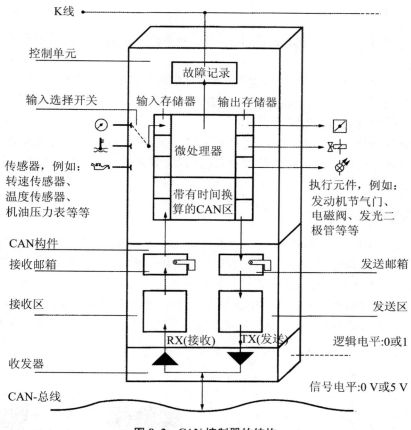

图 9.2　CAN 控制器的结构

（二）CAN 收发器

实际上在每个节点内都有两个 CAN 收发器分别负责 CAN 高位线和 CAN 低位线的数据传送。CAN 收发器是一个发送器和一个接收器的组合，它将 CAN 控制器提供的数据转化成电信号并通过数据总线发送出去；同时，它也接收总线上的电信号，并转化成数据传给 CAN 控制器，收发器的结构见图 9.3。

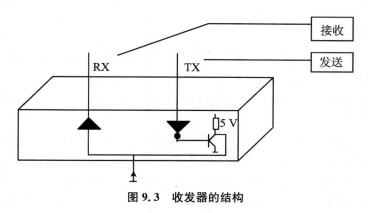

图 9.3　收发器的结构

(三) 数据传递终端

数据传递终端实际上是一个电阻器,其作用是避免数据传输终了后反射回来,产生反射波使数据遭到破坏。

在高速 CAN-BUS 中,只有两个数据传递终端,它装在 CAN 高位(CAN-High)数据线和低位(CAN-Low)数据线之间,总电阻为 50~70 Ω,将点火开关断开后,可以用万用表测量 CAN 高位线和 CAN 低位线之间的电阻值。

在低速 CAN-BUS 中,每个节点都有数据传输终端,数据传输终端不是安装在 CAN 高位线和 CAN 低位线之间而是装在数据线与地之间的,电源断开后,其电阻也断开了,因此,用万用表对电阻值进行测量为无穷大。

(四) CAN 数据总线

CAN 数据总线用以传输数据的双向数据线分为 CAN 高位数据线和 CAN 低位数据线。数据没有指定接收器,而是通过数据总线发送给各控制单元,各控制单元接收后进行计算。为了防止外界电磁波干扰和向外发出辐射,CAN 总线采用两条线缠绕在一起,如图 9.4 所示,两条线上的电位是相反的,如果一条线的电压是 5 V,另一条线就是 0 V,两条线的电压和等于常值。通过这种办法,可以保护 CAN 总线免受外界电磁场干扰,同时,CAN 总线向外辐射保持中性,即无辐射。

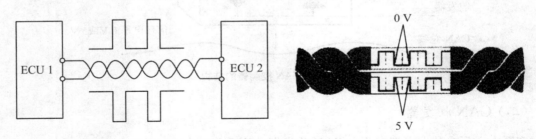

图 9.4 双绞线

三、CAN 数据传输

(一) CAN 特点

CAN-BUS 以多主动方式工作,总线上的任一个节点均可以在网络空闲的任意时刻,主动向网络上的其他节点发送信息,所有节点不分主次,通信方式灵活。

CAN-BUS 网络上的各个节点信息分为不同的优先级,可以满足不同的实时要求,高优先级的信息优先传递。

CAN-BUS 采用非破坏性的仲裁机制,当出现两个节点同时向总线发送数据时,优先级低的节点会主动退出发送转为接收,优先级高的节点会不受影响继续发送数据,有效避免了总线冲突,提高了信息传输效率,如安全方面的信息比舒适方面的信息优先。

CAN-BUS 信息的传输采用广播模式,见图 9.5,即一个节点发送,所有连接在总线上的节点都可接收。CAN-BUS 具有自动关闭功能,当某一个 CAN-BUS 节点出现严重错误时会自动关闭,以使其他节点不受影响。

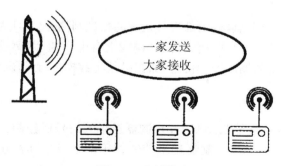

图 9.5　广播模式

CAN 采用 NRZ(非归零制编码方式)编码,直接通信距离最远可达 10 km(通信位速率 5 kb/s),通信位速率最高可达 1 Mb/s(此时通信距离最长为 40 m)。

(二) CAN 数据传递过程

数据传递过程见图 9.6。

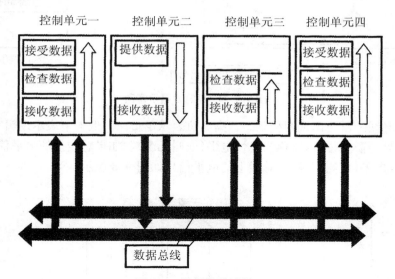

图 9.6　数据传递过程

1. 提供数据

控制单元向 CAN 控制器提供需要发送的数据。

2. 发送数据

CAN 收发器接收由 CAN 控制器传来的数据,转为电信号并发送。

3. 接收数据

CAN 系统中,所有控制单元转为接收器。

4. 检查数据

控制单元检查判断所接收的数据是否所需要的数据。

5. 接收数据

如接收的数据需要,它将被接受并进行处理,否则忽略。

（三）数据传递的原理

在 CAN-BUS 中的每个节点，其内部进行运算的二进制信号（又叫逻辑信号）的电平都是很小的，并不足以通过双绞线进行长距离的传送（铜线上有电阻值，距离越长阻值越大，幅度不够的信号无法传输）。要实现数据的顺利传递，那么必须将数据进行升压，即将二进制逻辑信号转化为电信号。

1. 电信号的传送

如图 9.7 所示，CAN 收发器收到 CAN 控制器送来的信号后控制三极管导通或截止，CAN 收发器就像一个开关，根据 CAN 控制器送来的数据不断在导通和截止之间变化，使总线上的电平也不断跟随变化。

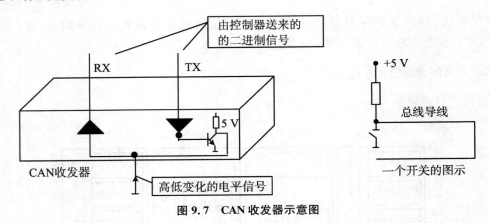

图 9.7　CAN 收发器示意图

因此总线导线上就会出现两种状态。高电位表示逻辑"1"，低电平表示逻辑"0"。如果总线上的电平信号处于静止位置，就称为隐性电平（或叫无源）。如果总线上的电平信号处于传递位置，则称为显性电平（或叫有源）。总线上的电平信号如图 9.8 所示。

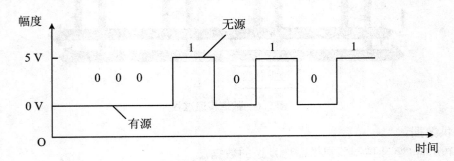

图 9.8　总线上的电平信号

如图 9.9 所示，当把两个节点或两个以上的节点连接到一条总线上时，如果某一节点内的开关已接合，电阻上就有电流流过，于是总线导线上的电压就为 0 V，此时总线处于有源状态为显性电平。如果所有开关均未接合，那么就没有电流流过，电阻上就没有压降，于是总线导线上的电压就为 5 V，此时总线处于无源状态为隐性电平。

因此，我们从上面的分析可知，如果总线处于状态 1（无源），那么就可以由某一个控制单元使用状态 0（有源）来改写。

项目九 高速 CAN-BUS 故障的检修 | 225

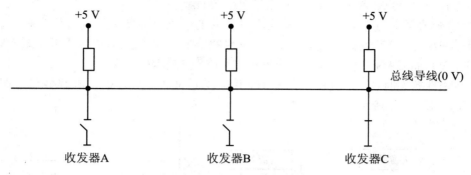

图 9.9 有两个以上节点的总线状态转换示意图

2. 高速 CAN-BUS 的数据传递

（1）数据发送

图 9.10 所示为高速 CAN-BUS 发射器电路简图。当连接在总线上所有节点都没有往外发送数据时，所有的节点的发射器都处于截止状态，两条数据总线也都处于无源状态，上面作用着相同的预先设定值，该值称为隐性电平。对于高速 CAN-BUS 来说，这个值大约为 2.5 V。隐性电平也称为隐性状态，与其相连接的所有控制单元均可修改它。

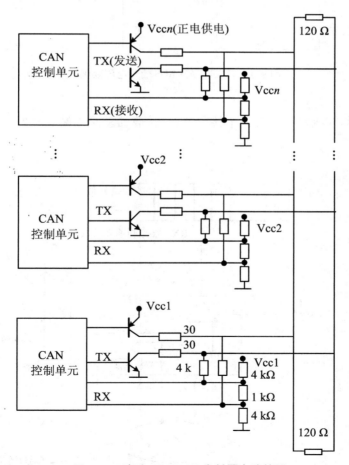

图 9.10 高速 CAN-BUS 发射器电路简图

当其中有一个节点往外发送数据时,总线处于显性状态,CAN 高位线上的电压值会升高一个预定值(这个值至少为 1 V),而 CAN 低位线上的电压值会降低一个同等值(这个值至少为 1 V)。于是在动力 CAN 数据总线上 CAN 高位线就处于有源状态,其电压不低于 3.5 V(2.5 V+1 V=3.5 V),而 CAN 低位线上的电压值最多可降至 1.5 V(2.5 V−1 V=1.5 V)。

因此在隐性状态时,CAN 高位线与 CAN 低位线上的电压差为 0 V,在显性状态时该差值最低为 2 V,如图 9.11 所示。

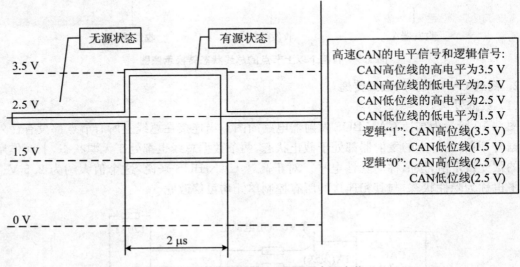

图 9.11 高速 CAN-BUS 信号电压变化

(2) 数据接收

如图 9.12 所示,在收发器内有一个接收器,该接收器就是安装在接收一侧的差动信号放大器。

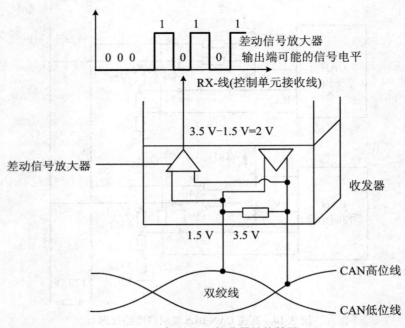

图 9.12 高速 CAN 接收器结构简图

差动信号放大器用于处理来自 CAN 高位线和 CAN 低位线的电平信号,除此以外还负责将转换后的信号传至控制单元的 CAN 接收区。这个转换后的信号称为差动信号放大器的输出电压。差动信号放大器内的信号处理见图 9.13。

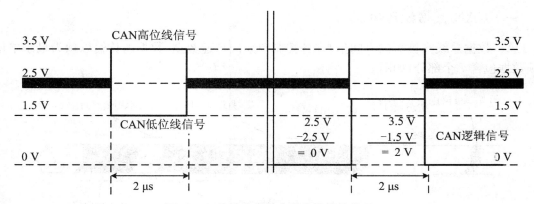

图 9.13 差动信号放大器内的信号处理

CAN 高位线和 CAN 低位线上传递的电平信号是相反的,差动信号放大器用 CAN 高位线上的电压($U_{\text{CAN-High}}$)减去 CAN 低位线上的电压($U_{\text{CAN-Low}}$),就得到了输出电压。用这种方法可以消除静电平(对于动力 CAN 数据总线来说是 2.5 V)或其他任何重叠的电压(例如干扰)。

由于数据总线也要布置在发动机舱内,因此数据总线就会受到各种干扰。在保养时,考虑对地短路和蓄电池电压、点火装置的火花放电和静态放电。CAN 高位信号和 CAN 低位信号经过差动信号放大器处理后(就是所谓的差动传递技术),可最大限度地消除干扰的影响,如图 9.14 所示。这种差动传递技术的另一个优点是:即使车上的供电电压有波动(例如在发动机启动时),也不会影响到各个控制单元的数据传递(数据传递可靠性)。

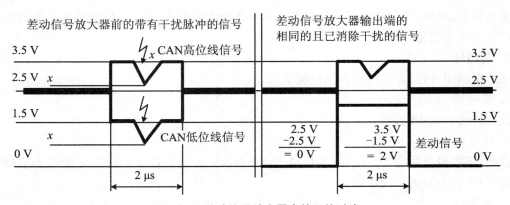

图 9.14 差动信号放大器内的干扰过滤

四、CAN 数据帧

(一) CAN 数据帧结构

CAN 数据总线在极短的时间里,在各控制单元间传递数据,数据的传输以帧为最小单位,每帧数据包含 7 个部分,如图 9.15 所示。

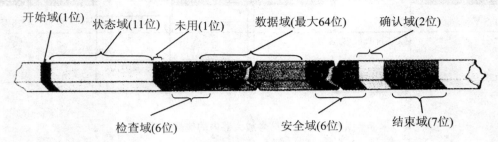

图 9.15　CAN 数据帧结构

1. 开始域

标志数据开始。带有大约 5 V 电压(由系统决定)的 1 位,被送入 CAN 高位线;带有大约 0 V 电压的 1 位被送入 CAN 低位线。

2. 状态域

判定数据中的优先级。如果两个控制单元都要同时发送各自的数据,那么,具有较高优先级的控制单元优先发送。

3. 检查域

显示在数据域中所包含的信息项目数。在本部分允许任何接收器检查是否已经接收到所传递过来的所有信息。

4. 数据域

在数据域中,信息被传递到其他控制单元。

5. 安全域

检测传递数据中的错误。

6. 确认域

在此,接收器信号通知发送器,接收器已经正确收到数据。若检查到错误,接收器立即通知发送器,发送器再发送一次数据。

7. 结束域

标志数据报告结束。在此是显示错误并重复发送数据的最后一次机会。

(二) 优先级确认(仲裁)

因为 CAN-BUS 采用多主串行数据传递方式,如果有多个控制器同时需要发出信号,那么在总线上一定会发生数据冲突。当出现多个控制器同时发送信号的情况时,为了避免出现数据冲突,系统就必须决定哪个控制单元首先进行发送,哪个控制单元等待发送。CAN 总线采取的措施是:每个控制单元在发送信号时,通过数据帧前列的状态域来识别数据优先级,具有最高优先级的数据,首先发送。

在信息数据列中有 11 位的状态区,这 11 位二进制数中前 7 位既是发送信息的控制器标识符,同时又表示了它的优先级。仲裁规是:如标识符中的号码越小,即从前往后数,前面零越多,优先级越高。接下来的 4 位则是这个控制器发送不同信息的编号,如发动机控制单元既要发送转速信号,又要发送水温等信号,则后 4 位就有所不同。

基于安全考虑,由 ABS/EDL 控制单元提供的数据(驾驶安全)比自动变速器控制单元提供的数据(驾驶舒适)更重要,因此具有更高的优先级。

【示例】 如表 9.1 所示的 3 组不同数据帧的优先级。3 个控制单元同时发送数据,此时,在数据传输线上一位一位进行比较,如果某个控制单元发送了 1 个隐性电平而又检测到 1 个显性电平,那么该控制单元就判断出有更高优先级的数据在发送,会立即停止发送转为接收器接收数据。

表 9.1 3 组不同数据帧的优先级

数据报告	制动器	发动机	变速器
状态域形式	001 1010 0000	010 1000 0000	100 0100 0000

第一位比特:制动控制单元发送了 1 个高电位,发动机控制单元也发送了 1 个高电位,自动变速器控制单元发送了 1 个低电位而检测到 1 个高电位,那么它将失去优先级而转为接收器。

第二位比特:制动控制单元发送了 1 个高电位,发动机控制单元发送了 1 个低电位并检测到 1 个高电位,那么,它也失去优先级,而转为接收器接收数据。

第三位比特:制动控制单元拥有最高优先级并接收分配的数据,该优先级可保证其持续发送数据直至发送终了。制动控制单元结束发送数据后,其他控制单元再发送各自的数据。

(三) 数据发送和接受的同步

1. 同步解决方案一:边沿对齐

为了保证发送和接受能够同步,CAN-BUS 规定了边沿对齐规则。也就是说当接收器发现某一次电平反向的节拍不对时,必须调整边沿,以求得同步。这个规则在电平变化频繁时能有效保证接收的准确性。边沿对齐如图 9.16 所示。

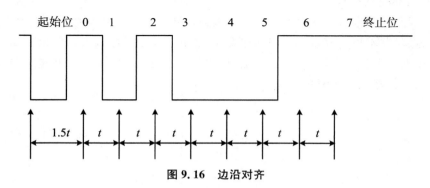

图 9.16 边沿对齐

2. 同步解决方案二:数据的位填充

为了保证发送和接受能够同步,CAN-BUS 规定了位填充规则。也就是说最多出现 5 位一样的电平信号,第 6 位必会有一个反向电平。这个规则能有效保证接收的正确性。数据的位填充如图 9.17 所示。

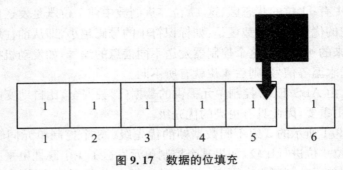

图 9.17 数据的位填充

3. 出错帧

当控制器在接收其他控制器或自己发送器的信息时,发现信息有错误,可以发送出错帧,出错帧由至少 6 个显性电平和 8 个隐性电平,至多 12 个显性电平和 8 个隐性电平构成。CAN-BUS 出错帧如图 9.18 所示。

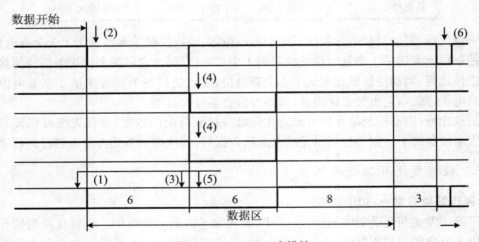

图 9.18 CAN-BUS 出错帧

4. CAN 内部故障管理

CAN 控制器内部有错误计数器。一次发送失败计数加 8,一次接收错误计数加 1。当累计超过 127 时,控制器不再允许该控制单元往 CAN 总线上发送信息;当累计超过 255 时,控制器自动与总线脱离。但是,如果控制器发送信息,没有收到答复信号,就将重复发送,而错误计数不计数。错误计数器控制策略见图 9.19。

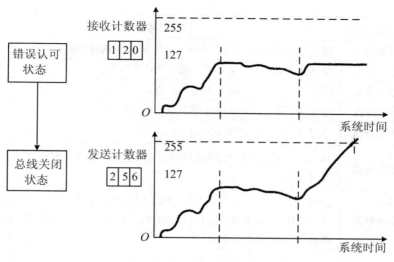

图 9.19 错误计数器控制策略

项目实施

 实施要求

① 每组准备万用表、示波器、故障诊断仪等工、量具各一套;
② 每组准备一台 CAN-BUS 网络教学台架或 CAN-BUS 教学车;
③ 每组准备好工具箱及对应的维修手册。

 **实施步骤**

① 排除高速 CAN-BUS 系统数据通信失效故障;
② 排除高速 CAN-BUS 系统数据通信错误故障;
③ 排除高速 CAN-BUS 系统节点无通信故障。

 考核评价

根据表 9.2 所示标准对学习成果进行评价。

表 9.2 评价与考核标准表

评价与考核项目		评价与考核标准	配分
知识点	组成	能描述汽车 CAN-BUS 的组成	10
	工作原理	能描述汽车 CAN-BUS 的工作原理	15

续表

评价与考核项目		评价与考核标准	配分
技能点	仪器使用	能使用万用表、故障诊断仪对 CAN-BUS 系统进行检测	15
	故障一排除	能排除高速 CAN-BUS 系统数据通信失效故障	15
	故障二排除	能排除高速 CAN-BUS 系统数据通信错误故障	15
	故障三排除	能排除高速 CAN-BUS 系统节点无通信故障	15
情感点	纪律与劳动	不迟到、不早退、实训主动、积极、认真	5
	道德与敬业	具备良好的道德准则、道德情操与道德品质;能认真对待实训、明确职责、勤奋努力	5
	协作与创新	能与同学和谐相处、互补互助、协调合作,充分发挥自己的个性,圆满完成实训任务;能够综合运用自己的知识、信息、技能和方法,对遇到的问题能提出新方法、新观点	5
合 计			100

注:出现安全事故或不按规范操作,损坏仪器、设备,此任务成绩计 0 分。

拓展知识

一、CAN-BUS 故障检修

装有 CAN-BUS 总线系统的车辆出现故障,维修人员首先应检测汽车车载网络系统是否正常。因为如果车载网络系统有故障,则有些汽车车载网络系统中的信息就无法传输,接收这些信息的电控模块将无法正常工作,从而为故障诊断带来困难。对于汽车车载网络系统故障的维修,应根据车载网络系统的具体结构和控制回路具体分析。

(一) CAN-BUS 总线的故障特点

当 CAN-BUS 总线出现故障时一般有三种表现:一是没有外在故障现象,只在自诊断系统中贮存故障码,总线进入应急工作状态,出现这种故障时,车主无法察觉车辆发生了故障;二是某一个模块与其他模块无法通信,所有需要从总线上取得的信号都无法得到,相关的控制功能会受到影响,这时会显示出外在故障现象;三是整个网络失效,各节点都无法通信,此时会出现大范围的故障表现。

(二) 车载网络系统故障类型

一般说来,引起汽车车载网络系统故障的原因有三种:一是汽车电源系统引起的故障;二是汽车车载网络系统的链路故障;三是汽车车载网络系统的节点故障。

1. 汽车电源系统故障引起的网络故障

汽车车载网络系统的核心部分是含有通信 IC 芯片的控制单元,控制单元的正常工作电压在 10.5~14.5 V 的范围内。如果汽车电源系统提供的工作电压低于该值,就会造成一些对工作电压要求高的控制单元短暂地停止工作,从而使整个汽车车载网络系统出现短暂的通信障碍。这种现象就如同在未启动发动机时就已经设定好了故障诊断仪要检测的传感器界面,当发动机启动时,往往故障诊断仪又回到初始界面。

这类故障产生的原因主要是蓄电池、发电机、供电线路、熔断丝等元器件有故障。

[故障实例]

（1）故障现象

一辆别克轿车,在车辆行驶过程中,时常出现转速表、里程表、燃油表和水温表指示为零的现象。

（2）故障检测过程

用 TECH2 扫描工具（故障诊断仪）读取故障码,发现各个电控模块均没有当前故障码,而在历史故障码中出现多个故障码。其中,SDM（安全气囊控制模块）中出现 U1040 失去与 ABS 控制模块的对话,U1000——二级功能失效,U1064——失去多重对话,U1016——失去与 PCM 的对话;IPC（仪表控制模块）中出现 U1016——失去与 PCM 的对话;BCM（车身控制模块）中出现 U1000——二级功能失效。

（3）故障分析与排除

经过故障码的读取可知,该车的多路信息传输系统存在故障,因为 OBD-Ⅱ规定 U 字头的故障代码为汽车多路信息传输系统的故障代码。通过查阅别克轿车的电源系统的电路图（图 9.20）可以知道,数据总线上面的电控模块共用一根电源线,并且通过前围板。由于故障码为间歇性的,判断可能是这根电源线发生间歇性断路故障。

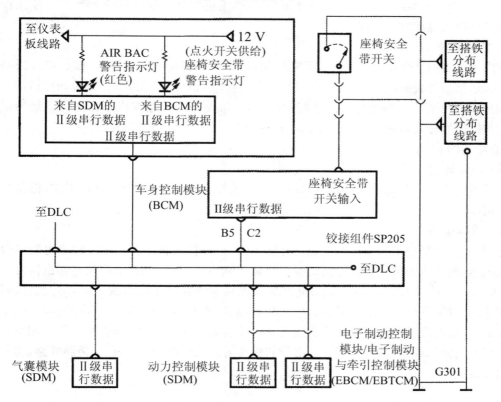

图 9.20　别克轿车数据总线与诊断插头

2. 节点故障

节点是汽车车载网络系统中的电控模块，因此节点故障就是控制单元的故障。这类故障产生的原因主要是各类控制单元、传感器等元器件有故障。

软件故障即传输协议或软件程序有缺陷或发生冲突，从而使汽车车载网络系统通信出现混乱或无法工作，这种故障一般成批出现，且无法维修。

硬件故障一般由于通信芯片或集成电路发生故障，造成汽车车载网络系统无法正常工作。采用低版本的点到点信息传输协议的汽车车载网络系统，如果有节点发生故障，则整个汽车车载网络系统将无法工作。

[故障实例]

(1) 故障现象

一辆上海帕萨特 B5 轿车在使用中出现机油压力报警灯与安全气囊故障指示灯报警，同时出现发动机转速表不能运行的故障。

(2) 故障检测

用 V.A.G1552 故障阅读仪读取发动机控制系统的故障码，发现有两个偶发性故障码：18044——安全气囊控制单元无信号输出；18048——仪表数据输出错误。用 V.A.G1552 故障阅读仪读取仪表系统的故障码发现有：01314——发动机控制单元无通信；01321——到安全气囊控制单元无通信。

(3) 故障分析与排除

通过读取故障码可以初步判断故障发生在汽车多路信息传输系统。通过对汽车电气线路进行分析，认为电源系统引起故障的概率很小，故障很可能是节点或链路故障，用替换法检修安全气囊控制单元，故障得以排除。

3. 链路故障

当汽车车载网络系统的链路(通信线路)出现故障，如通信线路的短路、断路以及线路物理性质引起通信信号衰减或失真时，都会引起多个电控单元无法工作或电控系统动作错误。链路故障示意图见图 9.21。判断是否为链路故障时，一般使用示波器或汽车专用光纤诊断仪来观察通信数据信号是否与标准通信数据信号相符。

[故障实例]

(1) 故障现象

一辆奥迪 100 轿车的电控自动空调系统在开关接通的情况下，鼓风机能工作，但是空调系统却不制冷。

(2) 故障检测

通过观察，发现空调压缩机的电磁离合器不吸合，但发动机工作正常。检查电磁离合器线路的电阻值，发现电阻值符合规定值。检查空调控制单元的输出端，发现没有输出信号。此时用 V.A.G1552 故障阅读仪读取发动机控制系统和空调控制系统的故障码，均无故障码。用 V.A.G1552 故障阅读仪读取空调控制单元的数据流，发现发动机的转速数据为零。由于发动机工作正常，因此发动机控制单元接收的发动机转速信号应该正常。检查发动机控制单元和空调控制单元之间的通信线路，发现两者之间的转速通信线的端子变形，造成链路断路，修复插接件后故障排除。

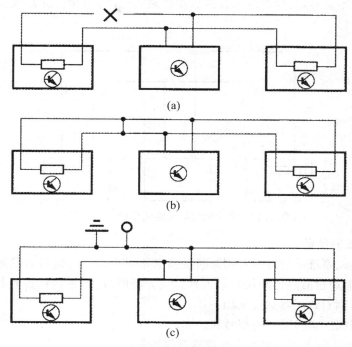

图 9.21 链路常见故障

(三) CAN 总线的故障诊断

当车辆出现故障时,应首先通过故障诊断仪读取相关系统的故障码,如有 U 开头的故障代码,说明车载自诊断系统检测出车载网络通信有故障,这时可用万用表、示波器等检测仪器进行测量,然后再对测量结果进行分析判断。

1. 车载网络系统的一般诊断步骤

① 了解该车型的汽车多路传输系统特点(包括:传输介质、几种子网及汽车多路信息传输系统的结构形式等);

② 汽车多路信息传输系统的功能,如有无唤醒功能和休眠功能等;

③ 检查汽车电源系统是否存在故障,如交流发电机的输出波形是否正常(若不正常将导致信号干扰等故障)等;

④ 检查汽车多路信息传输系统的链路是否存在故障,采用替换法或采用跨线法进行检测;

⑤ 如果是节点故障,只能采用替换法进行检测。

【示例】 三个控制单元组成的 CAN 总线系统检测步骤。

如图 9.22 所示,当 CAN 总线出现一条数据线断路的故障时,可按下面所列步骤进行检测。

先接入故障诊断仪,读取故障代码,会出现以 U 开头的故障代码,说明系统已诊断出总线通信出现了故障,例如会出现模块 1 与模块 2 无法通信或数据通信线短路等故障码。

用万用表测量模块供电搭铁是否正常、数据线导通性是否正常、有无对地短路、有无对正电短路以及终端电阻等是否正常。

用示波器测量数据线运行的数据信号是否正常。

如果信号波形不正常，又没发现有数据短路断路等故障，可用排除法或代换法进行节点故障诊断。

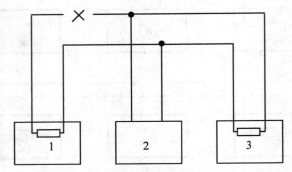

图 9.22　三个控制单元组成 CAN 总线系统

2. 故障诊断仪的使用

在诊断多路传输系统的故障时专用诊断设备必不可少。在对装备有总线传输的系统进行故障诊断时，首先应通过故障诊断仪看是否有总线方面的故障，再进行排查找出故障点。具有车载网络系统的车辆对解码器的要求如下：

① 能够自动识别汽车 ECU 的型号和版本；
② 能够完全访问汽车控制单元上开放的存储资源；
③ 能够不失真地按照原厂要求显示从汽车控制单元上获取的数据；
④ 必须支持以下 5 个功能：读取故障码、清除故障码、动态数据分析、执行元件测试以及支持特定的车系/车型专业功能（如提供系统基本调整、自适应匹配（含防盗控制单元及钥匙匹配）、编码、单独通道数据、登录系统、传送汽车底盘号等）。

（1）诊断仪读取测量数据块

从测量数据块中可以得到控制单元间相互之间的 CAN 通信状态；CAN 工作状态类型为"单线"或者"双线"；从另一个控制单元的 CAN 输入信号等信息。

（2）诊断仪故障查询

当车载网络系统出现故障时自诊断系统能识别的故障有：一条或两条数据线断路；两数据线同时断路；数据线对地短路或对正极短路；一个或多个电子控制单元（ECU）有故障。

如表 9.3 所示为高速 CAN 总线故障存贮示例。

表 9.3　高速 CAN 总线故障存贮

故障部位	故障类型	说　明
驱动数据总线	没有通信	① 控制单元不能够接收数据； ② CAN-BUS 断路； ③ 在 CAN-Antrieb 总线上的控制单元安装错误或者有故障； ④ 一个控制单元出现 Time-out（功能信息故障时间＞500 ms），控制单元的软件状态不匹配

续表

故障部位	故障类型	说　明
Antrieb（驱动）数据总线	失效	① 在故障存储记录中,当一个控制单元连续两次出现总线关闭状态时(这就是说既不发送 CAN 信息又不接受 CAN 信息); ② 控制单元故障
Antrieb 数据总线	硬件故障,该故障仅存在于发动机控制单元和变速箱控制单元	① 在故障存储记录中,当一个控制单元连续两次出现总线关闭状态时(这就是说既不发送 CAN 信息又不接受 CAN 信息)、控制单元故障; ② 错误控制单元; ③ 发动机和变速箱之间的线路断路或者短路; ④ CAN 总线短路
Antrieb 数据总线	缺少从×××控制单元来的信息,例如:组合仪表	① CAN 总线断路或者短路; ② 在拔下变速箱控制单元插头的情况下打开点火开关; ③ 控制单元错误或者有故障
Antrieb 数据总线	不可靠信号	① 仅接收到一个控制单元信息内容的一部分,CAN 线断路或者短路; ② 控制单元错误或者有故障; ③ 一条信息出现 Time-out
Antrieb 数据总线	软件状态监控	① 控制单元故障; ② CAN 总线断路; ③ 在拔下变速箱控制单元插头的情况下打开点火开关
集团性-Datenbus Komfort	读取故障存储	在总线上至少有一个控制单元有一个故障记录
总线显示(提示:CAN-Infotainment)	读取故障存储	在总线上至少有一个控制单元有一个故障记录
Antrieb 数据总线	读取来自×××控制单元的故障存储 例如:空调	在该控制单元上有故障

3. 汽车万用表的使用

汽车万用表是检测汽车电子电路时最常用的仪表之一,它具有携带及使用方便、可测参数多等诸多优点。在检测汽车电控系统、网络系统时通常使用汽车万用表。通过汽车万用表,可以判别故障的具体部位和受检测系统元件的状态。

万用表可检测各模块的供电电压的大小以及搭铁是否完好,可测量数据线的导通性,可测量终端电阻值等。在用万用表测量导通性能和电阻大小时,一定要先断开蓄电池负极,再进行测量。

(1) 终端电阻检测

可以用万用表测量高速 CAN 上的终端电阻并作出判断,但是在低速 CAN 上则不能用万用表来测量终端电阻。

终端电阻安装在高速 CAN 系统的两个控制单元内。终端电阻阻止 CAN 总线信号在 CAN 总线上产生变化电压的反射。若终端电阻出现故障,则可能因为线路的反射导致控制单元的信号无效。用示波器 CAN 总线信号进行测量,若该信号与标准信号不相符,则可能为终端电阻损坏。终端电阻的检测电路见图 9.23。

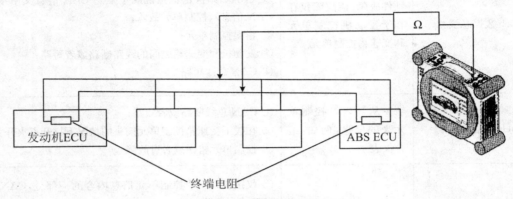

图 9.23 终端电阻的检测电路

终端电阻的测量步骤如下:

① 将蓄电池的电极线拔除;
② 等待大约 5 min,直到所有的电容器都充分放电;
③ 连接测量仪器并测量总阻值;
④ 将一个带有终端电阻控制单元的插头拔下来;
⑤ 检测总阻值是否发生变化;
⑥ 将第一个控制单元(带有终端电阻)的插头连接好,再将第二个控制单元的插头拔下来;
⑦ 检测总阻值是否发生变化;
⑧ 分析测量结果。

如图 9.23 所示,动力 CAN 总线中带有终端电阻的两个控制单元是接通的。测量的结果是每一个终端电阻大约为 120 Ω,总的阻值为 60 Ω。通过该测量值可以作出判断,连接电阻是正常的。特别要注意的是:终端电阻不一定都约为 120 Ω,相应的阻值依赖于总线的结构。

在总的阻值测量完成后,将一个带有终端电阻控制单元的插头拔下,显示的阻值会发生变化,这里测量的是一个控制单元的终端电阻阻值。当拔下一个带有终端电阻控制单元的插头后,若测量的阻值没有发生变化,则说明系统中存在问题,即被拔取的控制单元的终端电阻可能损坏或者是 CAN-BUS 总线出现断路。如果在拔取控制单元后显示的阻值为无穷大,那么可判断连接中的控制单元终端电阻损坏,或者是到该控制单元的 CAN-BUS 出现故障。

最初,部分车型采用两个终端电阻(每一个以 120 Ω 作为标准值或者试验值)。但现在,终端电阻不再是一个固定阻值的电阻,它由很多个相关电阻组合在一起。总的阻值依赖于车辆的总线结构,因此终端电阻是根据车型设计的。

(2) 高速CAN总线电压测量

可以用数字万用表对CAN数据总线进行电压信号测试,判断数据总线的信号传输是否存在故障,检测方法如图9.24所示。

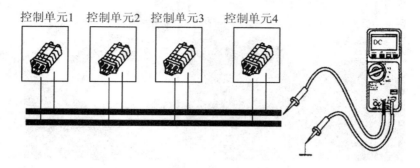

图9.24 用万用表检测CAN总线电压信号

CAN高位线上有信号传输时,总线上的电压值在2.5～3.5 V之间高频波动,因此CAN高位线的主体电压应是2.5 V,所以万用表测出的值应在2.5～3.5 V之间,大于2.5 V但接近2.5 V。同理,CAN低位线信号在总线空闲时的电压约为2.5 V,总线上有信号传输时,总线上的电压值在1.5～2.5 V之间高频波动,因此CAN低位线的主体电压应是2.5 V,所以万用表测出的值应在1.5～2.5 V之间,小于2.5 V但接近2.5 V。

4. 汽车示波器的应用

现代汽车已进入电子控制时代,电子控制已涉及汽车动力性、经济性、安全性、可靠性、净化性和舒适性等诸多方面,且各种控制系统电控单元之间相互联系紧密,可随时进行实时数据通信。电子设备占整车装备比例逐步上升,电子设备的故障越来越多,也越来越具有挑战性,而汽车示波器为综合判断汽车电子设备(包括网络)故障提供了有力保证。示波器检测有以下5种判断依据类型:

① 幅值:电子信号在一定点上的即时电压。
② 频率:电子信号在两个事件或循环之间的时间,一般指每秒的循环数。
③ 脉冲宽度:电子信号所占的时间或占空比。
④ 形状:电子信号的外形特征,包括其曲线、轮廓、上升沿和下降沿等。
⑤ 阵列:组成专门信息信号的重复方式,如1缸传送给发动机控制计算机的上止点同脉冲信号、传给解码器的有关冷却水温度信号的串行数据流等。

数字存储式示波器用双通道对CAN-BUS总线进行测量,通过对示波器波形进行分析可以很容易地发现故障。为了在测试仪DSO(数字存储式示波器)功能下分析CAN总线的波形,要求采用在无干扰功能下的示波器显示。在测量CAN总线时应注意准确调整示波器接收的信息值、电压值和触发信号。

(1) 检测电路的连接

将示波器上的测量线用专用线束测量盒接到车上,这里通道A中红色的测量线连接CAN高位线信号,黑色的测量线接地;通道B中红色的测量线连接CAN低位线信号,黑色的测量线接地,如图9.25和图9.26所示。

(2) 高速CAN总线示波器的设置

高速CAN总线示波器的设置如图9.27所示。

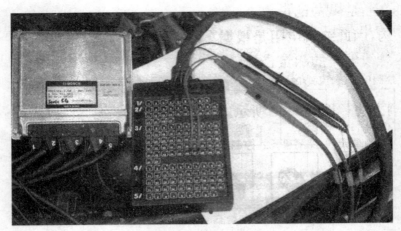

图 9.25 诊断接线盒

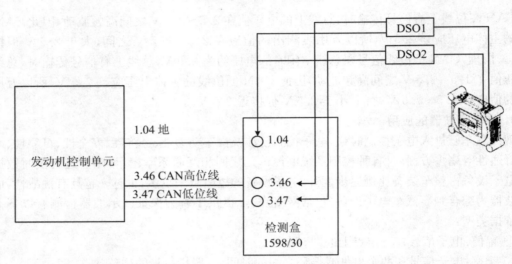

图 9.26 两通道工作情况下示波器 DSO 的连线

图 9.27 中的各数字含义如下：

① 通道(Kanal) A，测量 CAN 高位线信号。

② 通道(Kanal) B，测量 CAN 低位线信号。

③ 通道 A 和通道 B 的零线坐标置于等高(CAN 高位线信号的零标记被 CAN 低位线信号的零标记所遮盖)。这样在同一条零坐标线下对电压值进行分析更为简便。

④ 通道 B 的电压/单位设定。在 0.5 V/格的设定下，DSO 的显示便于电压值的读取。

⑤ 通道 A 的电压/单位设定。在 0.5 V/格的设定下，DSO 的显示便于电压值的读取。

⑦ 时间/单位值设定。它应尽可能选择得小一些，最小的时间/单位值为 0.02 ms/格。

⑧ 1 帧数据。

(四)高速 CAN 总线波形分析

示波器在 CAN 总线检测中具有不可代替的作用，可以让我们看到总线上传输的信号，并分析上面运行的数据是否正常，还可看出哪里出现了问题。下面逐一分析高速 CAN-BUS 的各种故障波形。

当故障存储记录"总线故障"时,用示波器进行检测是必要的,这可以确定故障点的位置以及故障引发的原因,例如线路短路。

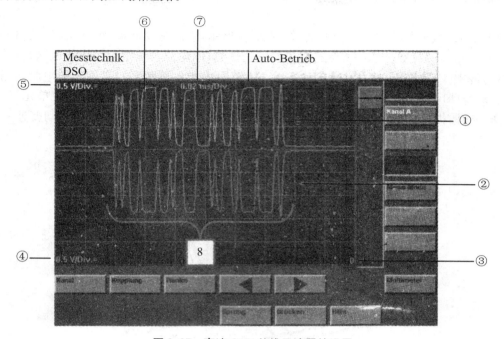

图 9.27　高速 CAN 总线示波器的设置

二、宝来动力总线

一汽大众汽车有限公司生产的宝来(Bora)轿车融合了许多高新技术,装用了两套 CAN 数据传输系统。系统网关内置于仪表内,负责动力 CAN、舒适 CAN 和 K 诊断线的数据交换(注:大众帕萨特 B5 轿车上装用的车载网络与宝来相同)。宝来轿车 CAN-BUS 的示意图见图 9.28。

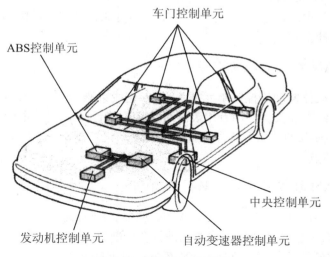

图 9.28　CAN-BUS 示意图

（一）动力总线的组成

驱动系统采用高速 CAN，由电源 15 号线激活，速率是所有 CAN 总线中最高的，达到 500 kb/s。

动力 CAN 数据总线连接 3 台电脑，如图 9.29 所示，它们是发动机、ABS/EDL 及自动变速器的电脑（动力 CAN 数据总线实际可以连接安全气囊、四轮驱动与组合仪表等电脑）。总线可以同时对传 10 组数据，包括发动机电脑 5 组、ABS/EDL 电脑 3 组和自动变速器电脑 2 组。数据总线以 500 kb/s 的速率传递数据，每一数据组传递大约需要 0.25 ms，每一电控单元每 7～20 ms 发送一次数据。优先级顺序为 ABS/EDL 电控单元＞发动机电控单元＞自动变速器电控单元。

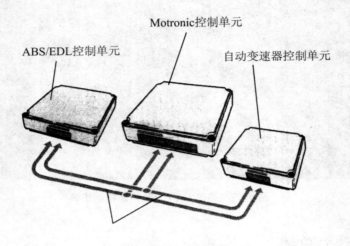

图 9.29 动力 CAN 结构图

在动力传动系统中，数据传递应尽可能快速，以便及时利用数据，所以需要一个高性能的发送器。高速发送器可加快点火系统间的数据传递，这样使接收到的数据可立即应用到下一个点火脉冲中去。CAN 数据总线连接点通常置于控制单元外部的线束中，在特殊情况下，连接点也可能设在发动机电控单元内部。

图 9.30 所示为动力总线中三个单元传送的信号，如果总线出现故障，则会造成行驶性能不良（自动变速器换挡冲击）等故障。

（二）动力 CAN 终端电阻的测量

关闭点火开关，拔掉发动机控制单元插头，将专用线束测量盒 V. A. G1598/31 插到控制单元上，此时不要连接线束插头。使用万用表测量针 58 与针 60 之间的电阻，这是数据传递终端的电阻，规定值为 60～72 Ω。如不符合规定应更换发动机控制单元，如符合规定应按照电路图测量数据总线的故障点。

（三）高速 CAN 数据传输系统故障码分析

可以使用 V. A. G1551、V. A. G1552 或 V. A. S5051 电脑诊断仪，分别进入 01、02、03 地址，对发动机、ABS/EDL 和自动变速器电控单元进行自诊断，再进入功能码 02 查询三块电控单元是否储存 CAN 数据传输故障码。高速 CAN 系统故障码见表 9.4。

项目九　高速 CAN-BUS 故障的检修 | 243

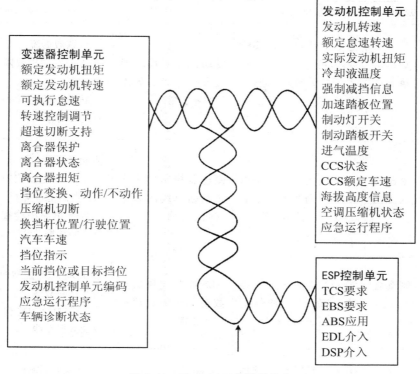

图 9.30　动力 CAN 传输的信息

表 9.4　与动力总线有关的故障码

序号	故障码	故障影响	故障原因	故障排除
1	01044：控制模块编码错误	① 行驶性能不良（换挡冲击,负荷变化冲击）；② 无行驶动力控制	① 与数据总线相连的某控制模块编码错误；② 与数据总线相连的某控制模块损坏	① 读取数据流；② 查询与数据总线相连的所有控制模块故障存储器，并排除故障；③ 检查并改正控制模块编码,如果需要,更换控制模块
2	01312：数据总线损坏	① 行驶性能不良（换挡冲击,负荷变化冲击）；② 无行驶动力控制；③ 仪表转速等显示故障	① 数据线有故障；② 数据总线在"Bus-off"状态	① 读取数据流；② 检查控制模块编码；③ 按照电路图检查数据总线；④ 更换损坏的控制模块

续表

序号	故障码	故障影响	故障原因	故障排除
3	01314：发动机控制模块无法通信	① 行驶性能不良（换挡冲击，负荷变化冲击）；② 无行驶动力控制；③ 仪表转速等显示故障	发动机控制模块通过数据总线的数据接收不正常	① 读取数据流；② 查询发动机故障存储器并排除故障；③ 按照电路图检查发动机控制模块数据总线
4	01315：变速器控制模块无法通信	① 行驶性能不良（换挡冲击，负荷变化冲击）；② 无行驶动力控制	变速器控制模块通过数据总线的数据接收不正常	① 读取数据流；② 查询变速器控制模块故障存储器并排除故障；③ 按照电路图检查变速器控制模块的数据总线
5	01316：制动控制模块无法通信	① 行驶性能不良（换挡冲击，负荷变化冲击）；② 无行驶动力控制	ABS控制模块通过数据总线的数据接收不正常	① 查询ABS控制模块故障存储器并排除故障；② 按照电路图检查ABS控制模块的数据总线
6	01317：组合仪表内控制模块（J285）无法通信	① 行驶性能不良（换挡冲击，负荷变化冲击）；② 无行驶动力控制；③ 仪表转速等显示故障	① 控制模块数据线有故障；② 控制模块损坏	① 读取数据流；② 查询与数据总线相连的所有控制模块的故障存储器并排除故障；③ 按照电路图检查数据总线

（四）编制控制单元代码

更换组合仪表后，应根据车上的装备给数据总线自诊断接口（地址码：19）编制代码。只有经过正确编码才能在有需要时进入自诊断系统。

① 输入地址码19后在故障阅读仪显示屏上显示出如图9.31所示文字。

```
快速数据传递            帮助
选择功能××
```

图 9.31

按"0"键和"7"键选择"给控制单元编制代码"，故障阅读仪显示屏显示出如图9.32所示文字。

```
快速数据传递                Q
07 给控制单元编制代码
```

图 9.32

② 按"Q"键确认输入,故障阅读仪显示屏显示出如图9.33所示文字。

```
给控制单元编制代码
输入代码×××××            (0-32000)
```

图 9.33

按照表9.5所列的代码表组合输入代码。

表 9.5 控制单元编码代码表

总线上的控制单元	自动变速器	ABS	安全气囊
代码	00001	00002	00004

最后的代码应是一个加起来的值,例如,安全气囊+ABS+自动变速器为
$$00004+00002+00001=00007$$

(五) 仪表总线相关数据块

① 连接 V.A.G1551 故障阅读仪,选择"快速数据传递",打开点火开关,输入地址码 17。
② 按"→"键,故障阅读仪显示屏显示如图9.34所示文字。

```
快速数据传递                    帮助
输入显示组号××
```

图 9.34

③ 按"0"键和"8"键,选择"读取测量数据块",故障阅读仪显示屏显示如图9.35所示文字。

```
快速数据传递                     Q
08 读取测量数据块
```

图 9.35

④ 按"Q"键确认输入,故障阅读仪显示屏显示如图9.36所示文字。

```
快速数据传递                    帮助
输入显示组号××
```

图 9.36

⑤ 按"0"键、"0"键和"1"键选择"显示组 125",按"Q"键确认输入,故障阅读仪显示屏显示(1→4=显示区)如图9.37所示文字。

```
读取测量数据块         1        →
       1      2      3      4
```

图 9.37

⑥ 按"C"键后,故障阅读仪显示屏显示如图9.38所示文字。

```
快速数据传递                帮助
输入显示组号××
```

图 9.38

显示组显示内容及相关解释如表 9.6 和表 9.7 所示。

表 9.6 显示组 125 的显示内容

显示组					
读取测量数据块				显示屏显示	
×××	×××	×××	×××	显示区	规定值
1	2	3	4	空	
			ABS 控制单元		1
			自动变速器控制单元		1
			发动机控制单元		1

空：表示显示区无显示。

表 9.7 显示组 125 的分析结果

显示区	名称	显示内容	故障排除
1	发动机控制单元	Motor 1=i.o.，发动机控制单元经数据总线的数据接收正常； Motor 0=ncht i.o.，发动机控制单元经数据总线的数据接收不正常	如果数据接收不正常，则按照电路图检查控制单元的数据总线
2	自动变速器控制单元	Getr. 1=i.o.，自动变速器控制单元经数据总线的数据接收正常； Getr. 0=ncht i.o.，自动变速器控制单元经数据总线的数据接收不正常	
3	ABS 控制单元	ABS 1= i.o.，ABS 控制单元经数据总线的数据接收正常； ABS 0= nicht i.o.，ABS 控制单元经数据总线数据接收不正常	

思考与练习

1. CAN 数据总线由哪些部分组成？各部分的作用是什么？
2. CAN-BUS 数据传输原理是怎样的？
3. CAN 数据帧由哪些部分组成？各部分的作用是什么？
4. CAN-BUS 故障特点有哪些？
5. 车载网络系统故障类型有哪些？
6. 选出几类高速 CAN 总线的故障波形，并作分析。

参 考 文 献

[1] 朱良. 汽车发动机电控系统检修[M]. 北京:人民邮电出版社,2013.
[2] 李英. 汽油发动机微机控制系统检修[M]. 大连:大连理工大学出版社,2011.
[3] 麻友良. 汽车电器与电子控制系统[M]. 北京:机械工业出版社,2012.
[4] 邹长庚,赵琳. 现代汽车电子控制系统构造原理与故障诊断(发动机部分)[M]. 北京:北京理工大学出版社,2004.
[5] 张吉国. 汽车典型电控系统的结构与维修[M]. 北京:机械工业出版社,2005.
[6] 张西振. 汽车发动机电控技术[M]. 北京:机械工业出版社,2004.
[7] 廖发良. 汽车典型电控系统的结构与维修[M]. 北京:电子工业出版社,2005.
[8] 李东江. 国产轿车维修技巧及疑难故障诊断实例丛书(桑塔纳2000系列)[M]. 北京:北京理工大学出版社,2005.
[9] 冯渊. 电控发动机维修[M]. 北京:机械工业出版社,2002.
[10] 夏令伟. 汽车电控发动机构造与维修[M]. 北京:人民交通出版社,2002.
[11] 张葵葵. 电控发动机原理与检测技术[M]. 北京:机械工业出版社,2007.
[12] 肖永清,陆刚. 新型轿车电喷系统的原理与故障诊断[M]. 北京:人民邮电出版社,2006.
[13] 李春明. 汽车发动机燃料喷射技术[M]. 北京:北京理工大学出版社,2005.
[14] 陈家瑞. 汽车构造[M]. 北京:机械工业出版社,2009.
[15] 吴显强. 车用柴油机[M]. 北京:机械工业出版社,2008.
[16] 蔡彭骑. 汽车柴油机维修[M]. 北京:国防工业出版社,2011.
[17] 朱建风,李国忠. 常见车系CAN-BUS原理与检修[M]. 北京:机械工业出版社,2006.
[18] 谭本忠. 汽车车载网络维修教程[M]. 北京:机械工业出版社,2008.
[19] 郑志中. 汽车电控车身检修[M]. 北京:中国社会保障出版社,2007.
[20] 尹力会. 汽车总线系统原理与检修[M]. 北京:机械工业出版社,2010.
[21] 安宗权,田有为. 汽车发动机电控系统检修[M]. 北京:人民邮电出版社,2009.